西大

经济评论

第四辑

Northwest University
Economic Review

理论创新与实践创新研究

主编 任保平

西北大学出版社

**图书在版编目（CIP）数据**

西大经济评论：理论创新与实践创新研究/任保平主编.
—西安：西北大学出版社，2017.11
　ISBN 978 - 7 - 5604 - 3807 - 8

　Ⅰ.①西…　Ⅱ.①任…　Ⅲ.①经济学—文集　Ⅳ.①F0 - 53

　中国版本图书馆 CIP 数据核字（2017）第 310408 号

**西大经济评论：理论创新与实践创新研究**

作　　　者：任保平
出版发行：西北大学出版社
地　　　址：西安市太白北路 229 号
邮　　　编：710069
电　　　话：029-88303059
经　　　销：全国新华书店
印　　　装：西安华新彩印有限责任公司
开　　　本：787 毫米×1092 毫米　1/16
印　　　张：11.5
字　　　数：216 千字
版　　　次：2017 年 11 月第 1 版　2017 年 11 月第 1 次印刷
书　　　号：ISBN 978 - 7 - 5604 - 3807 - 8
定　　　价：52.00 元

# 目 录
## CONTENTS

# 法国调节学派的理论及其对中国特色社会主义政治经济学的借鉴<sup>*</sup>

任保平<sup>**</sup>

**摘要** 调节学派是20世纪70年代在法国最早形成，并在世界范围内受到广泛关注的欧美马克思主义政治经济学流派，这一学派旗帜鲜明地坚持马克思经济学，反对新古典经济学。在坚持马克思主义理论的同时，发展了马克思主义政治经济学，将马克思关于资本主义生产方式内在规律的分析拓展到现实世界之中，重点研究了资本主义积累过程中的偶然性问题。调节学派在发展马克思主义政治经济学的同时在制度经济学、经济危机理论、比较资本主义、经济增长理论等方面也进行了相应的研究。在政策主张上，主张对资本主义的国家与市场的关系、政府和企业的关系、雇主与雇员的关系、国际经济关系四大经济关系进行调节。目前在我们研究中国特色社会主义政治经济学、开拓马克思主义政治经济学新境界的过程中，可以从法国调节学派中吸收思想借鉴，研究中国经济发展的新问题，概括总结我国经济改革和发展新材料、新事实，提炼升华中国特色社会主义政治经济学的新理论、新话语。

**关键词** 调节学派；马克思政治经济学；中国特色社会主义政治经济学

---

\* 本文受到国家社会科学基金重大项目"新常态下地方经济增长质量和效益的监测预警系统和政策支撑体系构建研究"（15ZDA012）和教育部哲学社会科学发展报告项目"中国经济增长质量报告"（13JBGP014）资助。

\*\* 任保平，经济学博士，教育部长江学者特聘教授，西北大学经济管理学院院长，教授，博士生导师，主要研究方向：中国转型经济的增长与发展。

# Theory of French Regulation School and Its Reference for Political Economics with Chinese Characteristics

*REN Baoping*

**Abstract**：Regulation School, formed in 1970s, is an European Marxit Political Economic School which attracts much attention in the world. The school adhere to the Marxist Economics, against the New Classical Economics. In adhere to Marxist Theory, they develop the Marxist Political Economics and expand the Marx capitalist mode of production with the analysis of inherent law to the real world, focus on the accidental problem in the process of capitalist accumulation. At the same time, they has also carried on some corresponding research in the economic crisis theory, institutional economics, comparative capitalism, economic growth theory and so on. On policy proposals, they claim to adjust the four major economic relations in capitalist country：the state and the market, government and companies, employers and employees and international economic relations. At present, in the process of studying the political economics of socialism with Chinese characteristics, opening up a new realm to Marxist Political Economics, we can absorb ideas for reference from the French Regulation School, find new problems in the research of China's economic development, summarize our country economic reformation and new materials, new facts in our development, refine and sublimate the new words or new theory for the Political Economy of Socialism with Chinese characteristics.

**Key Words**：*Regulation School*；*Marxit Political Economy*；*Political Economy with Chinese Characteristics*

　　法国调节学派是欧美马克思主义经济思想流派之一，是马克思主义政治经济学阶段性发展的产物，其学说的目的在于解释资本主义危机的根源和走出危机的原因。它产生于 20 世纪 70 年代，20 世纪 90 年代以来调节学派的理论进一步发展，被广泛运用到对转型经济、发展中经济和经济全球化、亚洲金融危机及拉美经济危机、国际合作和区域经济一体化等新问题的研究之中。调节学派继承了马克思经济学中的核心理论与范畴，同时又从马克思理论那些高度抽象的概念中，分离出若干中间概念，来解释经济主体的相互作用及其规律。因此，系统地梳理和评析法国调节学派的经济理论，研究马克思主义政治经济学创新发展的规律，对中国特色社会主义政治经济学的研究具有重要意义。

## 一、法国调节学派的方法论与核心概念

20 世纪 70 年代末，在对现代经济危机的原因和形式的研究过程中，部分法国经济学家形成了一种以调节概念为分析工具的经济学流派。自 20 世纪 70 年代中期以来，法国的一些经济学家通过对马克思、凯恩斯和卡尔多经济理论的独特结合，并从布罗代尔等人的法国年鉴学派和波拉尼、熊彼特的理论中汲取灵感，"发展了一种研究资本主义经济长期演化的独特方法"[1]，在制度与演化经济学的发展中，形成了法国的"调节"学派。"调节学派最突出的贡献就是运用调节方法的框架对第二次世界大战后美欧资本主义社会的主要发展形态——从福特主义向后福特主义的转变进行了独特的分析。"[2]调节学派自 20 世纪 70 年代在法国最早形成以来，引起了世界范围的广泛关注，并在理论和经验研究方面取得很大发展。20 世纪 80 年代以来，法国调节学派的理论被运用到转型经济、发展中经济和经济全球化的研究之中，目前它已成为一个具有国际影响的经济学流派。

1. 法国调节学派的方法论和理论结构。"法国调节学派也认为，批判实在论是自己与马克思经济学沟通的方法论桥梁"[3]，法国调节学派的方法论特点是在对资本主义经济发展的研究中，运用历史的、理论的、比较的方法来探索积累体制和调节方式二者关系所表现出的规律性的东西。积极运用多学科方法，充分利用历史学、政治学、经济学、社会学和法学等各学科的研究成果，它认为，没有纯粹的经济现象，各种经济行为都是在密集的社会关系和政治规定的网络框架中进行的。在对资本主义经济发展的研究中，运用历史的、理论的、比较的方法来探索积累体制和调节方式二者关系所表现出的规律性的东西。在理论结构方面，新古典经济学派的理论结构仅有微观和宏观两个层面，新古典经济学假设微观层面的经济主体是"理性的个人"，调节学派的理论结构有微观、中观和宏观三个层面[4]，假设微观层面的经济主体是"有限理性的个人"，宏观层面是积累体制。中观层面存在着"制度形式"，制度形式调节着微观主体之间的对立和冲突，连接着微观和宏观的关系，使微观行为符合宏观层面积累体制发展的需要。

2. 法国调节学派的核心概念。法国调节学派在继承马克思经济学核心概念、基本范畴和基本规律的基础上，发展出了一些新的概念来解释当代资本主义经济。这些核心概念有：（1）工业或科技生产范式。调节学派用这个概念来说明社会劳动分工的程度，其含义是指劳动过程中的技术和分工，这个概念主要用于进行微观层面的经济分析。（2）积累体制。调节学派认为一个稳定的积累体制需要外在于经济的政治社会机

制来调节，需要一种调节模式。积累体制的含义是指维持稳定经济生产与消费平衡类型的模式，这个概念主要用于宏观经济层次的分析，针对市场的稳定而建立，他们认为稳定的积累体制的形成机制是大规模生产需要大批量消费来配合。（3）调节模式。这个概念指融合规范、制度、传统、组织形式、社会网络、行为类型等在一起的复合体，其功能在于使行为人遵守规则，形成体制再生产的模式而维持一个积累体制的稳定。这个概念主要在于介于微观和宏观中间的社会制度层次。（4）发展模式。工业范式、积累体制和调节模式相互调整互补而能够维持一段相当长时期的资本主义稳定发展，这样的发展称为发展模式。

3. 法国调节学派的理论框架式。在法国调节学派的分析框架中，积累体制、调节模式和发展模式构成了其理论的概念基础。调节学派认为，社会经济结构主要的制度组织一致性的匹配推动了持续的经济发展，而不匹配则产生了不稳定性、危机以及宏观经济的衰退。在法国调节学派的理论中，长期动态被看作是不连续的。当一种发展模式的潜力趋于耗尽时，从前各部分之间的连贯性消失了，直到新的连贯性出现之前，存在着不稳定和无序。在这种情况下，积累过程变得越来越与制度形式的稳定性不兼容，它无法完成在现有制度基础上的自我再生产，不平衡已达到这种情况：在给定的调节模式中，从前自我修正的机制变得无效了，发展模式陷于危机之中，从而产生了缓慢增长、停滞和不得不进行制度变革的压力。

4. 法国调节学派的积累体制与调节方式。调节理论学派认为资本主义具有不同的历史阶段，每一阶段有其特定的积累体制，而每一种积累体制又都具有特定的调节方式，这种调节方式支配着积累过程。积累体制划分为：外延型积累体制和内涵型积累体制，适应大规模消费的内涵型积累体制是在第二次世界大战后出现的。每种积累体制都在特定的调节方式的框架内运行，与之相应的调节方式分别为"旧调节""竞争性调节""垄断性调节"。20世纪70年代以后，当代资本主义积累体制进入了金融资产积累体制阶段，金融资产积累体制是全球化、新技术革命，特别是信息革命的产物。新积累体制下的调节主要有两种：一是雇佣劳动制度的调节，主要解决的是劳动制度弹性与就业安全的矛盾问题。新的技术发展打破了旧有的就业模式，各种各样的就业形式随着弹性工作而发展，出现了就业形式的碎化、不稳定和工资的差异，经济上的不安全加大。在这种情况下，劳动法的地位上升，需要通过劳动法来调节这些新的雇佣关系。二是所有制关系的调节。金融资产的积累体制下，日益增多的储蓄，集体存放于公共基金、人寿保险公司和养老基金。这些金融机构投资者增加了它们的组合证券中的股份，因而间接增加了家庭金融财产中的股份。当代雇佣社会的金融体系就发生了变化，个人所有权在这里将作为一种对社会债务的补偿的权利，并由个人委托机构进行投资。然而，集体基金管理者和个人储户间的主要联系受信息不对称的影响，个人利益会受到侵害，为了使个人的利益受到保护，必须对所有制关系进行调节。集体基金管理者和个人储户间的主要联系受信息不对称的影响，个人利益会受到影响，为了使个人的利益受到保护，必须对所有制关系进行调节。

## 二、法国调节学派的理论渊源

法国调节学派的理论是在批判新古典经济学的基础上，依据资本主义的新变化，在马克思政治经济学的框架内，借鉴凯恩斯经济学发展而来的欧美马克思政治经济学理论。其理论渊源在于：

### （一）法国调节学派的理论与马克思主义政治经济学的关系

法国调节学派坚持了马克思历史唯物主义的观点并有所发展，坚持和继承马克思经济学，而不是马克思主义的政治经济学，也就是其学理基础是以《资本论》为基础的马克思经济学，而不是以《帝国主义论》为基础的马克思主义经济学。

1. 法国调节学派理论对马克思政治经济学核心概念和范畴的继承。法国调节学派旗帜鲜明地坚持马克思经济学，反对新古典经济学。但是他们认为马克思经济学过于宏大和抽象，在继承马克思经济学核心概念和范畴的基础上，发明了一系列的中间概念，对马克思经济学进行创新，如"发展模式""积累体制""调节""调节模式""制度诸形态"和"小危机、结构性危机、最后的危机"等。（1）继承了马克思关于生产力—生产关系以及社会再生产的论述。调节学派核心概念间相互作用的机理遵循了马克思关于生产力—生产关系以及社会再生产的论述。调节学派的工作始终围绕马克思的生产方式概念进行分析，他们认为每一个稳定的积累体系，都一定需要生产力与生产关系之间保持系统稳定性。在研究社会再生产理论时，马克思将生产关系的再生产问题放在非常重要的位置上，认为生产关系的再生产是随着生产力的发展而不断进行完善的过程。在这一过程中的生产关系的再生产是对生产关系中不适应生产力发展的某些方面和环节进行改革，从而以新的内容和形式来代替。这些思想认识在法国调节学派的理论中都得到了继承。（2）继承了马克思经济学中的核心理论与范畴。虽然法国调节学派创造了一些新的概念和范畴，但是基本的概念和理论基础仍然是马克思的。如资本积累、利润率下降等。（3）坚持和继承了马克思的利润率下降趋势的理论。认为马克思关于利润率下降趋势的规律是分析资本主义经济运行机制时最重要的理论工具，在坚持这一理论的同时结合资本主义发展的历史和现实，从各种制度结构及其功能上就资本积累的过程、动力、障碍因素及绩效进行了分析。

2. 法国调节学派理论对马克思政治经济学的发展。法国调节学派认为马克思建立了一个研究资本主义运行规律的理论，但是马克思并没有着力研究这一规律在实现过程中的偶然性问题。因此，调节学派在坚持马克思主义理论的同时，发展了马克思主义政治经济学，将马克思关于资本主义生产方式内在规律的分析拓展到现实世界之中，重点研究了资本主义积累过程中的偶然性问题，这是调节学派的目标。主要体现在：(1) 法国调节学派认为马克思理论中的一些概念高度抽象，应该从中分离出若干中间概念，来解释经济主体的相互作用及其规律。在生产方式的概念基础上，法国调节学派提出了积累制度、调节模式、工资关系等概念。(2) 对马克思再生产的概念进行了解构。在马克思那里，再生产一方面是物质资料再生产，另一方面也是生产关系再生产。法国调节学派不再强调这是同一过程的二重性，而是用"调节模式"和"积累体系"这两个概念进行分离成两个单独的概念来解释。对于物质资料再生产的环节，调节学派以工业生产范式这一概念进行分析；而生产关系的再生产，则以制度形式为分析对象。(3) 在马克思剩余价值理论基础上，法国调节学派提出了内涵型积累和外延型积累等概念。

**（二）法国调节学派的理论与新古典理论、凯恩斯理论的关系**

1. 法国调节学派的理论与新古典理论的关系。法国调节学派的理论与新古典经济学理论是对立的，对新古典经济学理论进行了多方面的批判。在方法论上，反对新古典经济学派静态的、均衡的、缺乏历史意识的分析方法。调节学派认为新古典学派以经济行为的不变性为前提，不考虑任何时间和地点，提供的是一种非历史的经济规律，从而把历史排除在外，因而它不能解释资本主义经济的历史演变过程。在经济危机理论上，法国调节学派反对新古典经济学派关于"经济危机是例外事件，产生的原因无非是市场的外部力量搅乱了市场均衡"的认识。新古典经济学缺乏历史意识分析，忽视了劳动力、货币和一般商品之间的不同属性和特征。在市场理论上，新古典理论认为经济领域是关于财富如何积累的领域，而政治领域是关于权力如何积累的领域，反对国家干预经济，调节学派认为新古典经济学派关于政府和市场关系的思想具有极大的欺骗性。

2. 法国调节学派的理论与凯恩斯主义经济学的关系。法国调节学派深受凯恩斯主义的启发，同时试图超越凯恩斯主义。他们认为凯恩斯主义经济理论研究的是开放程度较低的经济，而我们现在面临的却是全球化经济。调节学派认为凯恩斯主义经济理论则偏重技术经济学，它没有充分研究经济增长所带来的各种矛盾，特别是社会矛盾，它着重研究短期的经济政策和管理，而忽视它所要说明的现象的规律性依据。调节学派认为，为了发展一种对资本主义多样化经济形态的演变进行解释的理论框架，应该从高度抽象的概念，如生产方式等，分离出若干中介概念如积累体制和制度形式等，用来解释经济行为体在相互作用时表现出来的规则性，然后再与观察到的经济现象进行比较。调节学派试图发展马克思的制度理论，把制度与凯恩斯的宏观经济结合起来，开创一种不同于以前的历史的和制度的经济理论。调节理论以现实前提为基础，它认为适用于任何时间和任何地点的理论是不存在的，必须把概念工具和现实条件结合起来，因此必须不断创立新的调节方式和经济制度。

### 三、法国调节学派的其他经济理论

法国调节学派除了提出上述经济理论之外，还在制度经济学、经济危机理论、比较资本主义、经济增长理论等方面进行了相应的研究，主要体现在：

1. 法国调节学派的制度经济学理论。21 世纪初，法国调节学派完成了第一代和第二代的新老交替，对制度经济理论进行了研究，做出了巨大的贡献。他们认为"各个社会主体都有各自的利益，他们在追求自己利益的过程中会产生社会冲突，而制度就是为了调节社会冲突而产生的，是社会主体在社会冲突中相互妥协的产物，其中，制度形成时的历史条件和政治交换对于形成什么样的制度起着关键性的作用。同时，制度、意识形态和政治媒介的相互作用形成了社会冲突调节的一般机制。"[5]第二代学者继承了调节学派初建时期的方法论，继续强调了调节理论的独特性，并在制度理论重建方面做出了巨大贡献。自 19 世纪以来，如何把经济的历史特点和经济理论结合起来是持久争论的主题。调节学派认为，新古典经济学不考虑任何时间和地点，提供的是一种非历史的经济规律，因而它不能解释资本主义经济的历史性演化过程；而马克思有关资本主义发展的长期动力学虽然强调了社会关系和积累过程的历史特定性，但他使用的概念过于抽象。因此，阿加利塔和博耶这些调节学派的先驱者们认为，为了发展一种对资本主义多样化经济形态的演化进行解释的理论框架，"调节"方法应该从更抽象的概念（如生产方式）中找出中间概念和模式，如积累体系和制度形式等，用来解释经济行为者在相互作用时表现出来的规则性，最后再与观察到的事实进行相当细致的比较。调节学派试图通过发展马克思的制度理论，把制度与凯恩斯的宏观经济学结合起来，开创一种不同于从前的历史的和制度的经济理论。在调节学派制度经济理论的分析框架中，积累体系、调节模式和制度形式构成了调节理论的概念基础，当积累体系、调节模式和制度形式相互补充，一度足以确保资本主义扩张的长波所需的条件时，由此所产生的复杂体常常被综合性地分析为发展模式，调节学派运用上述框架对美欧资本主义从福特制向后福特制的转变进行了分析。调节学派第二代的制度形成理论，在继承第一代学者理论的基础上，突出了其理论的特殊性。表现在其理论不同于新制度经济学、比较制度分析理论、美国激进学派和法国公约经济学的理论。

2. 法国调节学派的经济危机理论。调节学派不认同新古典经济学认为外来冲击造成危机的观点，认为经济危机可以从不同层次来解释，他们从对资本主义特定历史条件下资本积累过程与经济发展过程的统一上把经济危机划分为五类[6]，然后进行解释：第一类是外部扰动造成的危机。这类危机是因为某一既定实体的持续经济再生产受到阻碍，或者是与自然或天气灾害相关的短缺造成的，或者是由源于外部事件或战争而导致的经济垮台而造成的。这种危机既不是因为调节模式的正常运行出问题，也不是因为积累体制的衰竭而造成的。第二类是周期性危机，这种危机是在一个既定国家某个时期的主导调节模式内发生的，它只能部分且缓慢地影响主导制度形式，而且它是一个稳定发展模式中调节的必要组成部分。第三类是调解体系的危机。与主导调节模式相联系的机制被最终证明不能克服不利的短期趋势，那么这样的时期就被定义为调节体系的危机。当局部不均衡逐渐聚集并不再能被现行社会经济程序予以处理的时候，调节体系的危机便出现了。第四类是发展模式的危机。这类危机是由达到最本质制度形式的极限以及这些制度形式之间矛盾的产生来定义的。这类危机是由于最本质的经济模式出了问题而导致的危机，比如生产组织、资本增殖过程、价值分配以及社会需求的组成都或多或少存在着问题，从而导致的危机。这类危机是由于经济再生产动态过程受阻的问题而形成的，因而是比较严重的危机。第五类是主导生产模式的终极危机。当一种经济结构达到一种制度形式安排的极限，对现行社会关系集合的最基本层面提出挑战时，这类危机便发生了。这类危机与马克思主义理论中的危机相似。

3. 法国调节学派的比较资本主义研究。调节学派作为比较资本主义研究中一个重要的理论派别，把分析重点从对资本主义发展阶段转换的研究，转向对资本主义多样性的研究，并运用制度层级、制度互补、协调机制等概念，对不同国家资本主义的制度结构和发展模式进行了比较分析。"从马克思主义理论那里，调节理论保留了对资本主义长期演化的兴趣，但是调节理论不接受马克思的继承者们坚持的宏大的资本主义理论。"[7] 把研究资本主义特定发展阶段的稳定存在条件及其发展阶段的转变作为要研究的核心问题，把资本主义的历史视为连续的阶段，为了对资本主义的结构形式和发展阶段进行理论上的深入分析，调节理论通过一系列中等层次的模型来建立理论和历史之间的联系。调节学派提出了一系列能够把马克思主义政治经济学应用于实际历史中的中间概念，用于研究资本主义的制度和实践。调节学派的资本主义多样性研究，是在批判已有的资本主义多样性理论，把资本主义多样性分析纳入调节学派的概念工具和理论框架中向前推进的。

4. 法国调节学派的经济增长理论。调节学派在技术转变与资本积累体制关系研究中形成了其经济增长理论。在经济增长理论方面他们"反对交换关系完全受基于个人理性的最优经济行为的驱动，以及一般均衡的基本假定，认为应根据社会关系来分析经济关系，强调时间因素和经济过程的不可逆性以及历史的路径依赖"[8]。反对技术决定论对技术推动经济发展的线性表述，而强调经济对技术的反馈，主要研究一种特定的技术体系如何与资本积累体制相互融合。把技术进步归之于创新、资本密度以及规模报酬，认为创新受到创新体系的影响。在新古典增长模型中，住户的储蓄倾向独立于收入来源，将收入分配和积累的作用排除出去，而收入分配在调节理论的增长模型中却成为研究的重点。同时他们还建立了积累体制下的技术转变促进经济增长的模型，调节理论内生技术转变的宏观经济模型最完整的表述是博耶在《技术进步与经济理论》中提出的，这一模型强调了调节理论中需求对生产的作用，并使这一内生技术转变为增长体制的关键。基本模型主要由生产率方程、投资方程、消费方程、实际工资形成方程以及两个核算恒等式共6个方程构成。关于生产率变动，调节理论综合了熊彼特的创新对生产率的贡献、资本密度的增加、动态递增的规模收益对生产率增长的效应三个方面的因素。调节学派增长模型的特点在于：在技术转变中强调同时受资本密度和递增规模报酬的影响；投资的确定同时由凯恩斯意义上的需求和古典马克思意义上的利润率所决定；工资形成则考虑到市场机制的竞争决定，以及考虑到对生产率变动指数化的劳资协调。总体来看，调节理论的增长模型强调需求和收入分配对技术转变的影响。

## 四、法国调节学派的政策主张

法国调节学派从其基本理论出发，主张对资本主义的"国家与市场的关系、政府和企业的关系、雇主与雇员关系、国际经济关系"[9]四大经济关系进行调节：

1. 法国调节国家与市场的关系。虽然"调节学派在国家与市场关系问题上持后凯恩斯主义观点"，但是他们强调了国家在积累体制中代表社会集体价值并对个人的意志和利益进行调节的观点，认为现代社会的复杂性、社会和技术发展范式的内在要求以及各国经济发展依赖性的加强更加突出了国家干预的作用。他主张在加强国家干预的同时，通过制度建设规范政府行为，最大限度减少寻租活动，充分发挥中介组织和机构的作用，使国家与市场相得益彰。

2. 法国调节政府和企业的关系。他们认为当代资本主义国家调节方式的转变始于20世纪80年代，其背景是主要发达国家经济进入滞胀时期、凯恩斯主义破产、国家垄断资本主义陷入危机。国家调节方式转变的目标和任务是改变战后经济增长方式，使之适应新技术发展和国际竞争日益加剧的需要。其特点是，在生产和技术方面，强调对资本的集约投资，重视劳动生产率的提高；在企业治理方面强调内部监督机制；在企业效益评估标准方面注重企业规模的扩大；在劳资关系方面采用集体谈判方式决定国民工资标准；在市场竞争方面，强调产品价格由生产成本加边际成本来决定。

3. 法国调节雇主和雇员的关系。调节学派认为雇主与雇员关系的调节对积累体制的稳定具有关键性作用。雇主与雇员关系的调节包括雇佣关系的调节、劳动力使用和管理的调节、工资的调节、国民收入的再分配的调节，就业培训、再就业培训、终身教育、分担失业的调节。认为为了确保由利润转化而来的投资增长与工人购买力增长相配合，需要凯恩斯主义国家干预政策的实施。保证资本主义企业的雇主与雇员之间能建立起较长时期的、稳定的合约关系。

4．法国调节国际经济关系。法国调节学派认为国际经济关系的调节包括三个层次：第一层次市场调节，保护正常情况下的市场资金的流动，保护消费者；第二层次支付能力调节，确保银行支付能力，监督支付能力比率和内部控制；第三层次金融危机调解，处理金融危机，解决银行破产问题，抑制系统传染。

## 五、法国调节学派理论对中国特色社会主义政治经济学研究的经验借鉴

法国调节学派理论被引入我国后，受到了马克思主义经济学研究领域学者的关注。贾根良对调节学派的起源、研究纲领的形成、分析框架等进行了早期介绍。李其庆对调节学派的基本理论观点和政策主张进行了全面的梳理和评析。吕守军发表了一系列的文章对法国调节学派的理论体系、危机理论、制度理论、最新进展进行了研究。杨虎涛对马克思主义经济学对法国调节学派的影响进行了研究。唐正东对调节学派的方法论、货币哲学进行了研究。夏明对调节学派的经济增长理论进行了研究。张旭对调节学派的比较资本主义进行了研究。中国人民大学吴易风教授的《当代西方经济学流派与思潮》一书，在第9章全面介绍了调节学派。北京工商大学陈叶盛的著作《调节学派理论研究》（中国人民大学出版社，2012年版），归纳了从20世纪70年代调节理论诞生开始至今调节理论的发展历程，并对其主要分析框架进行了概括，形成了完整的调节经济思想史概述。吕守军的《法国调节学派理论与马克思主义经济学创新》（上海人民出版社，2015年版），从经济思想史的视角出发，在参考法语、英语和日语相关文献的基础上，对法国调节学派第一代、第二代学者的理论进行综合考察，分析了调节学派理论对马克思主义政治经济学创新的启示。总体来看，近年来法国调节学派的理论日益受到国内经济学界的重视。

"法国调节学派理论认为马克思主义经济学不应该是一个业已完成的、封闭的理论体系，而应该是一个随着社会发展而不断完善、持续创新、开放的理论体系，为此必须对马克思主义经济学进行创新。"[10]这一点和我们进行中国特色社会主义政治经济学理论创新具有一致性。我国经济发展进入新常态的新阶段，习近平同志强调，要立足我国国情和我国发展实践，揭示新特点新规律，提炼和总结我国经济发展实践的规律性成果，把实践经验上升为系统化的经济学说，不断开拓当代中国马克思主义政治经济学新境界。目前在我们研究中国特色社会主义政治经济学、开拓马克思主义政治经济学新境界的过程中，可以从法国调节学派中吸收思想借鉴。

### （一）借鉴法国调节学派的基本理论，研究中国经济发展的新问题

法国调节学派是在马克思主义政治经济学的框架内发展而来的，他们依据资本主义的新变化，研究资本主义经济发展的新问题，建立了调节学派的基本理论。19世纪中叶，马克思和恩格斯以机器大工业时期的欧洲为蓝本，以资本主义生产方式为研究

对象，创立了马克思主义政治经济学。此后，列宁也以资本主义生产方式为研究对象，分析了当时帝国主义阶段的经济特征。马克思、恩格斯和列宁时期的经典马克思主义政治经济学的研究对象是资本主义生产方式，研究任务是揭示资本主义社会的基本矛盾，研究社会主义如何代替资本主义。伴随新中国经济建设和改革开放实践，我国社会主义生产方式不断发展完善。与经典政治经济学时期相比，我国经济发展进入了新阶段，也出现了许多新问题、新情况和新矛盾，借鉴调节学派的理论，开拓当代中国马克思主义政治经济学新境界，需要立足中国国情和经济发展实践，拓展政治经济学的研究对象和研究任务，在研究社会主义初级阶段生产方式的基础上，重点研究社会主义经济发展和经济运行，揭示中国特色社会主义经济发展和运行规律。对于中国特色社会主义政治经济学研究来说，非常重要的就是对我国经济结构转变的理解，必须在分清经济结构转变过程中出现问题的不同层次和不同性质的基础上，提出相应的对策来解决问题，借鉴调节理论为我们解决现实问题提供理论指导。

**（二）借鉴法国调节学派的基本理论，概括总结我国经济改革和发展新材料新事实**

借鉴法国调节学派的理论，开拓马克思主义政治经济学新境界，要重视对新中国经济建设特别是改革开放以来新材料、新事实的研究，进而概括总结为系统化的经济学说。习近平同志强调："在对历史的深入思考中做好现实工作、更好走向未来，不断交出坚持和发展中国特色社会主义的合格答卷。"政治经济学是人们在占有充分的历史和现实材料的基础上，运用科学的抽象方法，透过经济现象而探讨其内在联系的科学。它以一定社会生产方式作为自己的研究对象，研究其发生和发展变化的客观规律。借鉴法国调节学派的理论，我们要研究改革开放以来经济建设的新材料。改革开放以来，我国经济发展取得举世瞩目的成就，在理论探索上取得重大成果，形成了许多新材料。例如，在社会主义市场经济发展、初级阶段基本经济制度完善、国有企业改革、对外开放、农村经济改革发展等方面都形成了许多新材料，需要运用马克思主义政治经济学的科学方法，概括和总结其中的规律性，进而上升为中国特色社会主义经济理论。借鉴法国调节学派的理论，我们要研究现阶段经济发展中的新材料。我国经济发展进入新常态，出现了许多新问题新情况，也出现了许多新的事实材料，如经济发展从高速向中高速的转换、"四个全面"战略布局的展开、新发展理念的提出、"五化"同步协调发展、政府与市场关系的处理、跨越"中等收入陷阱"的实践等。中国政治经济学的创新发展需要系统概括总结这些新的事实材料，探索新常态经济发展和经济运行的新规律，并把它们上升为当代中国马克思主义政治经济学理论。

**（三）借鉴法国调节学派的理论，提炼升华新理论新话语**

理论是对现实生活的反映、对实践经验的升华，理论必然要随着实践发展而发展。从来就不存在可以脱离特定历史背景和现实生活的普适的经济学。借鉴调节学派的理论，开拓马克思主义政治经济学新境界，要在坚持马克思主义政治经济学基本原理的基础上，依据马克思主义政治经济学与时俱进的特征，依据不断发展变化的经济实践，推动当代中国马克思主义政治经济学创新发展。借鉴调节学派的理论，形成新的理论体系和话语体系。在广泛学习借鉴的基础上，要依据新问题、新情况、新矛盾和新事实，不断提炼形成新的当代中国马克思主义政治经济学理论，包括经济发展新常态的理论，新发展理念的理论，使市场在资源配置中起决定性作用和更好发挥政府作用的理论，推动新型工业化、信息化、城镇化、农业现代化、绿色化协调发展的理论，发展更高层次开放型经济的理论，实现全体人民共同富裕的理论等。当前，适应和引领经济发展新常态，尤须坚持以中国问题为导向，构建中国版的马克思主义政治经济学理论体系和话语体系。马克思主义政治经济学的科学性集中体现在其立场、方法论和世界观上，而不是一些具体论断上。借鉴调节学派的理论，开拓马克思主义政治经济学新境界，必须克服教条主义，适应时代变化，关注当代中国重大理论和现实问题，加强对中国模式和中国经验的研究，从中国经济改革、发展和运行的事实中概括出具有普遍意义的规律和论断；概括提炼与中国历史、文化、传统、制度和实践相适应，具有中国特色、体现时代特点和世界发展趋势的马克思主义政治经济学概念、范畴、论断和基本规律，形成既体现马克思主义政治经济学立场、观点、方法，又不同于西方经济学，并能同世界对话的政治经济学理论体系和话语体系。

## 参考文献

[1] 贾根良. 法国调节学派制度与演化经济学概述 [J]. 经济学动态，2013（9）：56 – 59.

[2] 胡海峰. 对法国调节学派及其理论的分析 [J]. 教学与研究，2005（3）：79 – 84.

[3] 杨虎涛. 马克思经济学对法国调节学派的影响 [J]. 马克思主义研究，2009（5）：121 – 126.

[4] 吕守军. 国际马克思主义经济学调节学派最新发展述评 [J]. 毛泽东邓小平理论研究，2015（12）：82 – 88.

[5] 吕守军. 法国调节学派的制度理论 [J]. 上海交通大学学报（哲学社会科学版），2009（12）：23 – 28.

[6] 陈叶盛，胡若南. 法国调节学派的危机理论 [J]. 经济经纬，2008（2）：9 – 11.

[7] 张旭. 调节学派的比较资本主义研究及其启示 [J]. 山东社会科学，2016（2）：40 – 47.

[8] 夏明. 技术转变与资本积累体制——法国调节学派的经济增长理论述评 [J]. 国外社会科学，2006（4）：44 – 50.

[9] 李其庆. 法国调节学派评析 [J]. 经济社会体制比较，2004（2）：123 – 134.

[10] 吕守军，严成男. 法国调节学派的学派定位及其理论创新研究 [J]. 上海交通大学学报（哲学社会科学版），2013（3）：33 – 40.

# 阶级固化及其私有制根源分析<sup>*</sup>

# 阶级固化及其私有制根源分析 [*]

蒋　敏　卢映西[**]

**摘要**　2014 年，习近平总书记就明确了"阶级分析"的重要性，"看待政治制度模式，必须坚持马克思主义政治立场。马克思主义政治立场，首先就是阶级立场，进行阶级分析"。现阶段，自动化技术进步趋势和机械化的发展、经济全球化的演进推动了生产力的进步，新自由主义趁势鼓吹国企、教育和医疗等市场化、私有化。从生产关系来看，国有企业的私有化改革造成中国资产大规模流失，机器技术的私人占有造成大量工人群体被排挤和下岗的趋势，中国和西方发达资本主义国家一样出现了严重的两极分化，且这一分化的趋势被固化。这就要求我们拿起马克思主义阶级分析的工具，毫不含糊地坚持无产阶级和劳动群众的阶级立场，充分认识阶级固化的根源和危害。

**关键词**　阶级固化；私有化；贫富差距

# The Fixed Class and Its Root of Private Ownership

*JIANG Min，LU Yingxi*

**Abstract**：On February 17，2014，President Xi stressed the importance of "class analysis"，"Talking about the political system mode，we must adhere to marxist political stance. The first position of Marxist political stance is class analysis." At present，the progress of automation technology、the development of the machine and the evolution of economic globalization

---

\* 基金项目：本文是国家社科基金项目"马克思货币理论新阐释与当代发展研究"（16BJL005）的阶段性成果。

\*\* 蒋敏（1990—），南京财经大学红山学院，主要研究方向为政治经济学；卢映西（1965—），南京财经大学经济学院副教授，主要研究方向为政治经济学。

promoted the progress of productivity, new free liberalism try to take education and medical implements into the marketization and privatization of state-owned enterprises. From the point of production relations, the privatization of state-owned enterprises reform in China cause mass loss of property. The private possession of machine technology cause a large number of workers group's out and the trend of come off sentry duty. The serious polarization, and the trend of the differentiation is curing in China. We must pick up the tool of marxist class, and adhere to the class stand of the proletariat and working people, fully understand the root of the class curing and harm.

**Key Words**: *Fixed Class*; *Privatization*; *Gap Between the Rich and the Poor*

1978 年，改革开放以解放生产力为目的、以停止阶级斗争为起点，当时的社会结构主要由工农兵学工、干部和知识分子构成，以基尼系数为标准衡量的收入和财富差距很小，没有私有制。1997 年，公有制依然占国民经济的 70% 左右，而现阶段公有制（包括国有和集体成分）占国民经济比重为 1/5 左右。根据联合国《2014 年人类发展报告》，中国贫困人口约为 1 亿，贫困率为 11.8%。邓小平在 1985 年意识到，"如果我们的政策导致两极分化，我们就失败了。如果产生什么新的资产阶级，我们就真的走到邪路上去了"。现阶段的技术革新开辟了一个新的时代，但有产者和无产者的贫富分化和阶级固化趋势也随之加快。

## 一、阶级流动性的悖论

2016 年的《均富国际商业报告》显示，中国高职位妇女的比例比全球平均水平高出了 6%。在现阶段的正式部门，有 1/3 的中小企业由妇女经营或管理。于是以妇女或个别案例为依据，部分学者提出性别平等强调机会平等，而机会平等要求市场化和私有化的环境，在这样的环境下，个人可以通过努力和机遇，实现大跨度的阶级晋升，从劳动者阶层流入有产者阶层。更有学者因此认为部分贫困群体的低收入是因为好吃懒做或没有机遇。但探讨平等与公平问题时，我们在探讨的是社会问题，若用个别案例或个体取代整体，则容易导致一种逻辑上的错误。自由主义避开阶级分析，只关注个人权利的获得，而忽略不同社会群体之间在利益分配和权力资源获得上的差异。

哥伦比亚大学教授、全球思想联合委员会主席莎士奇亚·萨森在其著作《大驱离》中指出："就像环境的破坏从污染土壤、水源开始，进而破坏整个生态圈，驱离这个区域内所有的生物，经济运行的逻辑也是如此。当今的经济体制会让富者愈富、贫者愈贫，这不单单是个固化的趋势，还会有一个动力在后面推动着那些被'驱离'的人——中产阶层可以一夜间沦为新贫，而被排除出整个主流社会，永无翻身之日，处境还会每况愈下。"萨森在阐述其理论时，实际上已经超越了一般的静态阶级分析，以"驱离"阐述各阶层之间的互动和动态的关系。这里的"互动"和"动态"并不是阶级的跌落或晋升，而是中产阶层作为实质上的无产者，在危机面前，仍然会沦为无收入或低收入的劳动者群体。这一"驱离"的力量，则是私有化浪潮下，资本对无产者的排挤。清华大学的王峰明教授提出"悖论性贫困"，认为对工人阶级而言，劳动致富在私有化趋势下成为争议性的概念，劳动反而成为贫穷的渊薮，"劳动时间越长，强度越大，劳动者就越是贫穷！"① 他也指出了"悖论性贫困"是资本主义制度下工人阶级群体特有的贫困。

马克思认为工人的绝对贫困，从根本上不是因为缺乏一定数量的生活资料，而是缺乏获取生活资料的持久性和必然性。在萨森所说的"驱离"力量面前，工人阶级随时会跌入没有能力购买生活资料的深渊。当中产阶层被剥夺了进行劳动的客观条件，其劳动能力就缺乏了转化为现实劳动的客观条件。从社会整体来看，绝对贫困就意味着整个财富世界，包括生活资料和生产资料，与工人阶级是相互对立的。因此，马克思说："这是作为绝对的贫穷的劳动：这种贫穷不是指缺少对象的财富，而是指完全被排除在对象的财富之外。""一方面，劳动作为对象是绝对的贫穷，另一方面，劳动作为主体，作为活动是财富的一般可能性，这两点绝不是矛盾的。"② 可见，马克思是从与生产关系和社会制度相联系的角度，论述工人因丧失生产资料而丧失生活资料的状态的。

正是在私有制的社会制度下，通过劳动本身，客观的财富世界作为与劳动相对立的异己的权力越来越扩大，并且获得越来越广泛和越来越完善的存在，因此相对来说，"活劳动能力的贫穷的主体，同已经创造出来的价值，即创造价值的现实条件相比较，形成越来越鲜明的对照。劳动本身越是客体化，作为他人的世界——作为他人的财产——而同劳动相对立的客观的价值世界就越是增大"③。

以农村和城市的医疗和住房支出占收入比重为例。

第16页图1和图2显示，从2000年到2015年，城镇和农村居民在医疗和住房方面人均支出占收入比的差距逐渐拉大，主要原因在于农村居民收入水平一直低于城市居民，因此财富差距不断拉大。资本主义经济因素借着我国市场化改革的时机，对医疗、教育等资源配置方式的影响越来越深。以医疗资源为例，农村居民对医疗的支出比例高于城镇，其根源不在于支出的货币量水平高，而是相对于自身收入而言，支出

---

① 王峰明. 悖论性贫困——无产阶级贫困的实质与根源. 马克思主义研究，2016（6）：72.
② 马克思恩格斯全集：第30卷. 北京：人民出版社，1995：253，254.
③ 马克思恩格斯全集：第30卷. 北京：人民出版社，1995：447.

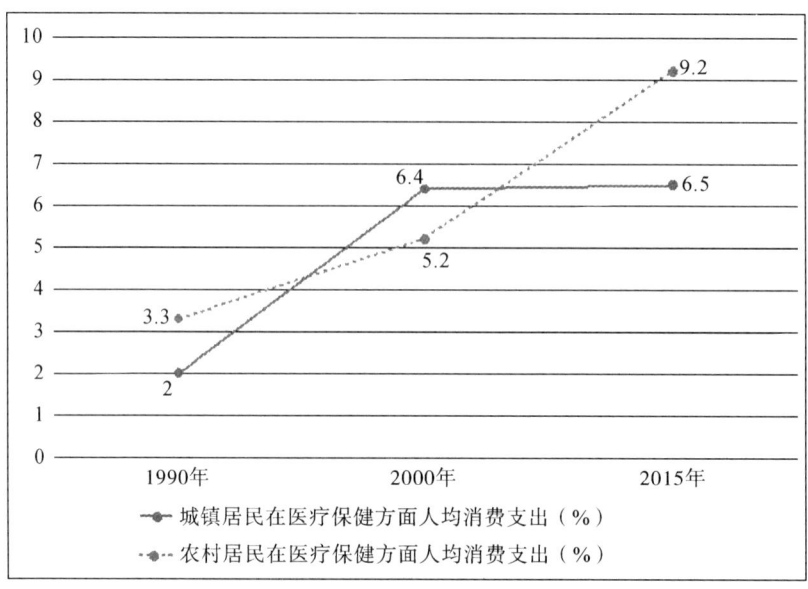

图1　城镇和农村居民在医疗保健方面的人均消费支出占收入比重

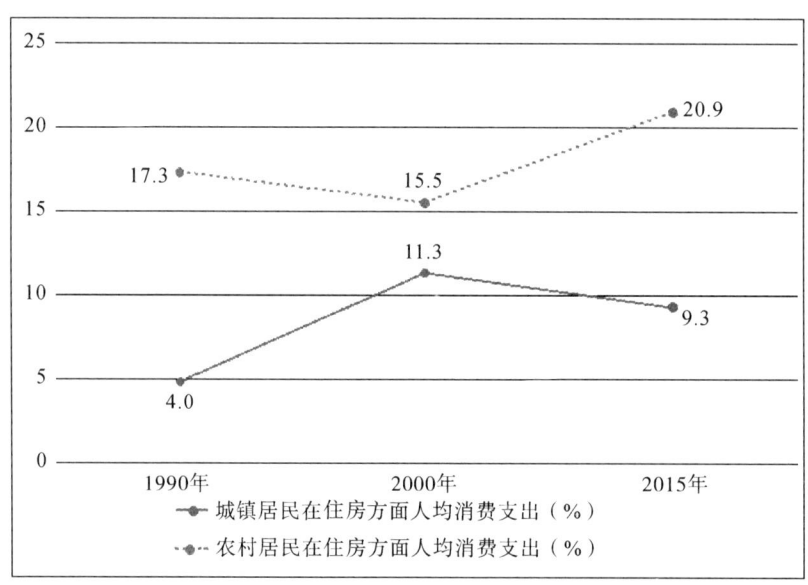

图2　城镇和农村居民在住房方面人均消费支出占收入比重

数据来源：2016国家统计年鉴。

占比高。在私有化条件下，医疗资源的市场定价成为必然趋势，农村居民将面临更为昂贵的医疗成本和更为严峻的看病难问题。于是，阶级流动性的论断在这里就不成立了，一旦离开个例，从社会整体来看，无产阶级和资产阶级的对立只会越来越鲜明。

## 二、资本强化对无产者的驱离

资本主义生产的基础是生产资料和劳动者的分离，资本主义的再生产就是不断地再生产着这种分离。一方面，不断地再生产出资本家集团，占有生产资料，掌握着进行剥削的条件；另一方面，不断地再生产出一无所有的雇佣劳动者集团，提供被资本剥削的对象。全球化加速推进的今天，技术革新已经开辟了一个新的时代。正如杰里夫·里弗金在其著作《工作的终结》中所提到的，自动化步伐的加速正在使全球经济走向无人工厂的一天，机器是新的无产阶级，辞退书正在发给工人阶级。技术革新的发展使资本有机构成不断提高，在生产过程中，资本家对机器设备和自动化技术的投入比例随之提高，意味着生产同一单位的产品所需的劳动量的比例随之下降。

在生产力发展到机器大生产的现阶段，随着机器体系的采用，劳动生产率不断提高，另外，"工人的劳动失去了一切独立性和吸引力，在同资本家的博弈中，工人的力量不是提高了而是降低了，工人的劳动时间不是缩短了而是延长了，工人的劳动强度不是减轻了而是加重了"[1]。这就导致了"工人自己的劳动能力贬值"[2]，工人从机械自动化技术推动的生产力发展过程中，劳动者生产力大幅增长，享有的成果没有增加反而减少了。这里的"减少"指的是"相对减少"，虽然从时间维度来说，工人阶级收入水平提高，但是与资本对抗的力量降低了，被剥削的相对剩余价值增加了。资本尽可能地阻止劳动者以任何形式组织起来，动用任何可行手段组织劳动者发挥他们对国家机器的政治影响力。马克思推断，资本的这些作为最终将产生一种两极化的情况，"资本家的财富越来越多，劳动者阶层不但日趋贫穷，地位日低，还越来越没有尊严和影响力，尽管财富实际上是劳动者制造出来的"[3]。

单个劳动者的收入水平表现为一定量的货币获得，整个工人群体的收入水平和生活状况则表现为一定量的生活资料，这些都属于社会表层的物质生活条件，属于看得见、可计量的具体现象。然而决定一个阶级的社会关系和经济地位的，是无法计量的，也无法用具体的数值去计量，因为这是由源于社会深处的生产关系决定的。从时间维度来看，这种结构性的关系被逐渐固化和硬化，而这种变化趋势也是由私有制度下，生产力的不断发展所决定的。

生产工具、劳动对象和劳动者共同构成了生产力的要素。马克思曾提出，不同经济时代的区别不在于生产什么，而在于怎样生产，用什么劳动资料生产。"手推磨产生

---

① 马克思恩格斯全集：第 31 卷. 北京：人民出版社，1998：96.
② 马克思恩格斯全集：第 31 卷. 北京：人民出版社，1998：99.
③ 大卫·哈维. 资本社会的 17 个矛盾. 北京：中信出版社，2016：82.

的是以封建为首的社会，蒸汽磨产生的是以工业资本家为首的社会。"① 资本主义生产最典型的劳动工具就是机器，自动化发展的趋势是用机器制造机器。信息技术革命时代，机器是在以往科技革命的基础上，增加了控制机这一核心要素。它不仅在传统意义上替代了工人的体力劳动，还在一定程度上替代了人的脑力劳动，人工智能成为当代生产力发展的重要组成部分。从历史上看，社会生产的发展受到生产力水平限制，还未对劳动者的知识或技能提出很高的要求。然而随着生产自动化程度越来越高，资本对受雇用劳动者的知识技能提出了更高的要求，以调节和控制机械化的生产。单个资本家追求超额剩余价值是资本主义历史发展的一般规律，提高生产技术、缩短必要劳动时间和扩大企业规模成为必然的趋势。企业通过内部资本的积累以及资本之间联合实现资本集中这两条途径扩大规模，这就使机器和自动化技术的规模随之扩大，同时也加速了机器对工人阶级的"驱离"。大卫·哈维曾以中国为例，认为"技术演变造成大量劳动者失业，某些国家忽然为全球市场增加许多劳动力，例如近 30 年来的中国"②。

但对无产阶级驱离和排挤的并不是机器本身，马克思在《哲学的贫困》中批判蒲鲁东以分工推出贫困理论时就提出，"机器只是一种生产力。以应用机器为基础的现代工厂才是社会生产关系，才是经济范畴"③，他将机器比作拖犁的牛，而不是看作一种经济范畴，但不少资产阶级学者仍然在犯蒲鲁东式的错误，"自灵魂被损害以来，劳动被分散的第一个结果就是延长工作日，使工作日同脑力消耗的总量成反比例增长……但是，工作日的长度不可能超过 18 小时，所以，自从不能靠增加劳动时间来补偿时间，补偿就要靠价格，于是工资就降低了……有一点是不用怀疑而且我们必须在这里指出的，这就是普遍的良心并不会把工头的工作和小工的劳动等同看待。因此，工作日的价格必然降低"④。他们把底层劳动者的贫困归咎于机器发展引起的分工的差别，认为缺乏知识或技能的工人的贫困是符合"良心"的，于是资产阶级学者在这种"良心"的基础上，不断地宣称私有制的合理性和普适性。

马克思早在《雇佣、劳动与资本》一书中说过，"要知道，倘若机器消灭了整个雇佣工人阶级，那么资本最可怕的时刻就会到来，因为资本没有雇佣劳动就不再成为资本了"。工人阶级既是旧生产体系中的生产者，又是永远的消费者，也是资本实现增值和商品利润的工具。如果资本主义完全依赖智能化的机器生产，不再需要工人，资本就不能实现增值，商品也就卖不出去了，这也是资本主义基本矛盾在机械化发展阶

① 马克思恩格斯选集：第 2 卷. 北京：人民出版社，1972：108.
② 大卫·哈维. 资本社会的 17 个矛盾. 北京：中信出版社，2016：82.
③ 马克思恩格斯选集：第 1 卷. 北京：人民出版社，1972：161.
④ 马克思恩格斯选集：第 1 卷. 北京：人民出版社，1972：161.

段的延伸。"其余的阶级都随着大工业的发展而日趋没落和灭亡，无产阶级确是大工业本身的产物"，"资产阶级无意中造成而又无力抵抗的工业进步，使工人通过联合而达到的革命团结代替了他们由于竞争而造成的分散状态。……它首先生产的是它自身的掘墓人"。

### 三、阶级固化的影响

现阶段讲阶级流动性的缺失，研究资本主义社会各阶级之间的利益冲突，大多偏向于承认这些冲突或矛盾的可缓和性。经济学家 Daron Acemoglu 和 James A. Robinson 在其著作《国家为何衰亡——权力、繁荣和贫困的起源》中论述威尼斯的兴衰史时，总结了一个国家繁荣或衰败的重要影响因素：一个社会的兴盛衰亡，关键看这个国家的上层阶级是包容性还是榨取性的。从这个角度来看，资本主义社会的矛盾能否得到缓和，关键取决于资本主义国家统治阶级在资本和劳动的对立关系中，采取什么立场。在经济领域，资本主义社会仍然处于金融资本统治持续加强的阶段。索罗斯曾声称美国在 20 世纪 60 年代就已经超越了金融资本统治阶段，而处于"高额群众消费阶段"。制度经济学派的代表人物加尔·布雷思认为，"金融资本教条至少在美国没有得到统计的或经验的证实"①。他们以什么为依据认为美国已经不存在金融资本的剥削和统治了？"每一家公司都企图通过内部资金的形式达到财务上的独立，并且通常都能达到这个目的……因而能够避免那种对金融控制的屈服"②。随着技术革命和信息化的发展，西方经济学者认为当今私有制经济条件下，集团机构已经纷纷崩溃，工人群体的福利制度也越来越完善。可见，"资本主义理解人类的竞争天性，把它从社会的束缚中解放出来然后以市场驾驭它，创造出一个充满活力和进步的社会体制，为所有人的利益而运转。"③ 而类似垄断的情况或专卖政策（例如沃尔玛和苹果公司垄断的供货商享有市场营销权力），都倾向于被说成是异常情况，是"不幸偏离美满均衡状态（理论上可以在完全竞争市场中达到）的情况"④。大卫·哈维认为这种观念是一种偏见。斯蒂格利茨也提出，"最近 30 年最重要的商业创新中，有一些并不是以提升经济效率为宗旨，而是希望能更好地保护垄断力，更好地规避政府旨在调和社会利益与私人报酬的管制"⑤。可见，资本的阶级权力完全依赖集合种种个别的垄断产权，构建出资产阶级占主导地位的社会秩序。在这种社会秩序和规章制度下，资产阶级垄断了生产工具，这是其区

① 加尔·布雷思. 美国资本主义. 北京：华夏出版社，2008：109.
② 保罗·巴干，保罗·斯威奇. 垄断资本主义. 北京：商务印书馆，1977：20.
③ 大卫·哈维. 资本社会的 17 个矛盾. 北京：中信出版集团，2016：140.
④ 大卫·哈维. 资本社会的 17 个矛盾. 北京：中信出版集团，2016：140.
⑤ Joseph Stiglitz. The Price of Inequality. 北京：机械工业出版社，2013：44.

别于劳动者阶级的根本。

在资本起控制力量的社会，资产阶级垄断了生产资料，甚至垄断了金融融资的手段，阶级的流动性不仅仅从个人发展层面丧失，从"公正""道义"的层面丧失，还从国家和社会的层面丧失。上层阶级没有改变的动力，底层群体没有改变固化趋势的能力，阶级固化最终导致整个社会的发展缺乏活力和可持续性，难以前进，其中表现得最明显的就是资本主义生产和消费的差距，达到一定的程度会导致经济危机。

近年来，伴随着新自由主义经济改革，包括国有企业改革的推进，中国和东欧、拉美等世界各国一样，出现了腐败泛滥、国有资产大规模流失和千万工人群体下岗等事实，普通民众原有的教育、医疗等福利逐渐丧失，经济全球化也使得社会财富向西方资本寡头流动。据国际货币基金组织统计，2016 年美国有超过 4500 万人口生活在贫困线之下，占总人口数的近 1/7。① 按照每人每天生活支出 1.9 美元的标准，全球贫困人口数量大量增加；按照每人每天生活支出 1.25 美元的标准，我国两亿多人口生活在贫困线以下；按照我国现行的年人均收入 2300 元人民币的标准，我国有 7000 多万贫困人口。根据皮凯蒂关于全球不平等研究的最新动态，2015 年中国收入在前 1% 的群体收入占比约 13%，而美国收入占前 1% 的收入群体占比为 20%，皮凯蒂提出中国的不平等水平正接近现在的美国。② 根据联合国《2014 年人类发展报告》的数据，中国贫困率为 11.8%，收入基尼系数为 0.47，该报告引用了世界银行非正式的估计结果，认为 2014 年中国的贫困人口数达到 1 亿，世界银行贫困评估小组（2015 年）认为中国有 99% 的贫困人口在农村。而国家统计局 2014 年公布的数据认为农村贫困人口为 261 万，低收入标准以下人口为 7658 万。③ 具体衡量数值的区别来源于不同的贫困标准和衡量指标，但也一定程度上反映了中国和美国等资本主义国家一样出现了严重的两极分化。

中国极端贫困人口比例从 1990 年的 60% 下降到了 2010 年的 12%，西方学者鼓吹这是中国市场经济自由化和私有化带来的成就，并鼓吹"普世价值"价值观，但西方国家倡导的资本主义自由体制真的是本质上的自由和平等吗？从中国与发达国家的市场联系来看，20 世纪 90 年代，中国在与中心国家的贸易中"每年净损失 2000 多亿小时的劳动价值"④，2001 年中国加入世界贸易组织，出口规模随之扩张，然而中国在对外贸易不平等交换中的损失也迅速扩大。2006 年前后，中国每年损失的劳动价值多达 4000 多亿小时。现在中国已经成为世界第二大经济体，在与资本主义国家的贸易博弈中，仍然存在不平等交换，劳动者受资本主义国家资本的剥削。

---

① 数据来源：IMF-International Monetary Fund Home Page http：//www. imf. org/external/index. htm.
② NBER Working Paper No. 23119，February 2017.
③ 数据来源：国家统计局农村社会经济调查司，2015.
④ 李民骐，等. 资本的终结. 北京：中国人民大学出版社，2016：177.

根据《中国卫生年鉴》，中国人口的预期寿命从 1949 年前的 35 岁增加到 1978 年的 68 岁，目前中国中位数年龄已经达到 36.7 岁，一半人口的年龄在中位数以上。世界银行的数据表明，全球有 10 亿人口在未来几年将进入 80—100 岁的区间内。假设未来医疗资源实现了完全的私有化，无产阶级进入高龄阶段，将面临医疗行业残酷的资源竞价。不仅仅是医疗，教育、法律和民生基础设施资源都将掌握在少数人手中，美国记者白修德曾以"惊雷"形容中国乡村的富人圈子，"大家的事情是由父老决定的，父老差不多总是有钱有地的人，或有钱有地之家的商业上的同盟者……在乡村，富有土地的人家和地方政府的统一性显而易见"①。虽然白修德描述的不是当代中国，像这种社会圈子根深蒂固，以不同的利益和诉求为联盟，划出明显的边界，这些也符合当代资本不断强化的背景下阶级固化的特点。掌握资本的人掌握着生产资料，掌握着底层人民获取生活资料的方法和整体策略。在中国，占顶层 10% 的阶层拿走全国约 60% 的所得。中国目前的不平等程度与南非相似，而南非是世界上最不平等的国家。全球而言，顶层 1% 的收入 20 年间增加了 60%。顶层 0.01% 的收入增长幅度更大。② 私有化将资本主义社会固有的矛盾、冲突和斗争带到发展中国家，严重失衡的分配会产生更大的社会问题，因为严重的不平等很可能成为经济危机来临的前兆。

## 四、阶级固化的制度根源

在资本主义经济体制下，生产资料的私人占有和资本逐利的本性使企业最大限度地剥削剩余价值，直接表现为追求利润最大化。在这一动机下，生产体系内技术水平不断提高，有机构成不断提高，机器的私人占有排挤工人，人口的相对过剩和无产阶级的贫困成为必然趋势。在资本和劳动的矛盾彻底爆发之前，财富在少数人手中集聚，劳动者的相对贫困程度逐渐加重。随着社会主义市场经济的推进，资产阶级学者乘机鼓吹新自由主义的主张，宣传自由市场的万能。近年来，资本主义的经济特征逐渐向我国经济体渗透，公有制经济比重越来越低，我国市场经济也出现了贫富差距拉大和阶级固化的趋势。

---

① 白修德. 中国的惊雷. 北京：新华出版社，1988：30，32.
② 大卫·哈维. 资本社会的 17 个矛盾. 北京：中信出版社，2016：184.

表 1　国有控股工业企业主要指标

| 年份 | 企业单位数（个） | 资产总计（亿元） |
|---|---|---|
| 1998 | 64737 | 74916.27 |
| 2000 | 53489 | 84014.94 |
| 2005 | 27477 | 117629.61 |
| 2006 | 24961 | 135153.35 |
| 2007 | 20680 | 158187.87 |
| 2008 | 21313 | 188811.37 |
| 2009 | 20510 | 215742.01 |
| 2010 | 20253 | 247759.86 |
| 2011 | 17052 | 281673.87 |
| 2012 | 17851 | 312094.37 |
| 2013 | 18574 | 343985.88 |
| 2014 | 18808 | 371308.84 |
| 2015 | 19273 | 397403.65 |

数据来源：2016 国家统计年鉴。

表 2　私营工业企业主要指标

| 年份 | 企业单位数（个） | 资产总计（亿元） |
|---|---|---|
| 1998 | 10667 | 1486.98 |
| 2000 | 22128 | 3873.83 |
| 2005 | 123820 | 30325.12 |
| 2006 | 149736 | 40514.83 |
| 2007 | 177080 | 53304.95 |
| 2008 | 245850 | 75879.59 |
| 2009 | 256031 | 91175.60 |
| 2010 | 273259 | 116867.83 |
| 2011 | 180612 | 127749.86 |
| 2012 | 189289 | 152548.13 |
| 2013 | 208409 | 187704.40 |
| 2014 | 213789 | 213114.42 |
| 2015 | 216506 | 229006.48 |

数据来源：2016 国家统计年鉴。

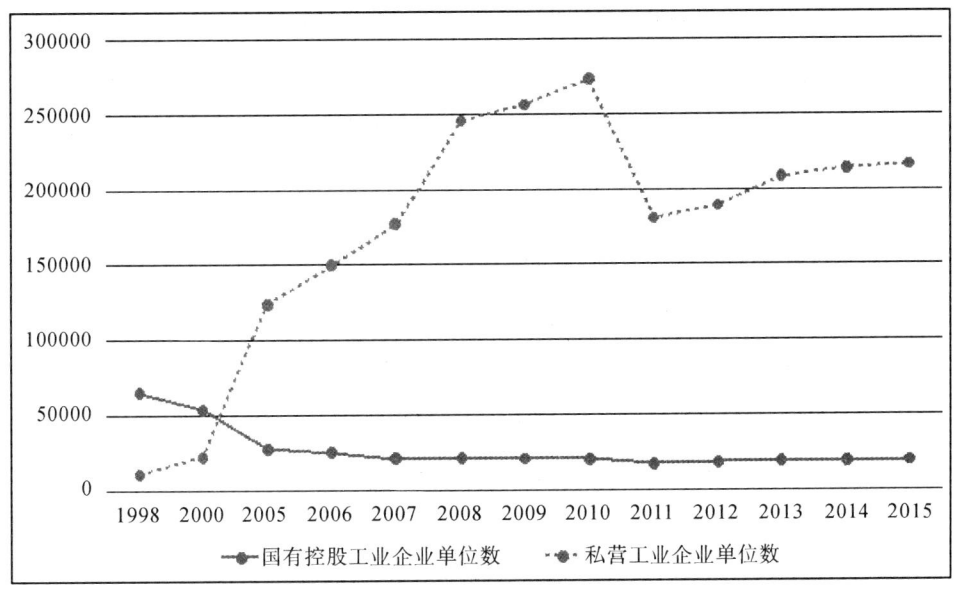

图3 不同性质企业数量变化趋势

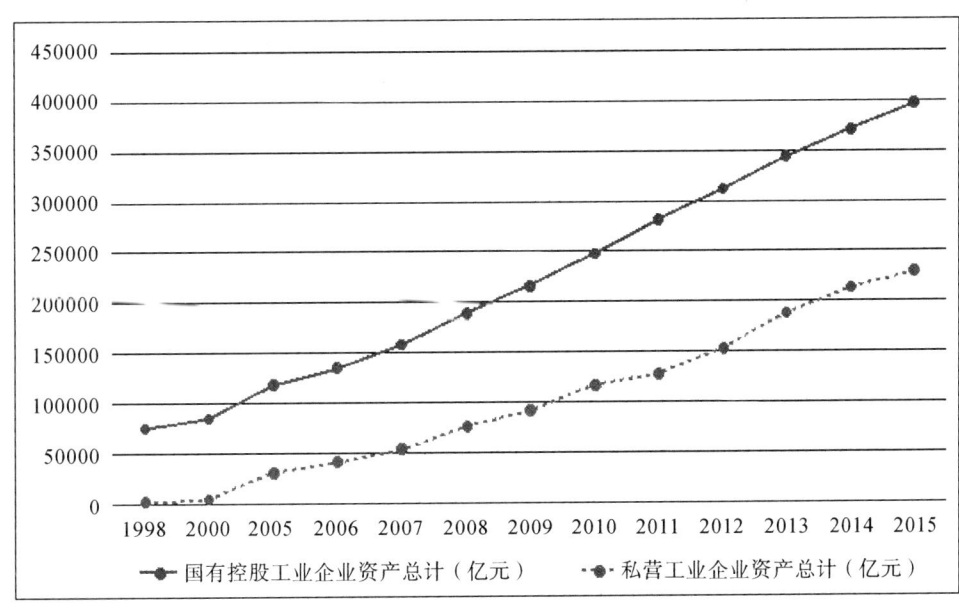

图4 不同性质企业资产数量变化趋势

以工业企业的企业数量和资产数量为例，图4显示国有控股工业企业和私营企业的资产从1998年起同时呈现上升的趋势，国有控股企业的总资产数额从1998年的74916.27亿元增长到2015年的397403.65亿元，私营企业总资产数额从1998年的1486.98亿元增长到2015年的229006.48亿元，这与我国改革开放以来取得的重大成就和生产力水平不断提高是分不开的。在工业企业范围内，国有控股企业资产高于私营企业，这也证明了在私有化、市场化理论的肆虐下，我国对公有制经济主体地位的坚持有一定的成效。从量的规定性层面来看，公有资产在社会总资产中仍然占优势，这也是中国特色社会主义经济制度相对于资本主义经济制度最突出的特征和优势。

第23页图3显示了自20世纪末以来，国有控股企业数量不断减少，私营工业企业数量整体呈上升趋势，这一趋势伴随着我国公有制经济比重的下降。有学者以1978年到2008年的数据为依据，研究公有制经济比重与基尼系数的关系，认为我国公有制经济比重与基尼系数之间呈反向数字关系，即公有制经济规模越小，贫富差距则越大。从第23页图3可以看到，2008年以后，公有制经济的规模相对于私营经济，仍然继续呈现下降趋势。近年来，新自由主义学说不断动摇我国公有制经济的主体地位，其本质就是为资本的利益谋求更大的空间。资产和财富向少数人手中集中，而资本对劳动者同时产生剥削和驱离效应，阶级固化成为必然的趋势。

过去30多年，新自由主义全球扩张导致严重社会矛盾，由此引发的贫富差距日益悬殊。西方资本主义国家向社会主义国家推销美国式的"民主制度"，随着全球化进程推进，演进为"普世价值观"，即"人类普遍的共同的最完善的和终极的价值观"。其实质是以资本主义国家的利益为核心，建立为自己国家谋私利的话语霸权主义。我国在社会主义初级阶段，建立并完善了以公有制为主体、多种所有制经济共同发展的基本经济制度。公有制占主体地位，指的是全民所有制和集体所有制构成的社会主义公有制经济，与其他非公有制形式经济相比，在全社会经济成分中占主体地位，这是中国特色社会主义经济的客观要求。但是近年来，资本主义制度下的各种经济因素向我国经济体渗透，使我国市场经济也呈现出了与资本主义经济类似的经济特征，私有制经济比重增加、贫富差距不断拉大、私有化和自由化的意识形态日趋明显。教育和医疗本应是公立和免费的，但私立和竞价趋势日趋侵入我国教育和医疗行业，底层劳动者群体再生产自身劳动力，就面临了沉重的财务负担。

## 五、结语

资本主义发展早期，资本家集团运用种种手段压榨工人阶级的血汗，用工人阶级的生活贫困、劳动折磨、精神摧残建造自己财富的宫殿，这就是马克思所揭示的资本积累的一般规律。随着资本主义的发展，社会出现了两级，一极是资产者财富的积累，另一极是工人贫困和劳动折磨的积累，即阶级固化是私有制下客观的必然趋势。伴随着当代科学技术的进步，机器的私人占有和资本有机构成提高导致工人群体也越来越受机器和智能化操作的排挤。我国社会主义市场经济改革过程中，也出现了与资本主义经济类似的阶级固化的趋势，这与近年来我国私有制经济成分不断增多有密切的联系。

为了遏制阶级固化对我国劳动者群体的消极影响，应积极防止公有制比重下滑，并巩固公有制经济的主体地位。习近平总书记曾多次强调，必须理直气壮地做优做大做强国有企业。在新自由主义企图在中国实现全盘私有化的现阶段，社会主义基本制度和国有企业的经济主导作用，仍然是我国积极应对金融垄断资本的扩张及经济霸权主义的制度基础和物质前提。所以国有经济要随着全球化技术革命的推进不断发展壮大，不仅要在国家安全和国计民生行业保持主导地位和控制力，还要在竞争性商品流通领域积极适应竞争规律，争取社会效益和经济效益兼得。

另外，国有企业不能一味地通过私有制、引入外商和民营资本、变卖国有资产的渠道实现改革，国有企业的改革应立足于壮大公有制经济和维护民族经济独立自主。国有资本可以以多种投资方式向民营资本和外商资本渗透，以扩大国有资本在社会主义市场经济中的规模和引导力，保证公有制经济不仅在"量"，还在"质"上占主体地位。

## 参考文献

[1] 马克思. 资本论 [M]. 北京：人民出版社，1972.

[2] 大卫·哈维. 资本社会的 17 个矛盾 [M]. 北京：中信出版社，2016：82，140，184.

[3] 李民骐，等. 资本的终结 [M]. 北京：中国人民大学出版社，2016：177.

[4] 王峰明. 悖论性贫困——无产阶级贫困的实质与根源 [J]. 马克思主义研究，2016（6）：73.

[5] 蒋敏，张圣兵. 马克思主义阶级关于中产阶级化 [J]. 马克思主义研究，2015（10）：82.

[6] 白修德. 中国的惊雷. [M]. 北京：新华出版社，1988：30，32.

# 西部大开发是否促进了西部地区产业结构升级？
## ——基于 PSM-DID 方法的研究

严 汉 平　张　倩[*]

**摘要**　西部大开发战略是中国实施最早的区域经济协调发展战略，客观评价其实施效果，不仅能有效认识上一阶段的实施成效，也能为下一阶段的实施起到借鉴和启示作用。本文基于 1994—2015 年中国 234 个地级市面板数据，采用双重差分倾向得分匹配法，研究了西部大开发对西部地区产业结构升级的影响及其机制。实证结果表明，西部大开发对西部地区产业结构从第二产业向第三产业转化没有起到明显促进作用。稳健性检验还发现西部大开发对西部省会城市的产业结构升级作用明显优于西部整体城市和非省会城市。机制检验表明，政府财政支出中科技支出占比少是造成西部地区产业结构升级缓慢的原因之一。因此，未来西部大开发政策完善的重点在于积极调整财政支出结构，以达到产业结构优化升级的目的。

**关键词**　西部大开发；产业结构升级；双重差分倾向得分匹配法；合成控制法

# Does the Western Development Upgrade the Industrial Structure in the Western Region？
## ——An Analysis Based on PSM-DID Method

*YAN Hanping*，*ZHANG Qian*

**Abstract**：Western development is the earliest implementation of coordinated development strategy of regional economy in China. The objective evaluation of its implementation effect，not only can effectively understand its implementation effect in previous stage，but also can be

---

＊　严汉平，陕西户县人，西北大学经济管理学院教授、博士生导师；张倩，西北大学经济管理学院硕士研究生。

referenced and inspired for next stage's implementation. Based on the panel data of 234 cities in China from 1994 to 2015, this paper studies the impact of the western development on upgrading of industrial structure and its mechanism by difference in difference-propensity score matching（PSM-DID）method. The empirical result shows that the western development has not played a significant role in the transformation of industrial structure from the secondary industry to the tertiary industry. Roubustness test also shows that the western development upgrading the the industrial structure in western capital city is superior to that of the western cities and western non – capital cities. The mechanism test shows that the proportion of science and technology expenditure in fiscal expenditure is one of the reasons for the slow upgrading of industrial structure in western region. Therefore, in the future, the focus of western development policies will actively adjust the fiscal expenditure structure, in order to achieve the objective of optimizing and upgrading the industrial structure.

**Key Words**：*Western Development*；*Upgrating of Industrial Structure*；*Difference in Difference – propensity Score Matching*；*Synthesis Control Methods*

## 一、引言

为促进中国西部地区的经济发展，缩小东西部差距，党中央和国务院于 2000 年实施西部大开发战略。在实施过程中，除了缩小经济总量差距以外，优化西部地区的产业结构也是西部大开发的重要目标和主要内容，"发展特色优势产业，引导重点区域加快发展"一直都是西部大开发相关政策文件中的要求。然而，从现实情况来看，西部地区产业发展水平较低，产业结构层次依然低于东部地区和全国平均水平。第 28 页图 1 和第 28 页图 2 分别为我国 2000—2015 年各地区第二、三产业产值占地区生产总值的比重情况①。第 28 页图 1 中，2000—2011 年，中西部地区第二产业发展迅猛，并在 2011 年达到了顶峰，2011 年之后，全国各地区第二产业的产值占比均急剧下降。与其他地区相比，西部地区第二产业的产值占比位于末位。第 28 页图 2 中，2000 年以后，西部地区的第三产业的发展水平在波动中保持上升趋势，但仍然低于东部地区。通过统计数据直观来看，西部大开发实施以来，西部地区的第二、三产业均有所发展，但

---

① 其中东北地区包括辽宁、吉林、黑龙江；东部地区包括河北、山东、江苏、浙江、福建、广东；中部地区包括山西、安徽、江西、河南、湖北、湖南；西部地区包括内蒙古、广西、四川、贵州、云南、陕西、甘肃、青海、宁夏、新疆。由于海南和西藏分别相对于东部地区和西部地区整体而言第二产业比重小、第三产业比重大，这并非是工业化发展到一定水平带来的经济"服务化"的结果，而是由于海南和西藏本身经济发展水平较低，以发展第一产业和第三产业为主，因此在统计的时候删除了海南和西藏。所有数据来源于《中国统计年鉴》。

其中在多大程度上是由西部大开发政策本身带来的并无法看出。那么，西部大开发对西部地区产业结构优化升级究竟起到了何种作用就值得我们深思。如果西部大开发对西部地区的产业结构升级没有起到促进作用，那么在新一轮的西部大开发的实施过程中，就应重点注意结构方面的问题。因此客观有效地评价西部大开发的结构效应，对西部大开发的进一步实施和完善具有重要意义。

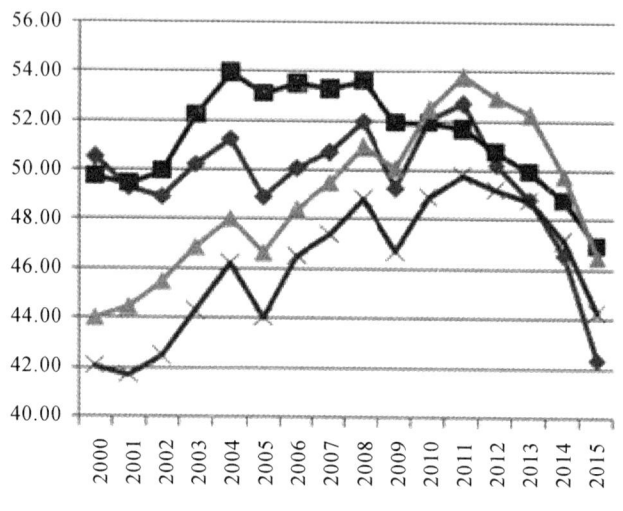

图1　各地区第二产业产值占比情况

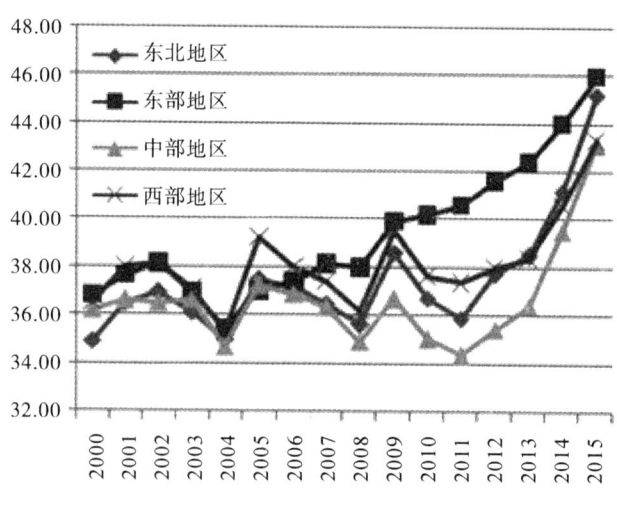

图2　各地区第三产业产值占比情况

本文基于1994—2015年全国地级市面板数据，使用双重差分倾向得分匹配法（Difference in Difference-Propensity Score Matching，PSM – DID），从产业结构升级的角度来评价西部大开发战略的结构效应。本文剩余部分的结构安排如下：第二部分是文献综述；第三部分是研究方法介绍；第四部分是西部大开发的结构效应评价；第五部分是作用机制检验；第六部分是结论和政策建议。

## 二、文献综述

西部大开发战略的目的在于促进西部地区经济发展，缩小东西部地区的差距，实现中国区域经济的协调发展。一般情况下，对政策经济绩效评价的依据是政策的实施效果与政策目标的契合程度。因此大量文献评价了西部大开发对促进区域经济协调发展的效果，多数评价都认为西部大开发对西部地区经济增长起到了促进作用，但对缩小东西部差距并非持乐观态度。王洛林和魏后凯（2003）的研究表明西部大开发在基础设施建设和环境建设方面取得了较大成效，但在吸引民间投资、软环境建设和对外开放等方面建设缓慢。[1]魏后凯和孙承平（2004）、林建华和任保平（2009）、淦未宇等（2011）均认为西部大开发虽然带动了西部地区的经济发展，但并未缩小东西部地区的差距，反而有进一步扩大的趋势。[2-4]随着评价方法的更加科学和观察时间的增加，西部大开发对实现区域经济协调发展的作用有了不同的结论。刘生龙等（2009）研究发现西部大开发提升了西部地区的经济年均增长率，促使中国区域经济从趋异转向收敛。[5]自从 2010 年 6 月国务院发布《关于深入实施西部大开发战略的若干意见》以来，西部大开发工作取得了明显的成效。魏后凯和赵勇（2014）认为在深入实施西部大开发以来，西部地区的发展取得了长足的进步，与东部地区的相对差距在不断缩小。[6]何春和刘来会（2016）使用双重差分法（DID）研究西部大开发对区域经济协调发展的影响，结果表明西部大开发在整体上推动了西部地区经济发展，促进了中国区域经济的协调发展，但西部地区内部的经济发展差距在不断扩大。[7]而刘瑞明和赵仁杰（2015）采用双重差分倾向得分匹配法（PSM-DID）研究西部大开发对地区经济发展的影响，发现西部大开发并未推动西部地区的经济增长，而是陷入"政策陷阱"中。[8]

西部大开发实施的十几年来，所处的国内和国际环境都发生了巨大的变化。继西部大开发战略之后，党中央和国务院相继实施了"东北振兴"和"中部崛起"战略，完成了区域经济协调发展的战略布局。在越来越激烈的区域竞争面前，西部地区必须把经济增长的重心从经济总量的增加转移到经济质量的提升，通过技术进步、生产率提升、经济结构优化等实现区域经济的可持续增长。朱承亮等（2009）认为在西部大开发实施后，西部地区全要素生产率增长率远高于全国平均水平，且在三大区域间处于最高水平，从全要素生产率角度看，西部大开发绩效显著。[9]李国平等（2011）通过建立西部大开发经济效应测度的多层次评价模型，从宏观经济生产率、产业结构优化升级、企业经济效益三个层面探讨了西部大开发对西部地区经济增长质量的影响机理，结果表明西部大开发在一定程度上促进了西部地区经济增长质量的提高。[10]宋周莺和刘卫东（2013）研究发现自 2000 年实施西部大开发以来，西部地区产业发展水平明显提高。但产业结构调整并没有取得实质性进展，产业结构仍然偏重，具有明显的资源依赖性。[11]洪俊杰等（2014）使用双重差分法研究了区域振兴战略对中国工业空间结构变动的影响，研究表明西部大开发战略对促进资源密集型产业在该地区的发展有一定效果。[12]还有学者关注了西部大开发对西部地区资源环境的影响。夏飞等（2014）运用双重差分法研究发现在西部大开发实施之前，西部地区存在"资源诅咒"效应，西部大开发战略的实施缓解了西部地区存在的"资源诅咒"现象。[13]郑佳佳（2016）运用双重差分法考察西部大开发对中国东部、中部、西部地区间碳排放绿色贡献度的影响，结果表明西部大开发显著提高了中国西部地区的碳排放绿色贡献度。[14]

尽管学术界对西部大开发的关注度持续增加，且已有大量文献从多个视角、采用多种方法评价了西部大开发的实施绩效，但仍存在以下两个方面的不足：

第一，从评价内容来看，从产业结构角度出发，评价西部大开发的结构性效果的文献较少。事实上，从理论和现实来看，经济结构优化比经济总量差距缩小更为重要，也是更加有效的衡量区域经济协调发展的角度。区域差距的存在是客观现象，是无法完全消除的，即使在美国等发达国家也存在区域差距。而在产业结构变迁的过程中，投入要素从生产率水平或生产率增长率较低的部门流向较高的部门可以促进整个社会生产率水平的提升，由此带来的"结构红利"维持了经济的持续增长，是促进经济增长的核心原因（干春晖等，2011）[15]。因此从产业结构升级的角度评价西部大开发的实施绩效具有重大的现实意义。

第二，从评价方法来看，多数评价西部大开发政策效应的文献在方法上采用简单的数据对比、测算综合性指标或者建立一些计量模型，这样并不能完整或有效识别西部大开发政策所产生的净效应[1-4,6,9-11]。双重差分法作为一种评价政策效应的计量方法，能够通过两次差分的方式得到政策的净效应，被广泛应用于政策评价上，也被多次应用于西部大开发政策效应评价上[5,7-8,12-14]。然而，使用双重差分法应满足随机性假设和共同趋势假设，西部大开发实施地区的指向性选择和落后的经济发展特征很可能无法满足这些假设。为了保证结果的有效性，使用双重差分法之前应该进行适用性检验，现有的使用双重差分法评价西部大开发实施效果的文献并没有进行适用性检验，有可能会导致检验结果存在偏差。双重差分倾向得分匹配法能很好地解决双重差分前提条件不满足的问题。例外的是，刘瑞明和赵仁杰（2015）采用双重差分倾向得分匹配法研究西部大开发对西部地区经济增长的影响，是比较严谨的做法。[8]

因此，本文从产业结构升级的角度出发，评价西部大开发的结构效应，并进行了影响机制检验，为新一轮西部大开发的实施提出有效的政策建议。

# 三、研究设计

## （一）研究方法

（1）倾向得分匹配法（PSM）。PSM 将研究样本分为处理组和控制组，其基本思想是在控制组中找到样本 $j$，使其与处理组的样本 $i$ 的可观测变量尽可能相近，即 $X_i \approx X_j$。为了解决匹配维度过高的问题，一般通过计算倾向得分 $P(X_i)$ 并以此为匹配依据进行匹配①，计算方法为：

$$P(X_i) = Pr(D_i = 1 \mid X_i) = \frac{\exp(\beta X_i)}{1 + \exp(\beta X_i)} \tag{1}$$

其中 $X_i$ 代表可观测变量向量；$P(X_i)$ 代表倾向得分；$D_i = \{0, 1\}$ 代表政策虚拟变量，$D_i = 0$ 表示没有实施政策，$D_i = 1$ 表示实施了政策；$\beta$ 是相应的参数。

（2）双重差分法（DID）。在进行了 PSM 之后，可通过对比处理组和与之匹配的控制组经济指标的差异来判断政策的实施效果。但同时还要考虑到所有地区在政策实施前后会受到其他不可观测因素（本文中如宏观经济环境、地理因素等）的影响（Dehejia, Rajeev H, 2005）[16]。因此，不仅要对比处理组和与之匹配的控制组的差异，还要对比所有地区在政策实施前后的差异，此即双重差分法（DID）。平均处理效应如下：

$$ATT_{DID} = E(Y_{t_1}^T - Y_{t_0}^T \mid D = 1) - E(Y_{t_1}^C - Y_{t_0}^C \mid D = 0) \tag{2}$$

其中 $Y$ 为结果变量；$t_0$ 表示政策实施前的时期；$t_1$ 表示政策实施后的时期；$T$ 表示处理组；$C$ 表示控制组。等式右边的两项分别是个体自身的第一次差分，从而消除了处理组和控制组自身的变化趋势，而这两者之间的第二次差分就得到了政策的净影响。

（3）双重差分倾向得分匹配法（PSM-DID）。Heckman, et al（1997, 1998）提出将双重差分法和倾向得分匹配结合起来，同时控制可观测变量和不可观测变量的影响。[17-18]综合双重差分法和倾向得分匹配法的原理，平均处理效应为：

$$ATT_{PSM-DID} = E[Y_{t_1}^T - Y_{t_0}^T \mid P(X_{t_0}), D = 1] - E[Y_{t_1}^C - Y_{t_0}^C \mid P(X_{t_0}), D = 0] \tag{3}$$

其中 $X_{t_0}$ 代表西部大开发实施之前的协变量向量。

## （二）计量模型

PSM 将研究样本分为两类：一是实施西部大开发地区，包括四川、重庆、云南、贵州、西藏、陕西、甘肃、宁夏、青海、新疆、内蒙古和广西 12 个省区的所有地级市，为处理组。二是其他省区的地级市，为控制组。设置地区虚拟变量区分处理组和控制组，$treat = 1$ 代表控制组，代表处理组。同时设置时间虚拟变量 $time$，$time = 0$，代

---

① 根据匹配结果的个体个数，匹配方法可分为近邻匹配法和整体匹配法。其中近邻匹配法包括 k 近邻匹配、卡尺匹配和卡尺内最近邻匹配。整体匹配法包括核匹配、局部线性回归匹配和样条匹配。

表西部大开发实施前的年份（1994—1999），$time = 1$ 代表西部大开发实施后的年份（2000—2015）。根据上述的样本界定，本文计量模型设定为两种形式，一是基准的 DID 模型；二是基于核匹配的 KPSM-DID 模型。

$$y_{it} = \beta_0 + \beta_1 time_{it} + \beta_2 treat_{it} + \beta_3 time_{it} \times treat_{it} + \beta_4 C_{it} + \varepsilon_{it} \tag{4}$$

$$y_{it} \times weight_{it}^{KPSM} = \beta_0 + \beta_1 time_{it} + \beta_2 treat_{it} + \beta_3 time_{it} \times treat_{it} + \beta_4 C_{it} + \mu_{it} \tag{5}$$

其中，$y_{it}$ 是被解释变量，本文为产业结构升级；$i$ 代表地级市；$t$ 代表年份；$C_{it}$ 是一组影响产业结构升级的控制变量；$\varepsilon_{it}$ 和 $\mu_{it}$ 代表随机干扰项。交乘项 $time_{it} \times treat_{it}$ 的系数 $\beta_3$ 度量了西部大开发对西部地区产业结构升级的净效应。本文首先根据 1999 年样本数据对处理组变量进行了匹配，得到每个控制组地级市的权重，然后将此权重依次赋给所有年份的控制组地级市。同时给处理组地级市权重赋值为 1。weight 是利用 logit 模型进行倾向得分估计产生的权重变量。

### （三）数据来源与变量选择

（1）数据来源与说明。本文使用的是 1994—2015 年中国 234 个地级市的非平衡面板数据①。数据来源于《中国城市统计年鉴》《中国区域经济统计年鉴》《中国统计年鉴》、国研网数据库和国泰安 CSMAR 数据库。由于西部大开发的整体性，本文选择全市统计口径的数据。

本文对样本进行了如下处理：①由于地级市与四大直辖市在经济总量和发展水平方面差距较大，因此本文不包括直辖市样本；②西藏自治区指标数据缺失严重，本文删除了西藏自治区所有地级市样本；③由于部分地级市发生了行政区划调整，本文删除了后来撤销的东川市，以及后来归入重庆的万县市和涪陵市。在上述基础上，本文保留了 1994—1999 所有的地级市样本，2000 年之后的地级市样本以 1999 年为基准，删除了后来年份增加的地级市。为克服离群值的影响，本文对数据进行了缩尾处理，将每个变量在全部样本分布两端各 1% 的数据分别重置为 1% 和 99% 分位数上的值。

（2）变量选择。本文用地区第三产业产值和第二产业产值之比来表示产业结构高级化水平（干春辉，等，2011）[15]。PSM 要求处理组和控制组的倾向得分尽可能相近，即实施政策的概率尽可能相近。Leuven 和 Sianesi（2015）认为匹配时需要尽可能地把所有影响政策实施的因素考虑进来。[19]本文选取协变量的依据是：选择同时影响结果变量和西部大开发的实施概率，并且能提高匹配质量的变量（Caliendo, et al, 2008；贾俊雪，宁静，2015）[20-21]。根据西部大开发的实践特点以及实证尝试，最终选择实际

---

① 由于倾向得分匹配法使用政策实施前的数据进行匹配，因此我们的地级市个数以 1999 年统计到的 234 个地级市样本为准。

GDP 对数值（ln$gdp$）[①]、政府支出规模（$gov$）、利用外资水平（$fdi$）、固定资产投资水平（$fai$）、公共基础设施（$bus$，$road$）。在进行 DID 回归的时候，控制变量在此基础上增加了人均 GDP 对数值（ln$pergdp$）和教育水平（$edu$）。各变量的含义和计算方法见表 1，变量的描述性统计结果见表 2。

**表 1　主要变量及其计算方法**

| 变量名称 | 变量含义 | 计算方法 |
| --- | --- | --- |
| $valuestruc$ | 产业结构升级 | 地区第三产业产值/地区第二产业产值×100 |
| $laborstruc$ | 产业结构升级 | 地区第三产业从业人员/地区第二产业从业人员×100 |
| $treat$ | 西部大开发实施地区 | 虚拟变量（0，1） |
| $time$ | 西部大开发实施时间 | 虚拟变量（0，1） |
| ln$gdp$ | GDP 对数值 | 对地区实际 GDP 取对数 |
| ln$pergdp$ | 人均 GDP 对数值 | 对地区人均实际 GDP 取对数 |
| $gov$ | 政府支出规模 | （政府财政预算内支出/地区 GDP）×100 |
| $fdi$ | 利用外资水平 | （地区实际利用外资/地区 GDP）×100 |
| $fai$ | 固定资产投资水平 | （地区固定资产投资额/地区 GDP）×100 |
| $edu$ | 人力资本 | （普通高等学校在校人数/地区总人口）/10 |
| $bus$ | 公共基础设施 | 每万人拥有公共汽车（辆） |
| $road$ | 公共基础设施 | 人均城市道路面积（平方米） |

**表 2　各变量的描述性统计**

| 变量 | 样本观测个数 | 均值 | 标准差 | 最小值 | 最大值 |
| --- | --- | --- | --- | --- | --- |
| $valuestruc$ | 4364 | 78.7684 | 32.1780 | 18.4304 | 201.3333 |
| $laborstruc$ | 4364 | 130.3466 | 68.1764 | 29.7822 | 354.4444 |
| $treat$ | 4364 | 0.2408 | 0.4276 | 0 | 1 |
| $time$ | 4364 | 0.7663 | 0.4233 | 0 | 1 |
| ln$gdp$ | 4364 | 15.1250 | 1.0579 | 12.6714 | 17.5457 |
| ln$pergdp$ | 4364 | 9.3035 | 0.8784 | 7.3832 | 11.3164 |
| $gov$ | 4364 | 12.0559 | 6.0705 | 3.1450 | 34.9868 |
| $fdi$ | 4364 | 1.7569 | 1.7898 | 0 | 8.8537 |
| $fai$ | 4364 | 46.2988 | 27.0622 | 8.8487 | 120.4681 |
| $edu$ | 4364 | 9.3400 | 15.3117 | 0 | 93.7772 |
| $bus$ | 4364 | 5.7197 | 3.9334 | 0.4000 | 20.1000 |
| $road$ | 4364 | 7.5705 | 4.7876 | 0.9800 | 23.5300 |

[①]　本文以 2000 年为基年，使用 GDP 指数对 GDP 进行了平减，《中国区域经济统计年鉴》只统计了部分年份地级市的 GDP 指数，剩余年份我们以《中国统计年鉴》中各省 GDP 指数代替。人均实际 GDP 用平减后的实际 GDP 除以当年的年末总人口计算得到。

## 四、西部大开发的结构效应评价

本节使用双重差分倾向得分匹配法评价西部大开发的结构效应。具体分为如下四个部分：①通过 logit 模型估计倾向得分值并据此对处理组和控制组样本进行匹配；②进行平衡性和共同支撑检验；③估计西部大开发对产业结构升级的平均处理效应；④进行稳健性检验。

### （一）样本匹配

将 1999 年所有处理组和控制组样本进行倾向得分匹配，构建如下西部大开发实施概率的 logit 模型，估算每个地级市实施西部大开发的预测概率，即倾向得分。

$$\text{logit}\,(treat_i = 1) = \alpha + \beta X_i + \varepsilon_i \tag{6}$$

第 35 页表 3 第一列数据为 logit 回归结果，可以看出大部分协变量对西部大开发的实施有显著的影响。

### （二）匹配质量检验

（1）平衡性检验。样本匹配后，需要进行平衡性检验以验证匹配质量，确保能有效矫正选择偏差。平衡性条件要求所有协变量 $X_i$ 和倾向得分 $P\,(X_i)$ 在匹配后的处理组和控制组之间的分布不存在系统性差异，也即相对于匹配后的地级市而言，西部大开发的实施是条件随机和外生的。本文分别进行了单变量的平衡性检验和整体平衡性检验（贾俊雪，宁静，2015；万海远，李实，2013）[21-22]。第 36 页表 4 为样本匹配结果，可以看出匹配后所有协变量的 $t$ 检验结果均不拒绝处理组与控制组无系统性差异的原假设，且匹配后各协变量的标准化偏差在 10% 以内，比匹配前降低了 85% 以上，满足单个变量的平衡性要求。同时解释变量联合显著性检验的 $P$ 值为 0.998，不拒绝倾向得分的联合分布在两组之间一致的原假设，满足整体平衡性要求。

（2）共同支撑检验。倾向得分匹配只有在共同支撑域才是有效的，如果处理组样本和控制组样本的倾向得分差别太大，没有足够大的重合区域即共同支撑域，那么匹配就只是一个子集效应，不具有代表性，倾向得分匹配模型将是无效的（Lechner M，1999）[23]。在以 1999 年数据进行匹配时，处理组和控制组的样本数分别为 53 和 178，落在共同支撑域外的样本数分别为 9 和 39。所有年份的处理组和控制组样本数为 1235 和 4170，落在共同支撑域外的样本数分别为 184 和 857。由于本文的总样本数足够大，相对于样本总数，落在共同支撑域外的样本比例较小，因此共同支撑域的样本仍具有代表性。

表3　以 *valuestruc* 为结果变量的协变量匹配质量检验

| 协变量 | Logit 回归 | 样本 | 处理组 | 对照组 | 偏差（%） | 偏差降低（%） | t | P > ∣t∣ |
|---|---|---|---|---|---|---|---|---|
| ln*gdp* | − 0.7112** | 匹配前 | 14.110 | 14.6990 | − 76.2 | | − 4.72 | 0.000 |
| | | 匹配后 | 14.169 | 14.1420 | 3.5 | 95.5 | 0.17 | 0.863 |
| *gov* | − 0.1850*** | 匹配前 | 8.2913 | 9.3900 | − 31.7 | | − 1.89 | 0.060 |
| | | 匹配后 | 8.4749 | 8.4539 | 0.6 | 98.1 | 0.03 | 0.974 |
| *fdi* | − 0.3203** | 匹配前 | 0.9215 | 3.4975 | − 68.4 | | − 3.59 | 0.000 |
| | | 匹配后 | 1.0708 | 1.2255 | − 3.8 | 94.5 | − 0.51 | 0.614 |
| *fai* | 0.0887*** | 匹配前 | 26.9290 | 20.9320 | 54.9 | | 3.86 | 0.000 |
| | | 匹配后 | 23.6370 | 24.3270 | − 6.3 | 88.5 | − 0.33 | 0.740 |
| *bus* | − 0.0673 | 匹配前 | 4.2396 | 5.8781 | − 38.2 | | − 2.37 | 0.019 |
| | | 匹配后 | 4.2568 | 4.4254 | − 3.9 | 89.7 | − 0.21 | 0.831 |
| *road* | − 0.2039** | 匹配前 | 3.8434 | 5.5180 | − 60.4 | | − 3.76 | 0.000 |
| | | 匹配后 | 4.0545 | 4.1997 | − 5.2 | 91.3 | − 0.29 | 0.773 |
| 联合检验 | | *Pseudo R²* | | *LR chi2* | | *p > chi2* | | |
| 匹配前 | | 0.289 | | 71.95 | | 0.000 | | |
| 匹配后 | | 0.004 | | 0.51 | | 0.998 | | |

注：*** 表示 1% 的显著性水平上显著；** 表示 5% 的显著性水平上显著；* 表示 10% 的显著性水平上显著。

### （三）西部大开发的结构效应评价

由上述检验可知，匹配后的样本很好地满足了平衡性假设和共同支撑假设，因此可以使用双重差分倾向得分匹配法（PSM-DID）检验西部大开发对产业结构升级的平均处理效应。

本文选取地区第三产业产值与第二产业产值之比来表示产业结构升级。为了进行对比，本文在进行 KPSM-DID 估计之前，先对全部样本数据按照传统的 DID 模型进行普通 OLS 回归。由第 36 页表4，基准 DID 模型估计结果中，$time_{it} \times treat_{it}$ 交乘项的系数为 − 14.3467，且在 1% 的显著性水平上高度显著。由于普通 DID 模型没有考虑样本选择偏差和内生性问题，尽管从统计上看起来足够显著，但仍可能存在估计偏误。根据第 36 页表4 中基于 KPSM-DID 模型估计结果可以看出，$time_{it} \times treat_{it}$ 交乘项的系数有所降低，为 − 12.1234，且在 1% 的显著性水平上高度显著。这表明西部大开发在对促进西部地区产业结构从第二产业向第三产业的升级并没有起到积极的推动作用。控制变量中，地区发展水平（ln*pergdp*）、政府支出（*gov*）、利用外资（*fdi*）和固定资产投资（*fai*）对西部地区产业结构升级均没有起到显著的作用。人力资本（*edu*）和每万人拥有公共汽车数（*bus*）对产业结构升级起到显著的正向作用。代表公共基础设施的另一个变量，人均城市道路面积（*road*）对产业结构升级的作用显著为负，可能的原因是西部地区大量城市道路的修建是为了城市基本需求以及大型工业园区的发展，对第三产业的发展作用较小。

表 4　西部大开发结构效应的 PSM-DID 检验

| 变量 | 基准 DID 模型 | | 基于核匹配的 KPSM-DID 模型 | |
|---|---|---|---|---|
| | *valuestruc* | *valuestruc* | *valuestrucw* | *valuestrucw* |
| | （1） | （2） | （3） | （4） |
| *treat* | 6. 2796 ** | 8. 6717 *** | 57. 6926 *** | 57. 0044 *** |
| | （2. 4712） | （3. 8042） | （21. 7299） | （21. 7766） |
| *time* | 3. 7950 *** | 16. 3136 *** | − 2. 1053 | 1. 1228 |
| | （3. 3076） | （12. 3818） | （− 1. 5188） | （0. 6930） |
| *time* × *treat* | − 3. 3237 | − 14. 3467 *** | − 9. 9598 *** | − 12. 1234 *** |
| | （− 1. 1235） | （− 5. 4944） | （− 3. 2222） | （− 4. 1068） |
| ln*pergdp* | | − 9. 7110 *** | | − 0. 1034 |
| | | （− 11. 1716） | | （− 0. 1015） |
| *gov* | | 2. 2816 *** | | 0. 2343 |
| | | （17. 7769） | | （1. 5144） |
| *fdi* | | 0. 6658 *** | | − 0. 2459 |
| | | （2. 9902） | | （− 0. 9064） |
| *fai* | | − 0. 4234 *** | | − 0. 0558 |
| | | （− 13. 4541） | | （− 1. 4812） |
| *edu* | | 0. 7933 *** | | 0. 3228 *** |
| | | （20. 8892） | | （7. 0314） |
| *bus* | | 0. 4775 *** | | 0. 3579 ** |
| | | （3. 2179） | | （2. 0072） |
| *road* | | − 1. 0633 *** | | − 1. 2752 *** |
| | | （− 8. 5148） | | （− 9. 9057） |
| _ *cons* | 74. 9696 *** | 146. 0439 *** | 23. 5566 *** | 27. 3970 *** |
| | （76. 8189） | （20. 0901） | （18. 9577） | （3. 1564） |
| $N$ | 4364 | 4364 | 4364 | 4364 |
| $R^2$ | 0. 004 | 0. 277 | 0. 284 | 0. 310 |
| adj. $R^2$ | 0. 004 | 0. 276 | 0. 284 | 0. 308 |

　　注：***表示1%的显著性水平上显著；**表示5%的显著性水平上显著；*表示10%的显著性水平上显著。

### （四） 稳健性检验

（1） 变换产业结构衡量指标。为了检验结果的稳健性，本文将产业结构升级指标替换为地区第三产业从业人员与第二产业从业人员之比。检验结果如见表5，基准 DID 模型估计结果中，$time_{it} \times treat_{it}$ 交乘项的系数为 −17.2223，且在 1% 的显著性水平上高度显著。基于 KPSM-DID 模型的估计结果中，$time_{it} \times treat_{it}$ 交乘项的系数为 4.2980，且不显著。这进一步表明西部大开发对西部地区产业结构升级没有起到明显的促进作用，证实了本文的结果具有稳健性。

表5 西部大开发结构效应的 PSM-DID 稳健性检验 （变换指标）

| 变量 | 基准 DID 模型 | | 基于核匹配的 KPSM-DID 模型 | |
|---|---|---|---|---|
| | *laborstruc* | *laborstruc* | *laborstrucw* | *laborstrucw* |
| | （1） | （2） | （3） | （4） |
| *treat* | 12.1461 *** | 14.7700 *** | 83.0272 *** | 82.1213 *** |
| | (2.8327) | (3.3926) | (18.8501) | (18.6330) |
| *time* | 32.6248 *** | 65.2923 *** | 2.2385 | 8.5791 *** |
| | (15.5648) | (24.2927) | (1.0742) | (3.4076) |
| *time × treat* | 2.9843 | − 17.2223 *** | 7.8906 | 4.2980 |
| | (0.5709) | （−3.3719） | (1.4955) | (0.8340) |
| 控制变量 | 无 | 有 | 无 | 有 |
| _ *cons* | 101.8640 *** | 392.6683 *** | 30.9829 *** | 46.4313 *** |
| | (64.5162) | (26.5397) | (16.5405) | (3.8580) |
| *N* | 4364 | 4364 | 4364 | 4364 |
| $R^2$ | 0.052 | 0.283 | 0.322 | 0.340 |
| *adj. $R^2$* | 0.051 | 0.281 | 0.321 | 0.338 |

注： *** 表示 1% 的显著性水平上显著；** 表示 5% 的显著性水平上显著；* 表示 10% 的显著性水平上显著。

（2） 变换检验方法。为了避免因为估计方法的不同导致分析结果存在差异，本文选取 1994—2015 年中国 202 个地级市样本，其中 40 个实施西部大开发的地级市为处理组，其余 182 个地级市为控制组，运用合成控制法检验了西部大开发对西部地区产业结构升级的影响。由于合成控制法仅能对单个分析单元的评估变量进行合成，如果对多个分析单元进行整体评估，需要将多个分析单元合并成一个新的分析单元（Abadie，et al，2010）[24]。为了深入分析西部大开发对西部地区不同区域产业结构升级产生的影响，本文将处理组分为三组：实施西部大开发的城市合并成整体城市、实施西部大开发城市中的省会城市合并成省会城市、实施西部大开发城市中的非省会城市合并成非省会城市。

图 3 分别展示了整体城市、省会城市和非省会城市的实际与合成的产业结构升级情况，其中实线代表实际的产业结构升级情况，虚线代表合成的产业结构升级情况，垂直虚线代表西部大开发实施的起始年份（2000）。可以看出，在西部大开发实施之前，实际与合成的产业结构几乎完全重合，说明合成分析单元较好地拟合了西部大开发实施之前各地级市的产业结构升级路径。在西部大开发实施之后，整体城市和非省会城市的实线均在合成虚线之下，省会城市的实线在合成虚线之上。由此可见，整体上，西部大开发并没有促进西部地区的产业结构从第二产业向第三产业转化。具体地，西部大开发对西部地区省会城市的产业结构升级起到了积极的促进作用，而对非省会城市的产业结构升级并未起到作用。这也在一定程度上说明了在西部大开发实施过程中，政策和资源明显向省会城市倾斜。

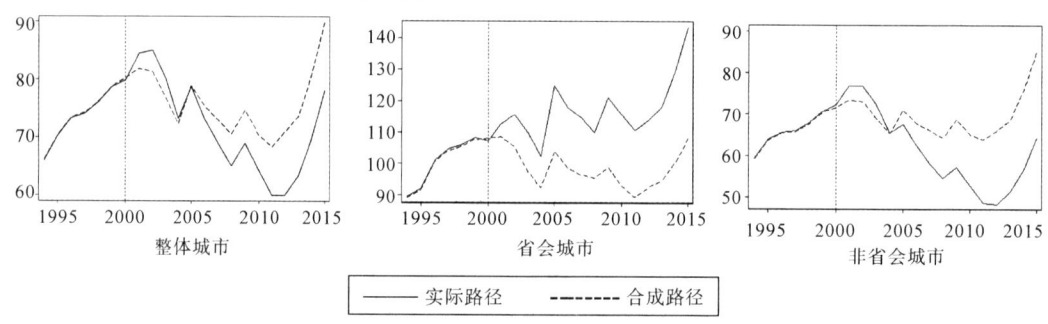

图 3　三个分析单元实际与合成的产业结构升级路径对比

## 五、作用机制检验

根据前文的研究结果，西部大开发对西部地区的产业结构升级没有起到积极的促进作用，这表示西部大开发的结构性效果并不好。那么，究竟是什么原因导致西部大开发没有促进西部地区产业结构升级？其内在的机制是什么？

在西部大开发实施过程中，政府出台了一系列政策调整西部地区的产业结构，总体上可以归纳为基础设施建设和具体的产业政策。西部地区的基础设施建设落后，无法满足经济社会的发展需求，与东部沿海地区存在很大差距，因此在西部大开发实施之初，加快基础设施建设就是西部大开发的重点。西部大开发期间，西部地区的公路、铁路、民航、水运和信息基础设施等有了长足的发展，对促进经济增长起到了很大的促进作用。①发展交通运输，以公路建设为重点，全面加强铁路、机场、天然气管道干线建设，形成全国的综合运输体系。②发展水利建设，加强水运通道和港口、重点水利工程的发展建设，坚持把水资源的合理开发和有效利用放到突出位置。③发展电网、通信和广播电视，提高西部地区的公共基础设施建设水平，保障西部地区人民的生活基本保障。产业政策包括鼓励类产业企业税收优惠政策、外商投资优势产业政策、承接产业转移政策以及发展特色优势产业等。①税收优惠政策，对设在西部地区的鼓励类产业企业按照一定的比例减免企业所得税。②外商投资优势产业政策，属于外商投资优势产业目录的外商投资项目，享受鼓励类外商投资项目优惠政策。③承接产业转移政策，国家鼓励西部地区积极引导国内外劳动密集型、资源加工型和资金技术密集型产业向西部地区有序转移，在财税、金融、投资、土地等方面给予必要的政策支持。④发展特色优势产业，国家支持西部地区根据资源禀赋条件，着力发展有自己特色的优势产业，并在发展方向上给予指导，政策上给予优惠，项目上给予支持。这些产业政策的实施对西部地区的产业结构的调整起到了一定的推动作用。

　　总体来说，西部大开发的主要政策是中央和地方政府投入大量资金促进基础设施建设和重大产业项目的发展，可以说政府财政支出是西部大开发促进西部地区产业结构调整的重要手段。财政支出的不同偏向体现了政府对产业发展的引导作用，通过乘数效应对产业结构调整起到促进或阻滞作用，因此考察西部大开发的结构性效果可以转化为研究政府财政支出对产业结构的作用。由于中央政府和地方政府为促进西部地区发展都投入了大量资金，且中央政府更具有针对性，更能体现西部大开发的政策手段，遗憾的是，本文无法获取各地区获得的中央财政支出。但从另一方面讲，当中央财政支出促进了地区的经济增长和产业结构升级之后，地方财政收入会随之增加，进而会增加财政支出，因此地方财政支出在一定程度上仍然能够体现西部大开发中政府的政策手段。现有的关于财政支出对产业结构升级的作用并没有得到一致的结论。石奇和孔群喜（2012）认为财政的"定向诱导"功能和"租金创造"能够推进产业结构升级。[25]李勇刚和王猛（2015）研究发现土地财政有助于加快工业化进程，但对产业结构服务化产生了显著的抑制作用。[26]然而，从财政支出结构角度来看，学者们普遍认为财政科技支出对产业结构升级具有积极作用。刘兰娟等（2013）研究发现财政科技投入对劳动力报酬占比尤其是第三产业的劳动力报酬占比具有显著的促进作用，并且对产业结构重心向第三产业转移具有明显的影响。[27]储德银和建克成（2014）研究发现财政支出政策阻滞了产业结构升级，但教育支出和科技支出具有促进作用。[28]尚晓贺和陶江（2015）研究发现地方财政支出整体上不利于第三产业和高科技产业的发展，但地方财政科技支出有利于第三产业和高科技产业的发展。[29]综上，我们提出一个问题，财政支出对产业结构升级作用的不确定性是否和财政科技支出占比有关系？

　　本节以财政支出中科技支出占比作为门槛变量，构建了一个财政支出门槛模型，检验随着财政科技支出占比的变化，财政支出对产业结构升级的作用是否有所变化。面板门槛模型设定如下：

$$y_{it} = u_{it} + \beta_1' x_{it} \cdot I(q_{it} \leq \gamma) + \beta_2' x_{it} \cdot I(q_{it} > \gamma) + \varepsilon_{it} \tag{7}$$

其中, $q_{it}$ 是门槛变量, 其作用是将样本划分为不同的组(内生分组); $\gamma$ 是未知门槛值; $\varepsilon_{it}$ 为随机扰动项; $I(\cdot)$ 为指示函数, 括号内条件成立取值为 1, 否则取值为 0。门槛值的个数以及取值由样本数内生决定。对于任意门槛值, $\gamma$ 可以通过求残差平方和 $S_1(\gamma) = e_i(\gamma)'e_i(\gamma)$ 得到各参数的估计值, 最优门槛值 $\hat{\gamma}$ 应该使 $S_1(\gamma)$ 在所有残差平方和中最小。类似地, 双门槛模型为:

$$y_{it} = u_{it} + \beta_1'x_{it} \cdot I(q_{it} \leqslant \gamma_1) + \beta_2'x_{it} \cdot I(\gamma_1 \leqslant q_{it} \leqslant \gamma_2) + \beta_3'x_{it} \cdot I(q_{it} > \gamma_1) + \varepsilon_{it}$$

$$(8)$$

本文以地方财政科技支出占地方财政总支出的百分比($techexp$)作为门槛变量, 地方财政总支出($gov$)作为主要解释变量, 产业结构升级($valuestruc$)作为被解释变量。则单一门槛模型可以写成:

$$valuestruc_{it} = u_{it} + \beta_1'gov_{it} \cdot I(govtech_{it} \leqslant \gamma) + \beta_2'gov_{it} \cdot I(govtech_{it} > \gamma) + \varepsilon_{it} \quad (9)$$

首先进行门槛效应检验, 检验是否存在门槛效应, 如果存在, 那么门槛个数是多少。表 6 为门槛效应检验结果, 结果表明存在两个门槛, 门槛值分别为 0.422 和 2.735。在确定门槛数为两个之后, 根据财政科技支出占比取值的不同, 将样本分为 (0, 0.422]、(0.422, 2.735] 和 (2.735, ] 三个区间, 重点考察在三个区间内, 财政支出对产业结构升级的影响的作用。门槛面板模型的估计结果见表 7。

表6 门槛效应检验结果

| $H_0$ | $H_1$ | $F$ 值 | $P$ 值 | 结论 |
|---|---|---|---|---|
| 无门槛 | 单一门槛 | 1238.88 | 0.000 | 拒绝 $H_0$ |
| 单一门槛 | 双重门槛 | 65.83 | 0.037 | 拒绝 $H_0$ |
| 双重门槛 | 三重门槛 | 19.02 | 0.701 | 不拒绝 $H_0$ |

表7 门槛回归结果

| $valuestruc$ | (1) | (2) |
|---|---|---|
| $gov\_0$ (0 < $govtech$ < 0.422) | 0.1952*** | 0.3329*** |
| | (3.6077) | (5.9242) |
| $gov\_1$ (0.422 < $govtech$ < 2.735) | -0.1774*** | 0.0207 |
| | (-3.2326) | (0.3092) |
| $gov\_2$ ($govtech$ > 2.735) | 1.6272*** | 1.1541*** |
| | (14.7252) | (9.4217) |
| 控制变量 | 不控制 | 控制 |
| $\_cons$ | 78.1653*** | 146.1529*** |
| | (128.9803) | (9.8693) |

| valuestruc | (1) | (2) |
|:---:|:---:|:---:|
| N | 4092 | 4092 |
| $R^2$ | 0.072 | 0.144 |
| adj. $R^2$ | 0.027 | 0.101 |

注：＊＊＊表示 1% 的显著性水平上显著；＊＊表示 5% 的显著性水平上显著；＊表示 10% 的显著性水平上显著。

由第 40 页表 7 可以看出，当财政科技支出占财政总支出的比例小于 0.422% 时，财政支出对产业结构升级有显著的正向作用，当财政科技支出占财政总支出的比例在 0.422% 和 2.735% 之间时，财政支出对产业结构升级没有起到明显作用，当财政科技支出占财政总支出的比例大于 2.735% 时，财政支出对产业结构有显著的正向作用，而且正向作用幅度明显大于财政科技支出占比小于 0.422% 时的情况。现实情况是我国绝大部分地级市财政科技支出占财政总支出的比例在 0.422% 和 2.735% 之间，因此可以解释为什么在西部大开发中，财政支出对产业结构升级并没有起到明显的促进作用。

财政支出没有促进产业结构升级，这和我国工业化进程中长期以第二产业为主的经济发展阶段相适应，这一阶段中财政支出具有明显的偏向性，地方财政支出主要流向公共基础设施建设和第二产业，科教文卫支出占比较少。在经济增长为主的政府绩效考核体系激励下，由于发展第三产业会耗费更多的执政资源，且见效慢、回报低，地方政府缺乏发展服务业的动力（李江帆，杨振宇，2012）[30]。尤其是西部地区具有丰富的自然资源，地方政府倾向于发展资源产业等见效快的产业。但从长期来看，发展资源产业会存在"资源诅咒"效应，从而制约地区经济发展，并且还会挤出创新投入和人力资本，从而导致技术和长期经济增长速度减缓（邵帅，齐中英，2008，2009a，2009b；邵帅，杨莉莉，2010）[31-34]。政府科技经费投入直接影响技术进步和企业创新能力的提升，而技术进步和创新能力的提升是促进产业结构升级的重要因素，因此增加科技支出是促进产业结构升级的一个重要举措。

## 六、结论与政策建议

西部大开发作为一项重要的区域协调发展战略，对其实施效果的评价意义重大。本文基于中国 1994—2015 年地级市面板数据，采用双重差分倾向得分匹配法，对西部大开发是否促进西部地区产业结构升级这一问题进行了检验。结果表明，西部大开发没有促进西部地区的产业结构从第二产业向第三产业转化，并且西部大开发的结构效应在西部省会城市和非省会城市呈现截然相反的效果。进一步的机制检验表明，政府财政支出中的科技支出占比少是导致产业结构升级缓慢的原因之一。据此，本文提出以下政策建议：

第一，调整政府财政支出结构，增加科技支出占比。政府的财政支出结构能够体现出政府对各产业部门的重视程度，通过调整财政支出和投资的结构，能决定资源在不同产业部门间的配置，进而促进特定产业的发展。由于技术创新是产业结构升级和经济增长的动力源泉，且科技支出对产业结构升级的积极作用已得到广泛的证实，因此重视科技、教育以及软环境建设等，增加财政支出中科技教育支出比重，是促进西部地区产业结构升级的路径之一。

第二，积极发展西部落后地区，防止要素过度集中。稳健性检验中表明，西部大开发对西部省会城市的产业结构升级起到了积极促进作用，而对西部整体城市和非省会城市作用不明显。西部省会城市聚集着更多的投资见效快、科技含量高、就业容量大的产业，较高的发展水平吸引更多的投资、技术和劳动力，这种"抽水泵"式的增长极对周围落后地区的"虹吸效应"明显，造成西部地区内部发展不均衡。因此未来西部大开发应重点关注区域内部均衡发展问题。一是加强西部落后地区的基础设施建设，提升区域发展环境，积极招商引资，给予企业在税收等各方面更大力度的优惠，促使西部地区均衡发展。二是积极培育重点区域和新的增长极，促使西部发达地区和落后地区共同发展。

第三，积极适应新常态，大力实施创新驱动发展战略。在李克强总理"大众创业、万众创新"的号召下，我国创业环境日益成熟，人们的创业热情也日渐高涨。以大学生和科技人员为主体的创业群体中，从事着更多科技含量高的创新产业，面对创新创业呈现的这些特征，西部地区应积极顺应时代潮流，实施创新驱动发展战略，出台创业优惠政策，让创新创业成为西部地区产业转型升级的强大动力。在金融政策上对大学生创业降低门槛，对科技人员创业增强精确性。在再教育与培训政策上，对大学生创业突出实践操作性，对科技人员创业聚焦时代前沿性。在公共服务政策上，对大学生创业细化公共服务针对性，对科技人员创业提升公共服务满意度。

第四，抓住"一带一路"的历史机遇，积极促进西部地区经济结构的调整。"一带一路"的提出，为中国对外开放勾勒出了新的蓝图，"丝绸之路经济带"则为新一轮的向西开放、西部大开发战略提供了历史性的发展机遇。西部地区在丝绸之路经济带建设中具有明显的地理优势，因此应依托丝路建设的长期性和开放性，利用本地区的优势，与各国在各领域展开合作优势互补，通过向西走出去和引进来，可以带动促进西部地区发展具有先进技术、附加值高、就业带动力强的产业以达到优化产业结构的目的。

# 参考文献

[1] 王洛林，魏后凯. 我国西部大开发的进展及效果评价 [J]. 财贸经济，2003（10）：5 - 12.

[2] 魏后凯，孙承平. 我国西部大开发战略实施效果评价 [J]. 开发研究，2004（3）：21 - 25.

[3] 林建华，任保平. 西部大开发战略 10 年绩效评价：1999—2008 [J]. 开发研究，2009（1）：48 - 52.

[4] 淦未宇，徐细雄，易娟. 我国西部大开发战略实施效果的阶段性评价与改进对策 [J]. 经济地理，2011（1）：40 - 46.

[5] 刘生龙，王亚华，胡鞍钢. 西部大开发成效与中国区域经济收敛 [J]. 经济研究，2009（9）：94 - 105.

[6] 魏后凯，赵勇. 深入实施西部大开发战略评估及政策建议 [J]. 开发研究，2014（1）：1 - 7.

[7] 何春，刘来会. 区域协调发展视角下西部大开发政策效应的审视 [J]. 经济问题探索，2016（7）：72 - 78.

[8] 刘瑞明，赵仁杰. 西部大开发：增长驱动还是政策陷阱——基于 PSM - DID 方法的研究 [J]. 中国工业经济，2015（6）：32 - 43.

[9] 朱承亮，岳宏志，李婷. 基于 TFP 视角的西部大开发战略实施绩效评价 [J]. 科学学研究，2009（11）：1662 - 1667.

[10] 李国平，彭思奇，曾先峰，等. 中国西部大开发战略经济效应评价——基于经济增长质量的视角 [J]. 当代经济科学，2011（7）：1 - 10.

[11] 宋周莺，刘卫东. 西部地区产业结构优化路径分析 [J]. 中国人口·资源与环境，2013（10）：31 - 37.

[12] 洪俊杰，刘志强，黄薇. 区域振兴战略与中国工业空间结构变动——对中国工业企业调查数据的实证分析 [J]. 经济研究，2014（8）：28 - 40.

[13] 夏飞，曹鑫，赵锋. 基于双重差分模型的西部地区"资源诅咒"现象的实证研究 [J]. 中国软科学，2014（9）：127 - 135.

[14] 郑佳佳. 西部大开发提高了西部地区的碳排放绿色贡献度吗？——基于双倍差分法的经验分析 [J]. 经济经纬，2016（4）：26 - 31.

[15] 干春晖，郑若谷，余典范. 中国产业结构变迁对经济增长和波动的影响 [J]. 经济研究，2011（5）：4 - 16，31.

[16] DEHEJIA，RAJEEV H. Practical Propensity Score Matching：A Reply to Smith and Todd [J]. Ecnomic Journal，2005（125）：355 - 364.

[17] HECKMAN J，ICHIMURA H，TODD P E. Matching as an Econometric Evaluation Estimator：Evidence from Evaluating a Job Training Programme [J]. The Review of Economic Studies，1997（64）：605 - 654.

[18] HECKMAN J J，ICHIMURA H，TODD P E. Matching as an Encnomitric Evaluation Estomator：[J].

Review of Ecnomitric Studies, 1998, 65（2）：261 – 294.

［19］ LEUVEN E, SIANESI B. PSMATCH2：Stata Module to Perform Full Mahalanobis and Propensity Score Matching, Common Support Graphing, and Covariate Imbalance Testing［J］. Barbara Sianesi, 2015.

［20］ CALIENDO M, KOPEINIG S. Some Practical Guidance for the Implementation of Propensity Score Matching［J］. Journal of Economic Surveys, 2008, 22（1）：31 – 72.

［21］ 贾俊雪, 宁静. 纵向财政治理结构与地方政府职能优化——基于省直管县财政体制改革的拟自然实验分析［J］. 管理世界, 2015（1）：7 – 17.

［22］ 万海远, 李实. 户籍歧视对城乡收入差距的影响［J］. 经济研究, 2013（9）：43 – 55.

［23］ LECHNER M. Identification and Estimation of Causal Effects of Multiple Treatments Under the Conditional Independence Assumption［J］. Ssrn Electronic Journal, 1999, 13：43 – 58.

［24］ ABADIE A, DIAMOND A, HAINMUELLER J. Synthetic Control Methods for Comparative Case Studies：Estimating the Effect of California's Tobacco Control Program［J］. Journal of the American Statistical Association, 2010, 105（490）：493 – 505.

［25］ 石奇, 孔群喜. 动态效率、生产性公共支出与结构效应［J］. 经济研究, 2012（1）：92 – 104.

［26］ 李勇刚, 王猛. 土地财政与产业结构服务化——一个解释产业结构服务化"中国悖论"的新视角［J］. 财经研究, 2015（9）：29 – 41.

［27］ 刘兰娟, 董万好, 徐鑫. 财政科技投入对产业结构的影响——城镇化过程中劳动报酬占比的视角［J］. 上海财经大学学报, 2013（4）：73 – 80.

［28］ 储德银, 建克成. 财政政策与产业结构调整——基于总量与结构效应双重视角的实证分析［J］. 经济学家, 2014（2）：80 – 91.

［29］ 尚晓贺, 陶江. 财政科技支出、银行信贷与产业结构转型［J］. 天津财经大学学报, 2015（12）：99 – 110.

［30］ 李江帆, 杨振宇. 中国地方政府的产业偏好与服务业增长［J］. 财贸经济, 2012（2）：116 – 124.

［31］ 邵帅, 齐中英. 西部地区的能源发展与经济增长——基于"资源诅咒"假说的实证分析［J］. 经济研究, 2008（4）：147 – 160.

［32］ 邵帅, 齐中英, 资源输出型地区的技术创新与经济增长——对"资源诅咒"现象的解释［J］. 管理科学学报, 2009（6）：23 – 33.

［33］ 邵帅, 齐中英, 自然资源富足对资源型地区创新行为的挤出效应［J］. 哈尔滨工程大学学报, 2009（12）：1440 – 1445.

［34］ 邵帅, 杨莉莉. 自然资源丰裕、资源产业依赖和中国区域经济增长［J］. 管理世界, 2010（9）：26 – 44.

# 区域分工、自贸区建设与地方经济发展[*]

## ——以西部三大自贸区为例

程　锐　马莉莉[**]

**摘要**　西部三大自贸区建设对西部地区经济发展意义重大，建设好自贸区是一个不断探索的过程。本文认为西部地区要真正实现自贸区的带动作用，需要根据要素禀赋形成的区域分工，最大化发挥各自的比较优势，并实现区域间的协同发展。首先基于新结构经济学的视角，指出三个地区所具备的区位优势，并在此基础上提出了三区协同分工的发展模式。然后，指出实现自贸区建设真正促进地方经济发展，制度上要由过去的政企合谋转变为政企合作，根据企业的异质性需求提供异质性公共服务，基础设施服务上要真正实现公平化、均等化。最后，自贸区建设必须考虑的两大问题，即真正实现提高全体消费者福利和实现形成具有国际竞争力的产品品牌，提高生产者的福利。

**关键词**　自贸区；区域分工；制度创新；政企合作；协同发展

# Regional Division of Labor, Construction of Free Trade Area and Local Economic Development

*CHENG Rui, MA Lili*

**Abstract**：FTA construction is of great significance to the economic development of the western region, and the construction of a free trade area is a process of continuous exploration.

---

\* 资金资助：教育部人文社会科学重点研究基地重大项目"丝绸之路经济带战略背景下西部地区开发开放新体制研究"（16JJD790047）；陕西省社科基金重点项目"陕西省构建全方位对外开放新格局研究"（2016D001）。

\*\* 程锐，西北大学经济管理学院博士生；马莉莉，西北大学经济管理学院教授、博士生导师。

Based on the perspective of the new structural economics, this paper holds that if the policy of the free trade area truly promotes the economic development of the western region, only based on the regional division of labor formed by the factor endowments, and to maximize their respective comparative advantages, to achieve synergistic development between regions. Then, it is pointed out that it is necessary to realize the reform of the administrative examination and approval system and change the government function, according to the heterogeneity of enterprises to provide heterogeneous public services, and also to realize the infrastructure services the fairness and equalization. Finally, the two major issues that must be considered in the construction of the free trade area, namely, the realization of the real benefits of all consumers and the realization of the internationally competitive product brand, improving the welfare of producers.

**Key Words**: *FTA*; *Regional Division of Labor*; *Institutional Innovation*; *Cooperation Between Government and Enterprises*; *Coordinated Development*

## 一、引言

面临经济新常态，探索新开放体制，自由贸易试验区政策应运而生。2013 年 9 月首个中国（上海）自由贸易试验区正式挂牌成立，标志着中国对外开放步入了新阶段。自 2013 年 9 月上海自贸区建立以来，已经对地方经济发展产生了显著的促进作用（王利辉，刘志红，2017）。之后，又相继批准了广东、天津和福建三个自由贸易试验区。2016 年 8 月，中共中央、国务院决定设立第三批自由贸易试验区，其中，在西部地区增设重庆自由贸易试验区、四川省自由贸易试验区和陕西省自由贸易试验区，其目的在于探索西部落后地区的开发开放新模式、进一步扩大西部地区对外开放程度、促进地区经济发展、更好地对接"一带一路"发展战略。自此，自由贸易试验区出现了"1 + 3 + 7"的局面。面对迅速增加的自由贸易试验区，西部地区如何建立自由贸易试验区，是否采取一味地效仿东部发达地区的建设思路而缓慢推进，还是按照新结构经济学所倡导的，根据要素禀赋结构发挥比较优势，形成具有竞争力的产业结构，从而为自由贸易试验区提供产业基础。由于历史因素、经济基础差异和社会基本结构的不同，使得西部地区在建设自贸区的过程中，应该更加倾向于遵循基于要素禀赋结构而内生形成的比较优势。与此同时，在自贸区建设过程中有哪些可供推广和借鉴的经验以及还有哪些需要进一步注意和规避的问题，都是自贸区建设过程中需要考虑和重视的问题。

2017 年 3 月 31 日，第三批自由贸易试验区实施总方案正式获批，西部三省市自由贸易试验区也正式挂牌。其空间范围基本是在原有的保税港区、综合保税区、物流园区、出口加工区的基础上进一步扩大空间范围而设立的。重庆、四川、陕西自贸区空间面积广阔占已有建成区面积的比重分别为 11.6%、21.8% 和 27.6%（表1）①。自贸区的空间范围远远大于已有的保税港区、综合保税区、物流园区和出口加工区，从而更加凸显了自贸区建设的产业基础的重要性和对地方经济发展的带动作用。

表1　重庆、四川、陕西自贸区规划面积

| 重庆（119.98 平方公里） | 四川（119.99 平方公里） | 陕西（119.95 平方公里） |
| --- | --- | --- |
| 两江片区（66.29 平方公里）；西永片区（22.81 平方公里）；果园港片区（30.88 平方公里） | 天府新区片区（90.32 平方公里）；青白江铁路港片区（9.68 平方公里）；川南临港片区（19.99 平方公里） | 中心片区（87.76 平方公里）；国际港务区片区（26.43 平方公里）；杨凌示范区片区（5.76 平方公里） |

注：资料来源于 2017 年 3 月 31 日各自贸区总方案。

如何成功建设西部三个自贸区，以实现西部开放体制的新突破，深化西部大开发，促进西部地区经济发展，实现真正对接"一带一路"战略，对西部地区而言将至关重要。首先，从比较优势的角度分析西部三省市已经形成具有比较优势的产业，并结合自贸总方案规划，提出西部三省市实现协同发展的模式；其次，自贸区建设应着力从两个方面入手，以真正实现促进地方经济发展之目的，并指出其应该注意的问题；最后，指出自贸区建设最终必须注重提高整体消费者福利和生产者福利，形成具有国际竞争力的产品品牌。

## 二、比较优势与自贸区建设

长期以来，欠发达地区如何实现追赶，摆脱沦为外围的厄运，相关理论并没有给出合理的解答和治理方案。新结构经济学基于对过去成功经济体的分析和总结，试图提出更为合理的治理方案。按照新结构经济学的观点，落后地区或者发展中地区应该按照要素禀赋所形成的比较优势，发展具有竞争力的优势产业（林毅夫，2014）。要素禀赋在一个地区经济发展的过程中是不断变化的，是一个动态的过程。要素禀赋的动态过程，导致地区比较优势也是一个动态过程，从而使得具有竞争力的优势产业结构也是不断变化的（Ju J, et al，2015）。因此，三个自贸区建设过程中，首先需要明晰各自的比较优势和竞争新产业。

### （一）三次产业贡献率

在考察三个地区区域分工时，首先考察各地区的产业结构。第48页图1至第49页

---

① 虽然四川省和陕西省自贸区的名词是省级范畴，但是在空间范围上，则是以各省的经济中心为载体，集中于各自的省会城市。因此在后文的分析中，主要集中分析四川省成都市和陕西省西安市。

图3分别给出了重庆、西安、成都市1991—2015年的三次产业贡献率①。由图1至第49页图3可知，三个地区依次经历了从第一产业向第二、三产业的过渡，其中到2000年以后，三个地区的第一产业贡献度都显著下降。从第二和第三产业的贡献率来看，重庆市第二产业的贡献率始终高于西安和成都，第三产业贡献率始终小于西安市和成都市，说明重庆市的经济发展过程中第二产业更为重要，对经济的带动作用更大，在工业制造业方面形成了一定的比较优势。通过对比西安市和成都市第二产业和第三产业的贡献率，发现西安市的贡献率波动幅度较大，说明西安市在过去发展过程中产业定位不明确，产业结构变动频繁，使得在寻找和挖掘自身比较优势的时候目标不明确，从2004年以后，西安市的第三产业对GDP的贡献率开始平稳上升，说明西安市已逐步过渡到注重第三产业发展的步伐上。

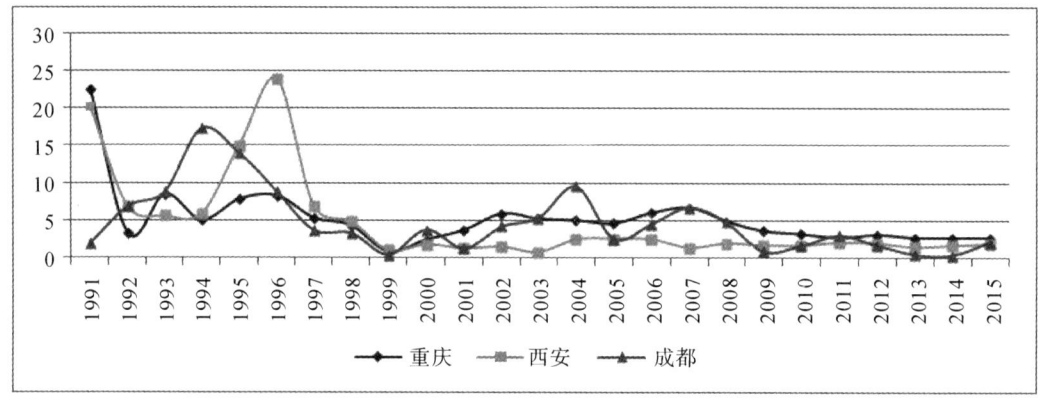

图1　第一产业贡献率

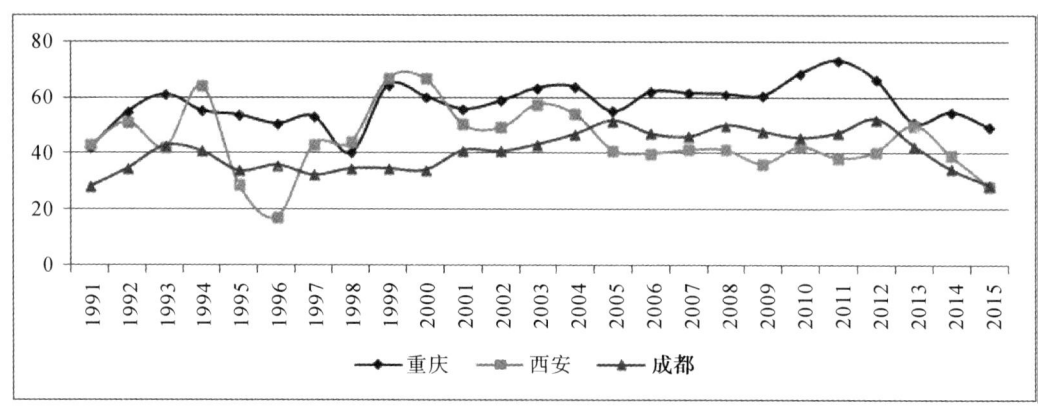

图2　第二产业贡献率

---

① 　贡献率$_{it} = \dfrac{\Delta \mathrm{ind}_{it}}{\Delta \mathrm{GDP}_{it}}$

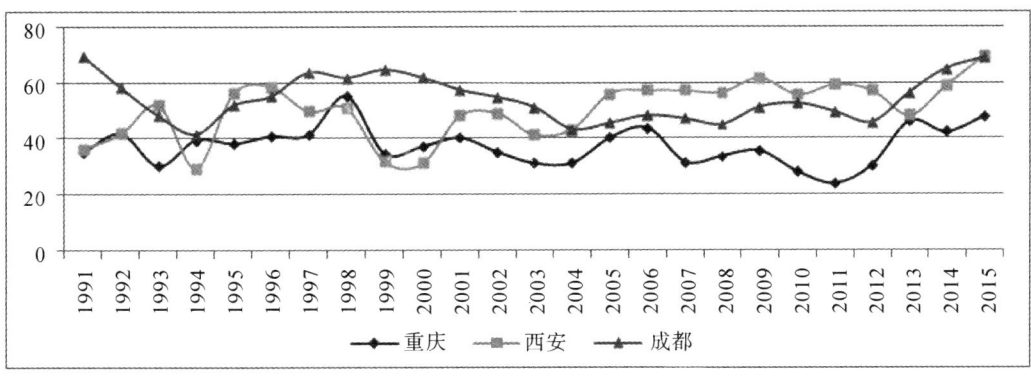

图 3 第三产业贡献率

为进一步综合考察三市所形成的比较优势，表 2 给出了重庆、西安和成都 1991—2015 年三个产业平均贡献率。由表 2 可知，重庆市在第二产业方面已经形成了显著的比较优势。西安市在第二产业方面优于成都市，说明与成都市相比，西安市具有一定的比较优势。在第三产业方面，成都市在一定程度上优于西安市。由此可见，重庆市在第二产业方面形成了显著的比较优势，西安市比成都市具有更好工业基础，而成都市具有更好的现代服务业基础。

表 2　三市 1991—2015 年三次产业平均贡献率

|  | 重庆 | 西安 | 成都 |
|---|---|---|---|
| 第一产业 | 5.23 | 4.77 | 4.74 |
| 第二产业 | 57.7 | 44.84 | 40.83 |
| 第三产业 | 37.54 | 50.39 | 54.43 |

注：数据来源于各地区历年统计年鉴。

为了进一步考察重庆市、成都市与西安市在第三产业方面的比较优势，表 3 给出了三市第三产业细分行业的比重。由表 3 可知，成都市在金融业、信息传输、软件和信息技术服务业、租赁和商务服务业、科学研究和技术服务业方面具有显著的优势。因此，在第三产业方面，成都具有发展现代高端服务业具有显著的比较优势。

表 3　第三产业部分细分行业比重

|  | 重庆 | 成都 | 西安 |
|---|---|---|---|
| 交通、批零、住宿、房地产等行业 | 44.23% | 38.7% | 43% |
| 金融业 | 18% | 22% | 19% |
| 信息传输、软件和信息技术服务业 | – | 7.0% | – |
| 租赁和商务服务业 | – | 7.1% | – |
| 科学研究和技术服务业 | – | 5.1% | – |

注：数据来源于 2016 年各地区统计年鉴。其中重庆市和西安市统计年鉴并没有公布信息传输、软件和信息技术服务业、租赁和商务服务业、科学研究和技术服务业。

通过对三个产业的分析发现，重庆市在第二产业方面具有比较优势，产业竞争力强；西安市在第二产业比较优势弱于重庆市，但强于成都市；成都市在第三产业方面，尤其是现代化高端服务业方面，具有比较优势。

### （二）工业细分行业区位商

为进一步明晰重庆市和西安市在第二产业内部不同行业的比较优势差异，本部分以工业层面细分数据分析各自工业行业的比较优势的差异。传统的区位商方法在测算优势产业方面具有一定的优点，一方面能直接表明某一产业是否具有显著的竞争优势，另一方面区位商所测算的产业分工是在长期的区位分工的基础上形成的，具有动态性特点。因此，此处采用区位商来测算地区工业产业优势程度。区位商指一个地区特定部门的产值在该地区总产值中所占比重与该部门产值在全国总产值中所占比重的比值：

$$
LQ_{ij} = \frac{L_{ij} / \sum_{j=1}^{m} L_{ij}}{\sum_{j=1}^{m} L_{ij} / \sum_{i=1}^{n} \sum_{j=1}^{m} L_{ij}}
$$

其中，$i$ 表示第 $i$ 个地区（$i = 1，2，3\cdots\cdots n$），$j$ 表示第 $j$ 个行业（$j = 1，2，3\cdots\cdots m$），$L_{ij}$ 表示为第 $i$ 个地区、第 $j$ 个行业的产出，$LQ_{ij}$ 为第 $i$ 地区 $j$ 行业的区位商。当 $LQ_{ij}$ $>1$ 时，表示具有行业优势，当 $LQ_{ij}$ $<1$ 时，表示行业具有劣势，当 $LQ_{ij} = 1$ 时，表示行业为一般水平。

第 51 页表 4 给出了 2014 年重庆、四川、陕西三省市 41 个工业制造业的区位商值①。根据第 51 页表 4 的测算结果来看，重庆市已经明显成了高端制造业中心，比如在通用设备制造业、专用设备制造业、汽车制造业、铁路、船舶、航空航天和其他运输设备制造业、电气机械和器材制造业、计算机、通信和其他电子设备制造业等。陕西省则在资源行业、农业行业部分高端制造行业具有显著的优势，比如煤炭开采和洗选业、石油和天然气开采业、农副食品加工业、食品制造业、专用设备、通用设备、汽车制造、铁路、航空航天、电器机械等。四川省在工业制造业方面具有显著的劣势。因此，在工业制造业方面，重庆市具有高端制造业的比较优势，西安市具有部分高端制造业的比较优势。

---

① 由于无法获得成都市和西安市的市级层面工业细分行业数据，采用省级层面数据进行替代。

表 4 2014年三市工业制造业区位商

| | 煤炭开采和洗选业 | 石油和天然气开采业 | 黑色金属矿采选业 | 有色金属矿采选业 | 非金属矿采选业 | 开采辅助活动 | 其他采矿业 | 农副食品加工业 | 食品制造业 |
|---|---|---|---|---|---|---|---|---|---|
| 重庆 | 1.1607 | 0.0713 | 0.0362 | 0.0193 | 0.3355 | — | — | 2.4652 | 0.6146 |
| 四川 | 0.7417 | 0.3800 | 0.4542 | 0.2305 | 0.2812 | 0.2173 | 0.0008 | 2.1064 | 0.6842 |
| 陕西 | 6.1240 | 5.3270 | 0.3839 | 0.6134 | 0.2512 | 0.2994 | — | 2.7202 | 1.1294 |
| | 酒、饮料和精制茶制造业 | 烟草制品业 | 纺织业 | 纺织服装、服饰业 | 皮革、毛皮、羽毛及其制品和制鞋业 | 木材加工和木、竹、藤、棕、草制品业 | 家具制造业 | 造纸和纸制品业 | 印刷和记录媒介复制业 |
| 重庆 | 0.5300 | 0.5242 | 0.5878 | 0.3653 | 0.5298 | 0.1884 | 0.2824 | 0.7843 | 0.4476 |
| 四川 | 1.8585 | 0.2147 | 0.6731 | 0.1530 | 0.2075 | 0.2675 | 0.3607 | 0.3727 | 0.2151 |
| 陕西 | 1.2272 | 0.5916 | 0.5848 | 0.1418 | 0.0299 | 0.1507 | 0.0553 | 0.3080 | 0.2459 |
| | 文教、工美、体育和娱乐用品制造业 | 石油加工、炼焦和核燃料加工业 | 化学原料和化学制品制造业 | 医药制造业 | 化学纤维制造业 | 橡胶和塑料制品业 | 非金属矿物制品业 | 黑色金属冶炼和压延加工业 | 有色金属冶炼和压延加工业 |
| 重庆 | 0.2663 | 0.2067 | 2.6184 | 1.2054 | 0.0182 | 1.3966 | 3.1772 | 2.3904 | 2.1438 |
| 四川 | 0.0777 | 0.6432 | 1.8702 | 0.8788 | 0.1435 | 0.6702 | 1.9753 | 1.9019 | 0.5467 |
| 陕西 | 0.1475 | 5.0793 | 2.2828 | 1.3008 | 0.0464 | 0.9324 | 2.8313 | 2.3395 | 3.6821 |

续表

| | 金属制品业 | 通用设备制造业 | 专用设备制造业 | 汽车制造业 | 铁路、船舶、航空航天和其他运输设备制造业 | 电气机械和器材制造业 | 计算机、通信和其他电子设备制造业 | 仪器仪表制造业 | 其他制造业 |
|---|---|---|---|---|---|---|---|---|---|
| 重庆 | 1.4892 | 1.8729 | 1.0472 | 12.0116 | 4.6028 | 3.0529 | 9.1704 | 0.5007 | 0.2266 |
| 四川 | 0.7755 | 1.3909 | 0.9398 | 1.7309 | 0.4238 | 0.8869 | 3.1972 | 0.0527 | 0.1222 |
| 陕西 | 0.8217 | 1.3715 | 1.3489 | 3.0567 | 1.9619 | 1.9056 | 1.0499 | 0.4782 | 0.0636 |

| | 废弃资源综合利用业 | 金属制品、机械和设备修理业 | 电力、热力生产和供应业 | 燃气生产和供应业 | 水的生产和供应业 |
|---|---|---|---|---|---|
| 重庆 | 0.0713 | 0.0485 | 2.7728 | 2.3183 | 0.3657 |
| 四川 | 0.1200 | 0.0268 | 1.4084 | 1.1196 | 0.2121 |
| 陕西 | 0.0362 | 0.0289 | 3.8054 | 3.3432 | 0.4093 |

注：原始数据来源于《2015年中国工业经济统计年鉴》。其中"—"表示缺失值。

### （三）区位分工与协同发展

但是，在研究三个自贸区规划总方案中可以发现，三个自贸区各片区的功能规划既有差异，也存在着显著的功能趋同问题，比如高端装备制造业、高新技术产业、现代服务业、现代物流业、发展临空经济都是每一个自贸区功能规划中的重要组成部分。违背已经形成的比较优势，会极大地提高自身产业结构升级失败的概率，而同时多个地区生产相同的产品，将导致产品的同质化，引起产能过剩，浪费资源。因此，西部三个自由贸易试验区的建设和功能规划既要坚持遵循比较优势，又要在规划方案的基础上生产具有差异化的产品，开发差异化产品的市场类型，形成分工协作、垄断竞争的格局。

根据上述分析，表明经过长期的发展，重庆市、西安市和成都市根据各自的要素禀赋，在一定程度上形成了相对具有竞争力的行业。其中，重庆的比较优势在于重点发展高端制造行业，比如重点发展汽车制造、电子制造、装备制造、化学医疗产业，重庆市力争打造中国西部地区的高端民用制造业制高点。西安市则可以依托强大的航天航空工业制造基地和研发中心，重点发展现代民用航空行业、专用设备制造业、汽车制造业等，同时西安市作为历史文化名都，可以发展高端历史文化服务业。根据成都市近年来的发展情况，成都市则可以重点发展新一代电子信息技术和高端服务业，依托电子科技大学、四川大学和西南财经大学，重点发展下一代信息网络产业、电子核心基础产业、高端软件和新兴信息服务产业、生物医药产业、生物医学工程产业、先进环保产业、航空装备产业、金融业、商务服务业，并着力打造中国西部地区的软件研发中心、电子产品研发中心、医药研发中心和金融中心，成为西部地区的现代高科技产品高附加值创造地区。因此，第54页图4给出了重庆市、西安市和成都市的分工协作模式，在遵循已形成的比较优势的基础上，不断地促进各地区内部分工的演化，同时从区域全局考虑促进区域间分工的演化，以跳出"比较优势陷阱"桎梏，实现产业结构的不断升级。

## 三、自贸区建设与地方经济发展

自由贸易试验区建设是我国推进经济发展和体制改革的重大战略部署，旨在实现制度创新、明晰政府与市场的关系，增进经济活力，促进经济发展（王孝松，卢长庚，2017）。在制度创新方面，需要更加注重微观主体的活动，减少政府的无效率作为，真正激发微观主体的创造性活动，刺激市场活力，实现经济的长期持续发展（程锐，等，2016）。然而，在自由贸易试验区的建设过程中，多数地方政府将自由贸易试验区看作是新一轮经济刺激措施，唯GDP论成败（陈林，2016），这种传统的政治竞标赛的模式将会极大地阻碍以制度创新为落脚点的自贸区建设。通过对重庆市、成都市和西安

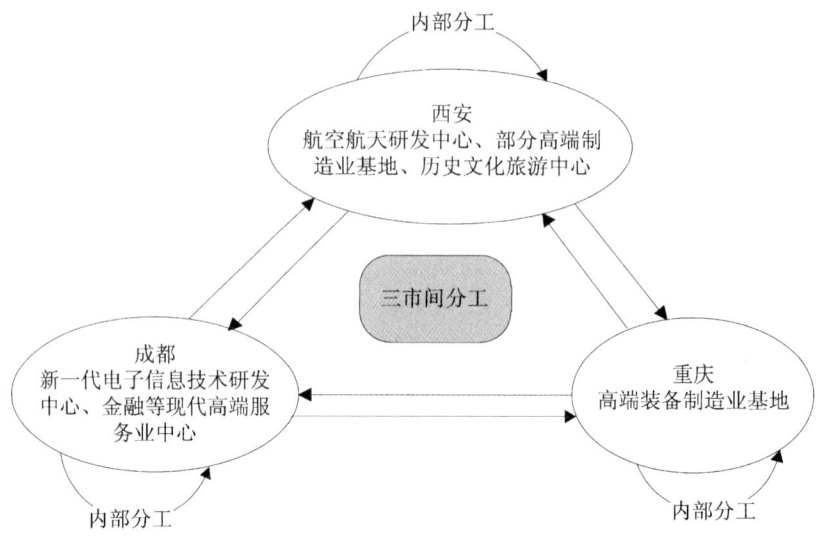

图4　三市协同分工模式

市的自贸区建设研究发现，自贸区建设要真正实现促进地方经济发展，必须在制度创新和基础设施服务均等化方面做到如下两点：

**（一）制度创新：由政企合谋到政企合作**

长期以来，大量的文献关注了政企合谋对经济发展影响（聂辉华，李金波，2006）。随着市场化水平的不断提高，由政企合谋转变为政企合作成为必然趋势。但在现实实践中，寻找出一套合理的政企合作模式却步履维艰。通过对西部三大自贸区的研究，从中可能获得一些政企合作的参考和范例。

在自贸区建设过程中，实现制度创新，落脚点是实现由政企合谋转向政企合作，以企业的异质性需求为基础进行有效的干预，以发挥市场的基础性决定作用（图5）。在政企合谋的状态下，市场存在大量的扭曲性问题，"关系"成了企业存在与否的重要

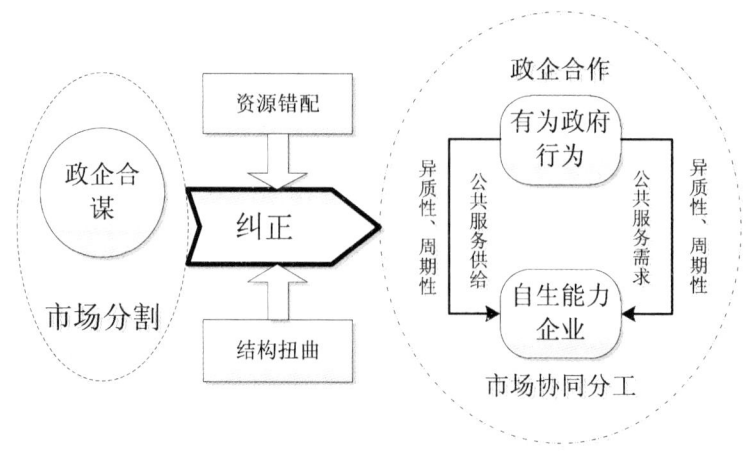

图5　政企关系转变

前提条件，市场是分割的，而不是分工的，政府提供的是私人性质的个人服务，而不是异质性的公共服务。政企合作则是以企业的自生能力为基础，企业生产率是企业存在与否的重要前提条件，市场是分工的，而不是分割的，有为政府提供的是异质性的公共服务。同时，要想顺利实现由政企合谋转向政企合作，必须不断地纠正资源错配和结构扭曲，降低经济运行的额外成本。

从理论上看，政府与企业的合作关系表现为政府合理、有效地满足企业的异质性公共服务需求，实现政府和企业的双赢。但是实际实施过程中，政府能否合理、有效地为企业提供异质性的公共服务，是政企合作成功与否的核心。政府为企业提供的公共服务不仅包括交通、通信等硬基础设施，还包括良好的营商环境、及时有效的专业人才、远见卓识的甄别信息等大量的、复杂的软基础设施条件。在信息不对称的条件下，政府有效地提供异质性公共服务，其前提是政府有能力并且已经具备提供该公共服务的条件和基础，政府具有高度的远见卓识，政府能够预示到在未来的某一个时点上，会有企业需要这类公共服务，从而提前预备好。尤其是在产业升级的过程中，需要大量的相关专业人才，政府是否能够提供这类大量的相关专业人才是一个问题。假设政府有能力提供这类大量的相关专业人才，那么产业升级将不会陷入困境，但现实情况下产业升级是困难重重。政企有效合作，对政府的有为能力提出了极高的要求。因此，在政企合作模式下，如何有效地实现政府合理、有效地为企业提供异质性公共服务是其核心之处。

如果政府没有能力或技术为企业的异质性需求提供公共服务，政府与企业的合作模式也只能是回归到原有的政府简政放权、减少政府干预经济的步伐上。好人政府，好心办坏事，或者无法提供有效需求，只会使得资源进一步错配，结构进一步扭曲，阻碍自由贸易试验区建设的初衷。体制创新是为了适应经济发展需要而进行的。随着经济规模的不断扩大、经济类型的不断多样化，旧的体制出现了一定的阻碍作用，通过突破旧体制，以达到促进经济发展的目的。因此，在自贸区建设过程中，必须注重突破旧的落后体制，实现体制创新。

从宏观层面讲，体制大致可以包括各级政府之间的竞争体制和政府与市场关系体制等两类体制。突破各级政府之间的对立性、孤立性的零和博弈，转变为各级政府之间的互补性、互惠性的非零和博弈，比如各区政府机构根据自身优势和特点，形成资源共享、利润分成的互利互惠的合作机制；突破政府与市场（企业）之间领导与被领导的行政层级理念，明确政府与市场（企业）之间的角色分工、职能分工，政府根据企业需求提供异质性的公共服务，企业积极响应政府政策，不偷税、不漏税、不避税，实现政府与企业的良性合作，比如政府根据企业的需求提供基础设施，实施多式联运提单，降低通关成本，提高通关效率。

通过对重庆市和成都市的研究发现，要实现由政企合谋向政企合作的转变，可以从两地的建设过程中借鉴如下两点经验：

第一，由排他性竞争到互补性竞争、垄断性竞争①。在过去唯 GDP 论成败的背景下，形成了独特的地方政治竞标赛局势（周黎安，2007），各个地区之间相互恶性竞争，采取一种排他式的竞争方式，各地区市场被分割，各地区被迫选择独立地扩大对外开放，忽视国内市场整合的规模效应，导致市场范围的进一步扩大出现困难，严重阻碍了要素的流动和损害了消费者的福利。在通过对四川成都和重庆自由贸易试验区的考察之后发现，两地内部的竞争模式发生了实质性的转变，逐渐由过去的排他性竞争转移到互补性竞争，或者具有相似性且各具特色的垄断竞争。各辖区之间根据自身的优势吸引资金、人才的流入和企业的入驻。但是又能够将不适合自身优势并将具有更适合、更优越条件的辖区推荐给入驻企业，使得入驻企业在有限的资源约束下获得更大的利润收入，作为回报，推荐的辖区也因此获得被推荐辖区的利润分成。各辖区既有自己独特的优势以吸引优秀的人才和企业流入，又能够将合适的辖区共享给流入人才和流入企业，在相互竞争的基础上又形成良好合作并共享利润分成。最终实现片区间协同发展，从而实现政府内部的非零和博弈。

第二，不断明确政府作用，降低不必要的政府干预。自由贸易试验区建设的一个重要目的就在于在实践中进一步明确政府与市场的关系，更好地发挥市场在资源配置中的决定性作用，同时有效地运用政府这只看得见的手引导资源的流向以弥补市场失效带来的福利损失。

在以往的做法中，政府在提供公共服务时采取"自作主张"式的做法，以自己的偏好为导向，提供一些不能满足企业需要的公共服务，导致供给与需求的错位，一方面浪费了大量的资源，另一方面也在一定程度背离了政府提供公共服务而服务民众的宗旨。公共服务的需求具有异质性、结构性、周期性、重要性等特性（林毅夫，等，2016），需要根据具体的实际情况进行有效的提供。通过考察发现，成都市各辖区政府能够通过与企业进行深入的交流和沟通，下派工作人员深入到企业基层，了解企业的实际情况，以企业需求为导向，提供企业需要的相关公共服务设施，以有效地发挥政府提供公共服务的职能。

简政放权方面，在企业注册方面探索出了集群注册，根据邮政通讯地址注册等多种企业注册方式，降低了企业注册过程中的成本，提高企业注册的便利性。在企业出口运输方面，探索多式联运提单，将路、铁、水、空联合起来，降低企业的交易费用。

---

① 此处的垄断性竞争并非传统观念中的行政垄断，而是基于产品差异化视角下形成的具有一定定价能力垄断形式的市场结构。

实现政府与铁路部门的合作，为企业出口提供一定的补助，采取政府购买相关报关费用、报检费等，大大降低企业的运输成本。建立农产品进口总代理平台，根据总代理的垄断优势，以提高进口企业的议价能力，降低了进口企业的进口成本。同时，实施社区自治，走出一条"政府政策＋社会企业"的方式。

综上所述，在自贸区建设过程中，政府之间、政府与市场之间要逐步转变成一种双赢的非零和博弈。各区政府之间可以互利互惠，实现利润分成。政府与市场可以协调发展、相互促进。在政企合谋的模式下，行政审批手续并不会构成企业的约束性条件。只有在政企合作的模式下，行政审批手续才会成为企业的约束性条件。因此，不断地向政企合作转变，才能真正做到简政放权，提高政府的有效性和有为性。

### （二）公共基础设施均等化：由市民独享到人人共享

自贸区建设需要进一步的城市化，以吸纳更多的人口和更多的企业，因此，公共基础设施均等化将会极大地影响到本地城市化的进程。公共基础设施服务的本质就是为每一个生活在本地的人提供服务设施。然而在现实中，城市公共基础设施服务并不是均等化的，部分地方的公共服务只能对本地户口的人提供优惠政策，而对外来流入人口不提供或者设置较高的优惠政策（陈钊，等，2014；夏怡然，陆铭，2015）。公共基础设施建设能够均等化，普及普通大众，是一个城市在发展过程中对外来流入人口的一种态度。如果公共基础设施建设只能惠及本市户籍人口，或者设置明显门槛以实现差别化待遇，将会极大地阻碍外来流入劳动力与本地人员的融合，不利于本地的持续发展。

在公共基础设施建设方面，重庆市和四川成都市都有可取之处，其中重庆市更为突出。重庆市的公租房建设能够为进城务工人员提供相对廉价的住房供给。通过在全市范围内调动土地供给量，利用地票方式，抑制房价过快上涨，合理调配区域发展。另一方面，通过对比重庆市、成都市和西安市的公交价格来看，重庆市与成都市对使用公交卡与未使用公交卡之间的价格差异不大，仅存在一折的差异。但是在西安市则出现了明显的不同，在西安市使用公交卡和未使用公交卡之间的价格差异巨大，出现了五折的差异①。虽然乘坐一次公交的费用不高，且一折与五折的差异绝对值也不大，但是这种折扣体现了背后的一种思维，即对外来流动人口的态度，是否对本地人采取了一种隐性的补助。这种思维在某种程度上会抑制外来人口的流入。通过计算2016年重庆市、成都市和西安市的人口身份发现，西安市外来流入人口远远低于重庆市和成都市（第58页表5）。

---

① 当然并不能说是"五折公交卡"阻碍了外来人口流入西安市，而是以"五折公交卡"来折射出一种城市治理的态度，城市基础设施均等化问题。

表5  2016年三市户籍人口与常住人口差异

| | | 人均GDP | 人均可支配收入 | 常住人口 | 户籍人口 | 差额 |
|---|---|---|---|---|---|---|
| 成都 | 全市 | 76960[a] | – | 1591.8 | 1398.9 | 192.9 |
| | 市辖区 | – | 35902[b] | 1123.81 | 784.6 | 339.21 |
| 重庆 | 主城区 | 57902[a] | 29610[b] | 851.8 | 664.59 | 187.21 |
| 西安 | 全市 | 71357[a] | 30032[b] | 883.21 | 824.93 | 58.28 |

注：其中a表示全市，b表示市辖区。数据来源于2016年成都市、重庆市和西安市国民经济统计公报。

从公共服务条件方面来看，在一些工业园区内允许地摊化的移动式饭馆，使得务工人员可以获得相对便宜而又能满足不同需求的饮食需求。在城市的建设过程中，应该追求的是满足人民群众的多样化需求、不同层次需求，既要有高端消费品的供给，又允许满足普通大众基本生活需求的低端基本消费品的供给，体现出城市的一种多样化、丰富性和活力。

城市建设既要为高技能劳动者提供高端服务设备，又能满足低技能劳动者的生存、生活和自身发展的需求，实现高技能劳动者与低技能劳动者的互补（梁文泉，陆铭，2015）。因此，在自贸区建设过程中，应该注重基础设施建设的均等化，以普及普通大众，实现人人共享城市基础设施服务。同时，在公共服务方面，要为低端消费者和劳动者提供生存的基本条件，实现城市建设的人性化、多样化、丰富化，以促进城市的活力，为实现地方经济的良性发展提出软基础设施环境。

## 四、自贸区建设建议及规避问题

目前，西部三大自贸区建设中有一些优点和经验可推广，但由于尚处于起步阶段，也存在一些显著的问题，需防患于未然。因此，本文就现实情况提出四条建议和两点规避。

### （一）建议

第一，城市化依然是未来建设的重要着力点。虽然城市化是一个古老的话题，但是却是一个长期不衰的主题。从目前的统计数据来看，2016年西安市城镇人口比重73.43%，成都70.6%，重庆市62.60%①，城市化率相对较高。但是在新规划定的新区，无论是成都天府新区还是重庆两江新区或者是西安的西咸新区，均处于城市的边缘地带，人口流量少，企业入驻率低，基础设施闲置，严重浪费了资源。其中，成都天府新区，其规划人口600万，目前总人口远远低于300万，而西咸新区目前现有人

———————————

① 数据来源于各地2016年国民经济和社会发展统计公报。

口仅为 90 万左右，城镇化水平 23%。因此，在未来城市化依然是主要方向。因此，自由贸易试验区的建设需要不断推进城市化进程。

第二，加快本地企业的培育，提高一般贸易产品比重。一般贸易产品比重较少，加工贸易产品比重较大，表明本地自主产品少，缺乏自主创新，不利于本地企业走出去。目前，成都市大力推动外来企业的入驻，比如英特尔、微软、腾讯、华为等世界 500 强企业，然而在对外出口的产品中，本地产品比例低于中转产品比例，说明成都市大力引进的企业并没有真正的惠及到本地经济发展，带动本地企业生产效率的提高。因此，在未来自由贸易试验区的建设过程中，如何增加本地产品的外销，提供本地企业的生产效率，增强本地企业的国际竞争力至关重要。

第三，本地人才的安置。在西部人才外流现象日益严重的背景下，如何有效留住本地人才，为本地经济发展提供人才"蓄水池"，至关重要。在人才外流方面，西安市表现较为严重，西安市拥有丰富的高校资源，每年培养大批人才，但外流十分严重，说明本地培养了大量的人才，具有人才优势，然而并没有提供很好的环境以吸引本地人才。而成都市则表现为大力引进国际优秀人才，比如诺奖得主，通过引进这类世界级人才的流入，在一定程度上挤占了本地培养人才的就业岗位，不利于对本地人才的安置，导致本地人才的外流。西安市、成都市、重庆市都具有众多国内国际知名专业院校，每年培养了大量的优秀人才，如何发挥这些优秀人才的作用，也是在未来自由贸易试验区建设过程中需要考虑的问题。

第四，空间集聚程度有待提高，提高交易效率。城市经济需要形成紧密的集聚经济，空间布局的分散化，不利于发挥规模经济效益，从而提高运输成本，降低交易效率。从城市内部来看，西安市、成都市市辖区空间布局广阔，容易出现"摊大饼"现象，各辖区之间空间距离较远。由于城市的空间布局不紧密，使得"城市病"问题严重，诸如城市交通拥挤、城市环境污染严重等。从城市之间来看，虽然成都市内部各片区之间已初步形成了片区协同发展的局面，但是成都市与重庆市之间却未形成紧密联系，在区域分工上存在一定的冲突。因此，在未来，自由贸易试验区建设过程中要加大区域间的协同合作，降低市场分割程度。

**（二）规避问题**

第一，自由贸易试验区的建设能否真正惠及国内普通大众。

自由贸易试验区建设能给消费者众多优惠。首先表现为降低相关进口商品价格，使得消费者购买到更便宜的相同质量的商品。自贸区的建设，可以压缩中间贸易环节，使得商品销售成本逐步下降，进而降低商品售价。其次是增加了进口商品种类，提高消费者选择的多样性，并且商品购买更加便捷。在自贸区内，通过贸易便利化，可以增加商品的贸易种类，提高消费者选择的多样性。同时，采用跨境电子商务，并建立与之相适应的海关监管、检验检疫、退税、跨境支付、物流等支撑系统，消费者可以在自贸区内直接购买到更多样化的商品。

虽然从自由贸易试验区的建设来看，能给消费者带来更多样化的选择、更便利化的支付和更便宜的价格。但是这些消费者的福利改善能否惠及自贸区以外的普通大众，是一个需要进一步思考的问题。自由贸易试验区的建设所带来的更多样化消费和更便宜的消费，都是针对有能力购买的消费者，也就是在为实施自由贸易试验区之前就有能力消费的那部分消费者。另外一部分没有能力购买的消费者在实施自由贸易试验区之后是否能获得相应的福利改善。如果不能，那么自由贸易试验区的建设在某种程度上是给有能力消费的消费者的福利补贴，因此在某种程度上扩大了消费者福利的差距。如果是这样，那么就不利于自由贸易试验区的长期建设。

第二，自由贸易试验区的建设能否促进实现我国向制造业强国转型，能否形成具有国际竞争力的现代高科技民用产品品牌。

中国是大国，大国有大国的优势，也有大国的烦恼。大国要想真正的屹立于世界之巅，必须要成为一个工业制造业强国，在信息技术的冲击下，必须要在电子信息技术、软件技术和高端制造业方面形成自己的独特优势，能够引领世界潮流。从现实中来看，无论是美国，还是德国，抑或日本，都是工业制造业强国。

目前我国在电子信息技术、软件技术和高端制造业方面已经取得了一定的成绩，出现了一些具有国际竞争力的企业，如华为、海尔等企业，但是仍然无法与欧美等强国进行竞争。如何实现中国人购买自己的高端手机、高端汽车、软件等是一个重要的问题。如果自由贸易试验区仅仅是扩大加工贸易的份额，吸引外资，引进国外先进技术，不能通过竞争提高本国技术和提高出口产品技术复杂度，不能对形成具有国际竞争力的现代高科技民用产品品牌起到显著的促进作用，那么也将阻碍自由贸易试验区的长远建设。自由贸易试验区的建设能够有助于或者如何推动实现我国向制造业强国转变，也应该成为自由贸易试验区建设过程中需要思考的问题。

## 参考文献

[1] 王利辉，刘志红. 上海自贸区对地区经济的影响效应研究——基于"反事实"思维视角 [J]. 国际贸易问题，2017（2）：3-15.

[2] 林毅夫. 新结构经济学：反思经济发展与政策的理论框架 [M]. 北京：北京大学出版社，2014：20-31.

[3] JU J, LIN J Y, WANG Y. Endowment Structures, Industrial Dynamics, and Economic Growth [J]. Journal of Monetary Economics, 2015, 76: 244-263.

［4］王孝松，卢长庚. 中国自由贸易试验区的竞争策略探索——基于上海、广东自贸区的比较分析 ［J］. 教学与研究，2017（2）：42 – 50.

［5］程锐，柳江. "新常态"视角下中国经济增长源泉的再思考 ［J］. 天津商业大学学报，2016，36（1）：48 – 54.

［6］陈林. 自由贸易区建设中的经验、误区与对策 ［J］. 经济学家，2016（5）：87 – 95.

［7］聂辉华，李金波. 政企合谋与经济发展 ［J］. 经济学（季刊），2006，6（1）：75 – 90.

［8］周黎安. 中国地方官员的晋升锦标赛模式研究 ［J］. 经济研究，2007（7）：36 – 50.

［9］林毅夫，付才辉，王勇. 新结构经济学新在何处——第一届新结构经济学夏令营头脑风暴集 ［M］. 北京：北京大学出版社，2016：140 – 145.

［10］夏怡然，陆铭. 城市间的"孟母三迁"——公共服务影响劳动力流向的经验研究 ［J］. 管理世界，2015（10）：78 – 90.

［11］陈钊，陆铭，徐轶青. 移民的呼声——户籍如何影响了公共意识与公共参与 ［J］. 社会，2014，34（5）：68 – 87.

［12］梁文泉，陆铭. 城市人力资本的分化：探索不同技能劳动者的互补和空间集聚 ［J］. 集聚社会体制比较，2015（3）：185 – 197.

# 基于案例研究的投资便利化指标拓展
# 及"一带一路"国家测度

樊秀峰　协天紫光\*

**摘要**　本文在梳理传统投资便利化研究视角与范围的基础上，明确地界定了"一带一路"投资便利化的研究内容与框架，并通过典型案例的研究，为"一带一路"沿线投资便利化指标体系的构建与拓展提供了理论依据，进而运用主成分分析法测得了"一带一路"沿线 32 个经济体 2009—2015 年的投资便利化水平。研究表明：整体而言，亚洲地区投资便利化综合指数得分与排名的发展状况呈上升趋势，而中东欧地区呈现下降态势；具体来看，新加坡、马来西亚、沙特阿拉伯一直在投资便利化得分与排名的动态变化中名列前茅，而塞尔维亚、吉尔吉斯斯坦、阿尔巴尼亚、孟加拉国则难以有所突破，一直处于投资便利化得分与排名的末端；从不同方面的指数来看，马来西亚、新加坡、柬埔寨、沙特阿拉伯、塞尔维亚各个方面指数发展比较均衡，而这些国家或为投资便利化综合指数最领先的经济体，或为投资便利化建设进程严重滞后的国家。这也从侧面表明了"一带一路"沿线投资便利化建设的两极分化现象严重，"领跑者"处处领先，"掉队者"处处落后。最后，针对上述研究结论提出了相应的政策建议。

**关键词**　一带一路；投资便利化；案例研究；主成分分析

---

\*　樊秀峰、协天紫光，西安交通大学经济与金融学院。
本文是教育部国别和区域研究 2016—2017 年度指向性课题"亚欧会议（ASEM）成立 20 周年背景下机制未来 10 年发展方向及我方建议"（批准号：17GBQY114）；国家自然科学基金项目"基于价值链的一带一路经贸投资和产业转移研究"阶段性研究成果（批准号：71441039）；国家自然科学基金项目"中国高等教育国际化进入方式研究"（批准号：71774129）的阶段性研究成果。

# Index Development and Measurement of Investment Facilitation in "The Belt and Road" Countries: Based on Case Studies

*FAN Xiufeng , XIETIAN Ziguang*

**Abstract**: Based on the research perspective and scope of the traditional investment facilitation, this article gives a clear definition of research content and framework of investment facilitation on "The Belt and Road". Also, by studying typical cases, it provides theoretical basis for the construction and development of investment facilitation index system of "The Belt and Road". Then the investment facilitation level of the 32 economies along "The Belt and Road" from 2009 to 2015 is measured by applying the method of the principal component analysis. The research shows that the scores in overall index and rankings of investment facilitation in Asia present an upward trend, while the region of central and eastern Europe a downward trend. Specifically, Singapore, Malaysia and Saudi Arabia have been among the top of the dynamic changes in the scores and rankings of investment facilitation, but Serbia, Kyrgyzstan, Albania and Bangladesh have been unable to make a breakthrough and at the end of scores and rankings. Seen from different aspects of the index, Malaysia, Singapore, Cambodia, Saudi Arabia have developed in an overall balanced trend, and these countries are either the most leading economies in the overall index of investment facilitation, or the ones that have been severely lagged behind in the process of investment facilitation. This also indicates that, along "The Belt and Road", the problem of polarization on investment facilitation is serious, which means that the "front-runner" takes a runaway lead while the "stragglers" fall behind in every step. Finally, the corresponding policy recommendations are put forward for the above research conclusions.

**Key Words**: *The Belt and Road*; *Investment Facilitation*; *Case Study*; *Principal Component Analysis*

## 一、引言

随着全球新一轮投资体制规则的深刻变迁，传统的投资保护与投资优惠对国际投资的影响正逐渐减小，投资规则透明简化、基础设施互联互通、金融服务自由健全等投资便利化作用正日益凸显，渐趋成为激活区域经济活力、提高资源配置效率、实现市场深度融合的有效手段（卢进勇，2006；张亚斌，2016）。中国政府积极推进的"一带一路"国家战略旨在推动沿线各国开展更大范围、更高水平、更深层次的投资合作，建立一个更加透明、开放、有利于可持续发展的国际投资政策环境。因此，着力研究"一带一路"沿线国家投资便利化的有关问题对强化我国与亚欧非国家双向投资，从根本上解决阻碍资本流入的障碍，更好地融入和主导全球分工网络具有重要理论价值。而投资便利化的测度是投资便利化研究中的重要内容，是投资便利化建设问题由定性分析转向定量分析的基础。现有对投资便利化测度的研究主要存在三个方面的局限性：其一，将投资便利化和贸易便利化协同分析，且重点在贸易便利化，较少对投资便利化单独构建指标评价体系；其二，作为研究视角、研究范围以及研究内容选择标准的投资便利化定义，缺乏明确的外延，具有很大的随意性；其三，指标选取的主观性太强，缺乏对典型案例的研究，案例研究不仅能够补充经济计量工作的疏漏，更能使得相关指标框架的构建具有针对性和说服力。

基于上述背景，本文尝试系统研究近年来"一带一路"沿线各国投资便利化进程取得的成就，梳理存在的问题，理清未来的工作重点，为中国企业投资沿线国家提供理论参考。与以往研究相比，我们从具有清晰外延和准确内涵的投资便利化定义出发，结合中国企业在"一带一路"沿线不同区域与不同行业的具体投资案例，系统科学地构建了一套投资便利化测评体系，运用均值主成分分析法从方面指数、时序特征和区域差异等多个维度全面刻画了"一带一路"沿线投资便利化的发展状况，并提出了相关政策建议。总之，本文加深了对"一带一路"沿线投资便利化建设的认识，对中国企业"走出去"具有重要的指导意义。接下来的结构安排为：第二部分为概念界定与指标体系构建的文献综述；第三部分为基于案例研究的投资便利化指标拓展、构建及说明；第四部分为"丝路"国家投资便利化的测度与分析；最后一部分为全文总结与启示。

## 二、概念界定与指标体系构建的文献综述

### （一）概念界定

投资便利化的评价建立在对其内涵准确把握的基础上。早期，投资便利化的概念往往伴随着贸易投资便利化而出现，APEC（1995）公布的《大阪行动计划》中便对贸易投资便利化做出过原则性的规定，但主要是围绕贸易便利化。直到 2008 年 APEC 公布了《投资便利化行动计划》，首次将投资便利化作为一个单独的议题提出，并将其定义为政府采取的一系列旨在吸引外国投资，并在投资周期的全部阶段上使其管理有效性和效率达到最大化的行动或做法。郭力（2010）、Kejzar（2011）、Aldaba R M（2013）、徐佳宁（2013）与王瑄（2015）等在此基础上对投资便利化定义进行了细化

与延伸，认为投资便利化是政府通过简化对外投资办理的申请、审核及批准等手续流程，减少贪污腐败和行政效率低下所引起的"交易费用"，从而实现资本流动成本不断降低的过程。我们将持上述观点的学者称为"外生动力派"。"外生动力派"学者对投资便利化的定义与研究主要从政府便利化政策层面出发，意在通过外源性的政策导向，提高投资便利化水平，推进投资便利化进程。但是，此类研究更适用于东盟自贸区（CAFTA）、亚太经济合作组织（APEC）、经济合作与发展组织（OECD）等现代国际法意义突出的区域性经济合作组织。这些组织在涉及投资便利化的各个领域签署了一系列基础性法律文件，通常还会建立部长级会晤机制和相关工作组，为政府层面简化投资流程，提高投资透明度，实现资本高效流动奠定了制度保障。而对于经济合作意向性对话多于实质性进展的"一带一路"各经济体而言，由于在地区范围内并未形成有足够影响力的法律机制（何芳，张晓君，2015），政府便利化政策制定与执行缺乏约束，仅从制度层面出发，考察沿线各国投资便利化建设状况不免会造成事倍功半的效果。学术界也逐渐意识到"外生动力派"在研究投资便利化方面的局限性，Rui Moura和 Rosa Forte（2010）指出东道国政治、经济、社会、文化等条件均对外国投资效率产生显著影响。Li，et al（2013）也将国家文化特征纳入了企业投资运营框架中予以分析。韩东（2015）则进一步强调政治互信、人文交流、非资源领域合作是贸易投资便利化推进的重要内容。我们将持上述观点的学者称为"综合动力派"，"综合动力派"对国际投资便利化的定义非常宽泛，主要从企业层面出发，就外资企业投资东道国所面临的政治、经济、社会、文化及宗教等便利化环境给予评估。但是，这就造成投资便利化的外延无法得以确定，难以通过构造科学系统的指标体系予以评价。

事实上，"综合动力派"与"外生动力派"是包含与被包含的关系，但又有所区别。"外生动力派"仅将研究内容与范围界定在与投资便利化相关经济领域下的外源性政策，而"综合动力派"对投资便利化的研究涉及包含经济领域在内的与便利化环境建设有关的方方面面，这也就形成二者之间研究视角的差异性，"外生动力派"以政府视角为主，而"综合动力派"从企业层面出发。但是，如上文所述，"外生动力派"对投资便利化的定义与研究并不适用于"一带一路"沿线区域，而"综合动力派"对投资便利化的界定重在定性分析，不符合本文定量测度的方法。因此，与现有文献不同，本文从企业视角出发，在政治、宗教、文化等发展状况既定的前提条件下，仅研究与投资便利化相关的经济因素，并拓展"外生动力派"的核心思想，引入便利化建设的内生性经济动力。一方面，政治互信、共同信仰、文化交融无疑会提高投资便利化水平，降低交易成本。但政治、宗教、文化等因素根植于一国特定的历史环境，具有时间累积效应，短期内难以改变。故仅从经济因素考察外资企业投资东道国所面临的便利化环境建设，抓住了问题的主要矛盾，明确了具体的研究范围；另一方面，曾华群（2013）认为，长期以来，在发达国家的主导下，传统国际投资政策片面强调对外资和外国投资者的保护和优惠，这实际上也是取决于南北国家的实力。我国政府努力推进的"一带一路"合作区域是全球经济发展较落后的地区之一，一些欠发达国家为了吸引中资企业，片面强调对中资的保护和优惠，曲解了投资便利化政策的本质内涵，严重背离了公平互利和合作发展的原则。因此，如何实现以技术创新、人力资本积累、基础设施建设等为代表的内生性经济发展动力替代片面的优惠政策、缺乏原则性的监管标准也是本文深化投资便利化认识与理解的关键所在。最终，本文对"一带一路"投资便利化的界定既包括简化外资办理申请、审核及批准等手续流程的外源性投资政策，又包含基础设施互联互通、劳动力素质提高、金融服务健全、企业技术创新等促进便利化环境改善的内生性发展动力，且二者之间相辅相成，具有动态性与可持续性，是一个不断完善与优化的过程。

**（二）指标体系构建的文献综述**

1. 贸易便利化与投资便利化的协同性研究

目前，关于投资便利化指标体系的构建，受投资便利化内涵与定义的影响，许多文献将投资便利化和贸易便利化协同分析，且重点在贸易便利化，较少将投资便利化作为课题单独研究。Wilson，Mann 和 Otsuki（2003）从港口效率、海关环境、监管环境和电子商务四个角度对 APEC 成员国的贸易便利化水平进行了测度，成为该领域最具代表性的研究，并为贸易投资便利化指标框架构建的后续研究奠定了基础。Ben Shepherd 和 John S Wilson（2008）等在借鉴 Wilson，et al（2003）基本思想的基础上，将指标体系进行了细化与丰富，对东南亚国家贸易投资便利化建设给予了评价。彭羽和陈争辉（2014）结合上海自贸区建设的目标定位及区内企业的主要业务模式和平台，构建了"市场准入""商贸环境""基础设施""政府效率"四大一级指标评价体系。崔日明和黄英婉（2016）以"一带一路"总体规划和最终目标为基础，分别从"市场准入""运输和基础设施""规制环境""营商环境"和"边境管理"五个角度，对"一带一路"沿线国家投资贸易便利化水平进行了测度。

2. 投资便利化的独立性研究

伴随着全球经济一体化程度的加深，投资便利化和贸易便利化在内涵方面虽有了更多重合，但投资便利化更强调企业实体投资环境的开放度和便利度，而贸易便利化则更重视货物跨境流动过程中的便利性（UNCTAD，2009）。因此，如果将二者放入同一指标体系下研究，虽可以体现彼此在可预测性、简约性、透明高效性等原则上的统一，但却容易混淆两者的研究对象。学者们开始意识到将投资便利化指标体系的构建从投资贸易便利化框架中分离出来的重要性。Kejzar（2011）采用《营商环境报告》相关数据，从"企业设立""获得场所""获得融资""日常经营""出现问题"五个阶段出发系统地构建了一套投资便利化评价体系。张亚斌（2016）在投资便利化本质内涵的基础上，从"基础设施""商业环境""信息技术""金融服务""制度供给"五大方面构建了投资便利化测度体系。马文秀和乔敏健（2016）基于"一带一路"国家对外直接投资的特点，构建了"基础设施""宏观经济状况""制度环境"和"金融服务"四大一级指标测评体系。

3. 投资便利化指标体系构建的局限性与本文的创新方向

学者们单独构建的投资便利化指标体系更加重视对实体投资环境的测度，摒弃了与贸易便利化联系紧密的"边境管理""海关绩效""物流质量"等指标，加入了"投资者保护力度""政府解决投资争端效率"等制度供给变量，使得投资便利化的评价框架更具针对性与准确性。但令人疑问的是，在测度"具体化"的研究对象时，指标选取是否需要调整？调整的依据是什么？需要怎样调整？既有文献并未给予我们满意的答复，而我们的案例研究也验证了相关指标体系在测度具体研究对象时的局限性。例如，我们在对越南—小中河水电站项目、菲律宾—马里万斯电力项目、印尼—中国华电玻雅电力项目的分析中发现，"一带一路"沿线众多国家面临着电力供应紧张的局面。以菲律宾为例，棉兰老岛地区电力常常不能满足居民和工业用电，需要阶段性停电，严重影响着当地的投资环境，制约着当地的经济发展。而关于"电力获得"状况并未在"一带一路"投资便利化相关文献中予以考虑。此外，在对印尼—中国香港百富勤投资项目和中国某通信企业在印度投资建厂的案例中发现，"一带一路"沿线国家劳动力素质整体偏低，这也使得沿线众多国家工人的劳动生产率远低于世界平均水平。以印度为例，成人识字率仅为60%，而印度工人的平均生产率也仅为中国的36%。但是，"劳动力供给质量"作为影响投资生产率的重要变量，并未在既有文献的指标体系构建中给予重视。因此，针对"具体化"的测度对象，我们虽不能脱离前人构建的理论框架，但指标的选取也需动态化调整，而调整的依据不是凭空捏造，不是一笔带过，需要依托系统化的案例研究，这既是当前文献的局限所在，也是本文的创新方向。

## 三、基于案例研究的投资便利化指标拓展、构建及说明

### （一）区域、国别与案例选取及说明

"一带一路"贯穿欧亚大陆、东连亚太经济圈、西接欧洲经济圈，沿线国家大多属于发展中国家和转型经济体，经济发展后发优势强劲，与中国经济具有良好的互补性（周五七，2015）。据商务部统计，2015年中国企业对"一带一路"沿线国家的投资流量达189.3亿美元，同比增长38.6%，是对全球投资增幅的2倍，占当年流量总额的13%，对其他地区的投资则有不同程度的减少。因此，可以预期，"一带一路"沿线国家将成为中国对外投资合作的热点市场。但是，不管从区域层面来看，还是区域内部

的具体国别来看，我国企业在"一带一路"沿线的投资分布并不均衡。长期而言，过于集中的投资分布模式，降低了我国跨国企业抵抗风险的能力，提高了我国海外投资的不确定性，阻碍了我国企业的国际化发展进程。从另一个角度来看，过于集中的投资分布模式也为本文通过重点国别的典型投资案例反映该区域的投资便利化发展状况提供了可能。据测算，我们在"一带一路"沿线不同区域所选取的七个重点国别达到了我国在"一带一路"投资总流量的近九成，较完整地刻画了我国在"一带一路"地区的投资发展状况。

　　我们选取了中亚地区的哈萨克斯坦，哈萨克斯坦是中亚五国中最大的经济体，也是我国在"一带一路"沿线直接投资的主要流向国，截至 2015 年末，我国对哈萨克斯坦直接投资达 50.95 亿美元，仅次于新加坡、俄罗斯与印度尼西亚，排在我国对"一带一路"沿线直接投资存量总额的第四位；我们选取了南亚地区的印度，2015 年中国在印度的直接投资流量超越了对该地区其余国别直接投资的总和；我们选取了独联体地区的俄罗斯联邦，俄罗斯联邦既是我国在独联体地区直接投资的主要流向国，更是我国企业在"一带一路"沿线投资的主要国家，2015 年我国对俄罗斯联邦投资流量占对"一带一路"投资总流量的 15.6%，同比增长 367.3%；我们选取了东南亚地区的新加坡与印度尼西亚，2015 年我国对新加坡和印度尼西亚的投资流量占对"一带一路"投资总流量的 62.9%，分别排在第一位与第三位；我们选取了非洲地区的南非，2015 年我国对非洲地区直接投资流量的 47.2% 流向了南非；我们选取了中东欧地区的波兰，整体而言，我国在中东欧地区的直接投资流量与存量均较低，而波兰作为中东欧地区经济体量最大的国家，以及全欧洲唯一一个国际金融危机期间未出现过负增长率的国家，成为我国在该地区直接投资的主要流向国（具体情况如表 1 所示）。

表 1　中国在"一带一路"沿线不同区域的典型投资案例研究

| 所投区域<br>（重点国别） | 典型案例 | 投资便利化优势 | 投资便利化劣势 |
|---|---|---|---|
| 中亚<br>（哈萨克斯坦） | 国家开发银行—哈萨克斯坦巴什库里铜矿项目 | （1）初步建立了市场化法律体系，国有比重已下降到 15%<br>（2）在企业设立上没有最低资本限额，可为财产登记提供加急办理程序等<br>（3）政府为投资者无偿提供实施投资项目所需的国有设施等实物 | （1）实行自由浮动汇率，当地货币坚戈汇率浮动较大，在哈萨克斯坦进行投资时应该特别注意<br>（2）在通信领域、建筑领域、金融领域以及大众传媒领域对外资进入设置了明确的股权限制<br>（3）企业吸收新技术能力、公司研发支出等严重不足，技术外溢性作用较弱 |

续表1

| 所投区域<br>（重点国别） | 典型案例 | 投资便利化优势 | 投资便利化劣势 |
|---|---|---|---|
| 南亚<br>（印度） | 中国某通信企业在印度投资建厂案例 | （1）人口众多，劳动力价格低廉<br>（2）与中国合作领域进一步拓宽，在金融、保险、电信等领域对中资的开放度正在提高<br>（3）印度政府允许印度企业借入总额不超过10亿美元的人民币贷款，这一新政策的实施有效地降低了中国出口商的汇率风险 | （1）印度是世贸组织成立以来全球发起反倾销调查和实施反倾销措施最多的国家，而中国更成为印度实施反倾销政策的首要目标国<br>（2）印度司法体系低效，印度法院解决争议的效率排名世界倒数第六，多数印度法院由于人员不足和缺乏技术，难以应对长期积压的案件<br>（3）劳动力整体素质较低，成人识字率仅为60%，这也致使印度工人的平均生产率仅为中国的36% |
| 独联体<br>（俄罗斯联邦） | 中国宝金矿业集团有限公司在诺永达拉果多金属矿开采项目 | （1）外国投资者成为特区入驻企业后，在进口用于本企业生产需要的货物时，可免交俄联邦进口关税和增值税，或在货物输出俄联邦关境时予以退税<br>（2）重视发展科学与教育，在诸多高科技领域保持着世界领先的地位 | （1）现代金融业发展滞后，金融监管混乱，企业融资难<br>（2）中国企业在俄方投资的多为劳动密集型产业，然而俄罗斯劳动力匮乏，并且价格昂贵<br>（3）产学合作研发脱节，大量基础性的科研成果并未转化为企业的创新能力 |
| 东南亚<br>（新加坡） | 中国华能集团公司在新加坡燃煤电厂投资项目 | （1）新加坡是世界最繁忙的港口之一，硬件基础设施建设良好，软件通信设施世界领先<br>（2）新加坡在经济方面进行了全面立法，如知识产权保护法、专利权保护法以及国际商务往来等方面的法律<br>（3）新加坡作为国际上重要的金融中心之一，金融机构集聚，融资能力强，监管严格，服务健全 | （1）新加坡劳动力供应不足，外籍劳务需求量大，劳动力成本逐年增加<br>（2）对境内企业的检疫标准、环保标准设定很高，触犯相关规定的惩罚力度极大<br>（3）新加坡不存在外汇管制，但为了维持新元的稳定，限制非居民持有新元的规模 |

续表 2

| 所投区域（重点国别） | 典型案例 | 投资便利化优势 | 投资便利化劣势 |
|---|---|---|---|
| 东南亚（印度尼西亚） | 中国华电投资项目；中国香港百富勤投资项目 | （1）设立了官方的外商投资促进机构：印尼投资统筹局，负责发出外商投资许可证及改善投资环境，为外国投资者提供一站式许可证申请服务<br>（2）重视对投资者财产的保护，《2007 年印尼共和国投资法》第 7 条规定：除非通过法律，政府既不可以将任何投资者资产国有化，也不可转变投资者的所有权 | （1）劳动力素质低，就业人口中小学以下教育程度占总人数的 47.9%<br>（2）外债负担过重，银行贷款利息过高，基础设施滞后，科技基础薄弱<br>（3）*Doing Business* 2015 显示，开办企业和执行合同是印尼营商的主要障碍<br>（4）电力供应紧张，部分地区电力常常不能满足居民和工业用电，需要阶段性停电 |
| 非洲（南非） | 中国中车公司南非投资案例 | （1）南非在合同执行机制和财产权安全方面具有较高素质，在南非注册或关闭一家公司要比相同经济水平国家容易得多<br>（2）吃透《南非黑人经济振兴法》的各项细则，了解其在实际执行过程中的情况和相关案例，既可以降低投资风险，又可以获取国家或政府的各项资助 | （1）南非政府尚未签署 WTO《政府采购协议》，在政府采购的具体执行过程中存在不公正和不透明等问题<br>（2）教育发展滞后，专业化人才匮乏<br>（3）南非共有 5000 项国家标准，其中约 60 项为强制性标准，大大增加了我国企业进入南非市场的成本 |
| 中东欧（波兰） | 中国海外投资有限公司承建波兰 A2 高速公路项目 | （1）波兰国内高素质的工程师数量丰富，且成本只有德国、法国等西欧国家的 1/4 左右<br>（2）中东欧整体市场化水平较低，而波兰保持了较高的市场化程度<br>（3）波兰税制健全，整体税负较轻，如企业所得税为欧盟境内最低 | （1）波兰高速公路少，铁路网技术退化，空运、海运能力都较差，电厂及输电网老化，面临淘汰<br>（2）波兰与中国经济互补性较差，波兰十大贸易合作伙伴中有九个是欧盟成员国 |

资料来源：根据相关新闻、期刊、报告整理而得。

### （二）典型案例分析、总结提炼与指标拓展

学者们构建的"一般化"指标框架主要是基于基础设施、宏观经济状况、制度环境、金融服务等维度，而值得注意的是，其与上文所界定的投资便利化概念与研究范围如出一辙，这也为我们借鉴前人的理论框架提供了保障。但是，通过对中国企业在"一带一路"中亚、南亚、独联体、东南亚、非洲、中东欧等不同行业的投资案例分析，我们仍提炼出了沿线国家投资便利化建设进程中的"特殊化"方面，而这些"特殊化"方面需要依托"具体化"的研究对象，从而实现"一般化"指标框架的"拓展化"。鉴于此，我们主要从以下几个维度实现"一带一路"投资便利化指标体系的拓展：

第一，引入市场环境指标。我国企业进入"一带一路"东道国从事生产与经营活动受到当地市场环境的影响。而沿线中东欧地区及部分中亚国家市场化程度低，这既提高了行业准入门槛，又增加了潜在投资企业的额外生产成本，更使得投资因寻租盛行而耗时耗力，严重制约了投资便利化建设。因此，我们引入市场环境指标，衡量市场规模、市场化程度、市场竞争强度等对沿线国家投资便利化建设的影响。

第二，引入劳动力供给环境指标。专业化、知识化与技能化的劳动力队伍可以缩短生产周期、简化生产程序、提高投入产出比，实现投资生产的便利化与高效化。而"一带一路"劳动力供给环境复杂，印度等国劳动力素质低但价格低廉，南非等非洲沿线国家教育发展滞后，国家并不重视人力资本积累，而俄罗斯与新加坡等国劳动力匮乏且成本高昂。因此，我们引入劳动力供给环境指标，衡量劳动力队伍专业化、知识化与技能化等对沿线国家投资便利化建设的影响。

第三，引入企业创新环境指标。技术创新是投资增长方式转变的先导，技术进步具有外溢性，有助于实现传统粗放型投资模式向现代便利化模式的转变。但"一带一路"沿线企业创新环境不容乐观，以哈萨克斯坦为代表的中亚地区吸收新技术能力、公司研发支出等严重不足，而以俄罗斯为代表的部分欧洲国家，虽重视发展科学与教育，但产学合作研发脱节，基础性的科研成果并未有效转化为企业的创新能力，技术外溢性作用较弱。因此，我们引入企业创新环境指标，衡量企业吸收新技术的能力、企业创新能力、公司研发支出、产学合作研发能力等对沿线国家投资便利化建设的影响。

第四，拓展政策供给环境指标。投资便利化建设的最终服务对象为企业，政策供给环境指标的选取也需要从宏观政策评估向微观企业效率评价拓展，而这一趋势在"一带一路"投资案例中尤为突出。因此，我们从《全球营商报告》中选取开办企业程序、开办企业时间、执行合同所需程序、执行合同所需时间等指标对现有相关体系予以拓展。

第五，拓展基建环境指标。基础设施的互联互通是共建"一带一路"的优先领域（廖萌，2015），是推动投资便利化建设的重要内生动力。但"一带一路"沿线基建发展并不均衡，这种失衡不仅体现在沿线国家间的发展不均，更体现在一国内部不同基建种类的发展差异。整体而言，部分中东欧国家与东南亚国家面临着电厂及输电网老化，电力供应紧张的局面，而这一点并未引起学术界的重视。因此，我们从《全球竞争力报告》中引入电力供应质量对现有相关指标体系予以拓展。

### （三）"一带一路"投资便利化指标体系的构建与说明

通过对投资便利化概念的界定与指标体系构建的文献梳理，在既有研究"一般化"的指标框架下，结合"具体化"的案例研究，我们实现了"一带一路"投资便利化指标体系的构建与拓展。其主要涵盖了宏观经济环境、基建环境、政策供给环境、市场环境、劳动力供给环境、金融服务环境、企业创新环境等 7 个大方面，国民储蓄总额、一般政府债务状况、公路基础设施质量等 34 个小方面，既包含了外源性便利化政策，又凸显了内生性发展动力，科学系统地测度了"一带一路"沿线投资便利化的建设现状（具体如表 2 所示）。

表 2　"一带一路"投资便利化指标评价体系

| 方面指数（权重） | 基础指标 | 数据来源 | 数据范围 | 指标属性 |
|---|---|---|---|---|
| 宏观经济环境 A（0.031967） | 国民储蓄总额 $A_1$ | 全球竞争力报告 | $(-\infty, +\infty)$ | 正指标 |
| | 一般政府债务状况 $A_2$ | 全球竞争力报告 | $(-\infty, +\infty)$ | 逆指标 |
| 基建环境 B（0.183367） | 公路基础设施质量 $B_1$ | 全球竞争力报告 | $(1, 7)$ | 正指标 |
| | 铁路基础设施质量 $B_2$ | 全球竞争力报告 | $(1, 7)$ | 正指标 |
| | 港口基础设施质量 $B_3$ | 全球竞争力报告 | $(1, 7)$ | 正指标 |
| | 航空运输基础设施质量 $B_4$ | 全球竞争力报告 | $(1, 7)$ | 正指标 |
| | 电力供应质量 $B_5$ | 全球竞争力报告 | $(1, 7)$ | 正指标 |
| 政策供给环境 C（0.060207） | 投资者保护力度 $C_1$ | 全球营商报告 | $(0, 10)$ | 正指标 |
| | 知识产权保护力度 $C_2$ | 全球竞争力报告 | $(1, 7)$ | 正指标 |
| | 开办企业的程序 $C_3$ | 全球营商报告 | $(0, +\infty)$ | 逆指标 |
| | 开办企业的时间 $C_4$ | 全球营商报告 | $(0, +\infty)$ | 逆指标 |
| | 执行合同所需程序 $C_5$ | 全球营商报告 | $(0, +\infty)$ | 逆指标 |
| | 执行合同所需时间 $C_6$ | 全球营商报告 | $(0, +\infty)$ | 逆指标 |
| | 政府政策制定的透明度 $C_7$ | 全球竞争力报告 | $(1, 7)$ | 正指标 |
| | 解决投资争端时法律框架效率 $C_8$ | 全球竞争力报告 | $(1, 7)$ | 正指标 |

续表

| 方面指数（权重） | 基础指标 | 数据来源 | 数据范围 | 指标属性 |
|---|---|---|---|---|
| 市场环境 D<br>（0.162029） | 国内市场规模 $D_1$ | 全球竞争力报告 | (1, 7) | 正指标 |
| | 国际市场规模 $D_2$ | 全球竞争力报告 | (1, 7) | 正指标 |
| | 国内竞争强度 $D_3$ | 全球竞争力报告 | (1, 7) | 正指标 |
| | 国内市场垄断程度 $D_4$ | 全球竞争力报告 | (1, 7) | 正指标 |
| | 商业规则对外商直接<br>投资的影响效率 $D_5$ | 全球竞争力报告 | (1, 7) | 正指标 |
| 劳动力供给环境 E<br>（0.067662） | 初等教育质量 $E_1$ | 全球竞争力报告 | (1, 7) | 正指标 |
| | 教育体系质量 $E_2$ | 全球竞争力报告 | (1, 7) | 正指标 |
| | 数学与科学教育质量 $E_3$ | 全球竞争力报告 | (1, 7) | 正指标 |
| | 员工培训程度 $E_4$ | 全球竞争力报告 | (1, 7) | 正指标 |
| | 科学家和工程师的可用性 $E_5$ | 全球竞争力报告 | (1, 7) | 正指标 |
| 金融服务环境 F<br>（0.212568） | 股票市场融资能力 $F_1$ | 全球竞争力报告 | (1, 7) | 正指标 |
| | 获得贷款难易度 $F_2$ | 全球竞争力报告 | (1, 7) | 正指标 |
| | 风险资本可用性 $F_3$ | 全球竞争力报告 | (1, 7) | 正指标 |
| | 银行服务健全度 $F_4$ | 全球竞争力报告 | (1, 7) | 正指标 |
| | 证券交易所监管状况 $F_5$ | 全球竞争力报告 | (1, 7) | 正指标 |
| 企业创新环境 G<br>（-0.024983） | 企业吸收新技术的能力 $G_1$ | 全球竞争力报告 | (1, 7) | 正指标 |
| | 企业创新能力 $G_2$ | 全球竞争力报告 | (1, 7) | 正指标 |
| | 公司研发支出 $G_3$ | 全球竞争力报告 | (1, 7) | 正指标 |
| | 产学合作研发能力 $C_4$ | 全球竞争力报告 | (1, 7) | 正指标 |

1. 宏观经济环境。衡量"一带一路"沿线国家与投资便利化建设密切相关的宏观经济变量运行状况。选取 2 个二级指标包括：国民储蓄总额（$A_1$）和一般政府债务状况（$A_2$），其中基础指标取值范围均为任意实数，国民储蓄总额（$A_1$）得分越高表明通过储蓄支撑实体经济、开展大规模投资活动的基础越稳固，得分越低则相反。一般政府债务状况（$A_2$）得分越高表明该东道国外债负担越重，若资本流入过多则越容易陷入债务危机，即吸引外资的"副作用"也越明显，得分越低则相反。

2. 基建环境。衡量"一带一路"沿线国家公路、铁路、航空、港口口岸及输电网等基础设施质量。选取 5 个二级指标包括：公路基础设施质量（$B_1$）、铁路基础设施质量（$B_2$）、港口基础设施质量（$B_3$）、航空运输基础设施质量（$B_4$）、电力供应质量（$B_5$），其中基础指标取值范围均为 1~7，得分越高表明交通基础设施越繁忙高效，得分越低则相反。

3. 政策供给环境。衡量"一带一路"沿线国家保护外资态度是否积极、企业投资流程是否简化以及政府政策制定是否透明。选取 8 个二级指标包括：投资者保护力度（$C_1$）、知识产权保护力度（$C_2$）、开办企业的程序（$C_3$）、开办企业的时间（$C_4$）、执行合同所需程序（$C_5$）、执行合同所需时间（$C_6$）、政府政策制定的透明度（$C_7$）、解决投资争端时法律框架效率（$C_8$），其中开办企业的程序（$C_3$）、开办企业的时间（$C_4$）、执行合同所需程序（$C_5$）、执行合同所需时间（$C_6$）取值范围为任意正数，得分越高表明企业投资流程越烦琐，得分越低则相反。投资者保护力度（$C_1$）取值范围为 $0 \sim 10$，知识产权保护力度（$C_2$）、政府政策制定的透明度（$C_7$）、解决投资争端时法律框架效率（$C_8$）取值范围均为 $1 \sim 7$，得分越高表明政府越重视外资保护以及政策制定越透明高效，得分越低则相反。

4. 市场环境。衡量"一带一路"沿线国家国内外市场规模、当地的市场化程度与市场竞争强度等。选取 5 个二级指标包括：国内市场规模（$D_1$）、国际市场规模（$D_2$）、国内竞争强度（$D_3$）、国内市场垄断程度（$D_4$）、商业规则对外商直接投资的影响效率（$D_5$），其中基础指标取值范围均为 $1 \sim 7$，得分越高表明市场环境越利于推进投资便利化建设，得分越低则相反。

5. 劳动力供给环境。衡量"一带一路"沿线国家劳动者的技术素质、生产效率、知识水平等。选取 5 个二级指标包括：初等教育质量（$E_1$）、教育体系质量（$E_2$）、数学与科学教育质量（$E_3$）、员工培训程度（$E_4$）、科学家和工程师的可用性（$E_5$），其中基础指标取值范围均为 $1 \sim 7$，得分越高表明该东道国劳动者生产越趋向专业化、技能化与知识化，得分越低则相反。

6. 金融服务环境。衡量"一带一路"沿线国家金融市场的规范性和金融服务的健全度。选取 5 个二级指标包括：股票市场融资能力（$F_1$）、获得贷款难易度（$F_2$）、风险资本可用性（$F_3$）、银行服务健全度（$F_4$）、证券交易所监管状况（$F_5$），其中基础指标取值范围均为 $1 \sim 7$，得分越高表明该东道国可为外资企业提供更便利、更安全、更丰富的金融服务，得分越低则相反。

7. 企业创新环境。衡量"一带一路"沿线国家企业研发创新能力。选取 4 个二级指标包括：企业吸收新技术的能力（$G_1$）、企业创新能力（$G_2$）、公司研发支出（$G_3$）、产学合作研发能力（$G_4$），其中基础指标取值范围均为 $1 \sim 7$，得分越高表明该东道国企业研发创新能力越强，越有助于通过技术外溢，实现投资模式便利化的转变，得分越低则相反。

## 四、"丝路"国家投资便利化的测度与分析

在投资便利化指标体系构建的基础上，我们采用主成分分析法来获得"一带一路"

沿线国家投资便利化基础指标以及各方面指数的权重,并进而求得投资便利化总指数。

（一）数据来源与对象选择

为体现数据一致性和可获得性,本文数据均来自《全球竞争力报告》和《全球营商报告》,时间跨度为 2009—2015 年。选取 2009 年为起始年份,是因为 2008 年爆发的全球金融危机极大地影响了中国与沿线国家的经济发展,使得部分指标产生了较大波动,为了保证相关数据的稳定性,本文以 2009 年为研究起点。而选取 2015 年为收尾年份,则主要是考虑到其为目前所能获得的最新数据时点。另一方面,根据中国与"一带一路"沿线国家投资合作关系的密切程度以及相关数据的可获得性,我们选取了 32 个国家作为评估对象,其中亚洲地区包括:哈萨克斯坦、吉尔吉斯斯坦、巴基斯坦、印度、孟加拉国、斯里兰卡、印度尼西亚、泰国、马来西亚、越南、新加坡、菲律宾、柬埔寨、沙特阿拉伯、伊朗、土耳其、以色列、约旦;欧洲地区包括:俄罗斯、乌克兰、波兰、罗马尼亚、捷克共和国、斯洛伐克、保加利亚、立陶宛、斯洛文尼亚、克罗地亚、阿尔巴尼亚、塞尔维亚;非洲地区包括:南非、埃及。

（二）指标处理

投资便利化指数的各项基础指标分别具有不同的量纲和量级,无法直接进行综合,而且如果直接采用原始测度指标,会造成主成分过分偏重于具有较大方差或数量级的指标（钞小静,惠康,2009）,因此我们需要对原始指标进行无量纲化处理。我们采用李豫新、郭颖慧（2013）研究中使用的线性变换法对指标的原始数据进行了指数化处理。此外,鉴于本文构建的指标体系中各基础指标属性并不一致,我们对所有逆指标采取倒数形式后,再通过线性变换法进行标准化处理。

（三）指标权重的确定

首先,为了判断变量是否适用于因子分析,我们进行了 KMO 检验和 Bartlett's 球形检验,其中 KMO 值为 0.857,远高于 0.5,而 Bartlett 球形检验的 p 值为 0.000,远小于 0.05,表明本文所选取的原始变量之间存在相关性,适合于作因子分析。

其次,利用 SPSS21.0 软件,对上述规范化的指标值进行主成分分析,使方差最大化旋转,最终得到主因子得分和每个主因子的方程贡献率。主成分表达式如下:

$Comp_1 = -0.024A_1 - 0.013A_2 + 0.147B_1 - 0.066B_2 + 0.114B_3 + 0.122B_4 + 0.049B_5 - 0.06C_1 + 0.063C_2 - 0.037C_3 + 0.038C_4 - 0.019C_5 - 0.093C_6 + 0.083C_7 + 0.061C_8 - 0.034D_1 - 0.051D_2 + 0.158D_3 + 0.133D_4 + 0.109D_5 - 0.054E_1 - 0.037E_2 - 0.066E_3 - 0.007E_4 + 0.019E_5 + 0.118F_1 + 0.022F_2 - 0.051F_3 + 0.185F_4 + 0.142F_5 + 0.1G_1 - 0.12G_2 - 0.078G_3 - 0.052G_4$

$Comp_2 = 0.065A_1 - 0.016A_2 + 0.019B_1 + 0.006B_2 + 0.037B_3 - 0.064B_4 + 0.163B_5 - 0.19C_1 - 0.019C_2 - 0.088C_3 + 0.011C_4 - 0.011C_5 - 0.023C_6 - 0.073C_7 - 0.041C_8 -$

$$0.089D_1 - 0.047D_2 + 0.057D_3 + 0.072D_4 + 0.035D_5 + 0.28E_1 + 0.244E_2 + 0.318E_3 -$$
$$0.001E_4 + 0.155E_5 - 0.08F_1 - 0.011F_2 - 0.031F_3 - 0.045F_4 - 0.076F_5 + 0.011G_1 -$$
$$0.002G_2 + 0.017G_3 - 0.019G_4$$

$$Comp_3 = -0.078A_1 + 0.009A_2 - 0.073B_1 - 0.005B_2 - 0.104B_3 - 0.039B_4 - 0.048B_5$$
$$+ 0.243C_1 + 0.076C_2 + 0.071C_3 - 0.132C_4 - 0.061C_5 - 0.074C_6 - 0.014C_7 - 0.056C_8 +$$
$$0.003D_1 - 0.009D_2 - 0.176D_3 - 0.255D_4 - 0.12D_5 - 0.007E_1 + 0.047E_2 - 0.046E_3 +$$
$$0.127E_4 + 0.023E_5 - 0.053F_1 + 0.082F_2 + 0.272F_3 - 0.117F_4 - 0.072F_5 + 0.065G_1 +$$
$$0.376G_2 + 0.299G_3 + 0.225G_4$$

$$Comp_4 = 0.053A_1 + 0.007A_2 + 0.018B_1 + 0.129B_2 + 0.03B_3 + 0.052B_4 - 0.039B_5 +$$
$$0.196C_1 + 0.023C_2 + 0.242C_3 + 0.225C_4 + 0.211C_5 + 0.301C_6 + 0.081C_7 + 0.172C_8 -$$
$$0.021D_1 + 0.037D_2 - 0.083D_3 + 0.013D_4 - 0.024D_5 - 0.034E_1 - 0.092E_2 - 0.06E_3 +$$
$$0.021E_4 - 0.165E_5 - 0.041F_1 - 0.029F_2 - 0.052F_3 - 0.057F_4 - 0.01F_5 - 0.083G_1 -$$
$$0.063G_2 - 0.05G_3 + 0.002G_4$$

$$Comp_5 = 0.096A_1 - 0.021A_2 - 0.152B_1 + 0.281B_2 - 0.012B_3 - 0.037B_4 - 0.033B_5 -$$
$$0.071C_1 - 0.061C_2 - 0.069C_3 - 0.038C_4 + 0.197C_5 + 0.172C_6 - 0.038C_7 - 0.025C_8 +$$
$$0.312D_1 + 0.346D_2 + 0.054D_3 + 0.088D_4 - 0.04D_5 - 0.049E_1 - 0.127E_2 - 0.032E_3 -$$
$$0.014E_4 + 0.019E_5 + 0.055F_1 + 0.003F_2 - 0.038F_3 - 0.043F_4 + 0.061F_5 - 0.106G_1 +$$
$$0.012G_2 - 0.025G_3 + 0.067G_4$$

$$Comp_6 = 0.178A_1 - 0.075A_2 - 0.18B_1 - 0.14B_2 - 0.166B_3 - 0.067B_4 - 0.315B_5 +$$
$$0.1C_1 - 0.127C_2 - 0.137C_3 - 0.137C_5 + 0.17C_6 + 0.138C_7 + 0.048C_8 - 0.021D_1 - 0.048D_2$$
$$- 0.097D_3 + 0.103D_4 + 0.36D_5 + 0.007E_1 + 0.314E_2 + 0.109E_3 + 0.136E_4 - 0.006E_5 +$$
$$0.061F_1 + 0.205F_2 + 0.149F_3 - 0.021F_4 - 0.126F_5 - 0.064G_1 - 0.136G_2 + 0.012G_3$$
$$- 0.154G_4$$

$$Comp_7 = 0.359A_1 + 0.597A_2 + 0.174B_1 - 0.132B_2 + 0.09B_3 + 0.005B_4 + 0.015B_5 +$$
$$0.083C_1 + 0.053C_2 + 0.067C_3 + 0.077C_4 - 0.315C_5 - 0.088C_6 + 0.135C_7 + 0.077C_8 +$$
$$0.053D_1 + 0.01D_2 - 0.156D_3 - 0.019D_4 - 0.166D_5 - 0.027E_1 + 0.051E_2 + 0.018E_3 -$$
$$0.11E_4 + 0.015E_5 + 0.043F_1 - 0.025F_2 + 0.033F_3 - 0.06F_4 - 0.028F_5 - 0.018G_1 -$$
$$0.032G_2 - 0.01G_3 - 0.044G_4$$

再次，根据上述七个主成分表达式，分别用每个主成分各指标对应的系数乘上相应的贡献率再除以所提取七个主成分的累积贡献率，然后再相加求和。经计算，"一带一路"沿线国家投资便利化水平的综合评价模型为：

$$Comp = 0.019A_1 + 0.013A_2 + 0.071B_1 - 0.028B_2 + 0.057B_3 + 0.054B_4 + 0.028B_5 -$$
$$0.021C_1 + 0.035C_2 - 0.019C_3 + 0.025C_4 - 0.016C_5 - 0.032C_6 + 0.050C_7 + 0.038C_8 -$$

$0.016D_1 - 0.019D_2 + 0.067D_3 + 0.070D_4 + 0.061D_5 + 0.003E_1 + 0.023E_2 + 0.004E_3 + 0.010E_4 + 0.026E_5 + 0.055F_1 + 0.026F_2 - 0.004F_3 + 0.078F_4 + 0.058F_5 + 0.050G_1 - 0.043G_2 - 0.017G_3 - 0.016G_4$

最后,根据综合评价模型中各基础指标权重的相应系数,相加求和后得到各国投资便利化的方面指数权重(具体值如第 72 页表 2 所示)。

(四)测度结果与分析

将测算出的方面指数权重乘以标准化后的方面指数规范值,相加求和后得到了"一带一路"沿线 32 国 2009—2015 年的投资便利化测度结果。从投资便利化综合指数得分角度来看,沿线共有 14 个经济体投资便利化发展状况呈现下降趋势,而剩余 18 个经济体则呈现上升态势。然而,令人感兴趣的是,在选取的 18 个亚洲国家中,除了巴基斯坦、印度、泰国、越南、约旦,其余均呈现出投资便利化发展状况上升的趋势。但是,在选取的 12 个欧洲国家中,有超过一半的国家表现出投资便利化得分下降的态势。因此,我国在 2013 年底相继提出的"一带一路"战略对亚洲地区投资便利化建设的推动效应远大于中东欧地区。

表3 "一带一路"沿线国家不同年份投资便利化综合指数得分与排名汇总

| 主要国家 | 2009 | 2010 | 2011 | 2012 | 2013 | 2014 | 2015 | 平均 |
|---|---|---|---|---|---|---|---|---|
| | 得分(排名) | 得分(排名) | 得分(排名) | 得分(排名) | 得分(排名) | 得分(排名) | 得分(排名) | 得分(排名) |
| 哈萨克斯坦 | 0.372262 (23) | 0.348151 (26) | 0.348469 (27) | 0.372128 (22) | 0.387649 (18) | 0.393068 (18) | 0.401235 (18) | 0.374709 (22) |
| 吉尔吉斯斯坦 | 0.271078 (32) | 0.258363 (32) | 0.262779 (32) | 0.257132 (32) | 0.267444 (32) | 0.293853 (32) | 0.298845 (32) | 0.272785 (32) |
| 巴基斯坦 | 0.381201 (22) | 0.381196 (19) | 0.380302 (18) | 0.381888 (19) | 0.376938 (21) | 0.369785 (24) | 0.361127 (25) | 0.376063 (21) |
| 印度 | 0.487271 (4) | 0.469093 (5) | 0.467322 (6) | 0.467008 (6) | 0.469053 (5) | 0.439571 (11) | 0.450107 (10) | 0.464204 (7) |
| 孟加拉国 | 0.331871 (28) | 0.348914 (25) | 0.34705 (28) | 0.328773 (29) | 0.334232 (29) | 0.339648 (27) | 0.341856 (28) | 0.338906 (29) |
| 斯里兰卡 | 0.440447 (13) | 0.445755 (10) | 0.454313 (9) | 0.450454 (10) | 0.450083 (11) | 0.452968 (8) | 0.453979 (9) | 0.449714 (9) |
| 印度尼西亚 | 0.447121 (12) | 0.450413 (9) | 0.434026 (11) | 0.434825 (11) | 0.457246 (7) | 0.465938 (5) | 0.455155 (8) | 0.449246 (10) |

续表1

| 主要国家 | 2009 得分（排名） | 2010 得分（排名） | 2011 得分（排名） | 2012 得分（排名） | 2013 得分（排名） | 2014 得分（排名） | 2015 得分（排名） | 平均 得分（排名） |
|---|---|---|---|---|---|---|---|---|
| 泰国 | 0.470479（7） | 0.468994（6） | 0.457201（8） | 0.459467（8） | 0.466976（6） | 0.460883（6） | 0.462505（7） | 0.463786（8） |
| 马来西亚 | 0.530842（2） | 0.531738（2） | 0.554701（2） | 0.55262（2） | 0.550905（2） | 0.571928（2） | 0.574271（2） | 0.552429（2） |
| 越南 | 0.407215（18） | 0.397168（18） | 0.368905（21） | 0.357973（26） | 0.370911（23） | 0.37911（20） | 0.393024（19） | 0.382044（19） |
| 新加坡 | 0.627753（1） | 0.623623（1） | 0.629329（1） | 0.629731（1） | 0.624668（1） | 0.626443（1） | 0.633539（1） | 0.627869（1） |
| 菲律宾 | 0.36562（24） | 0.357314（24） | 0.368715（22） | 0.391811（17） | 0.40702（15） | 0.420345（14） | 0.417045（16） | 0.389696（17） |
| 柬埔寨 | 0.314511（30） | 0.323772（30） | 0.351803（25） | 0.374419（21） | 0.360759（25） | 0.328623（28） | 0.325875（30） | 0.339966（28） |
| 沙特阿拉伯 | 0.486398（5） | 0.523803（3） | 0.553098（3） | 0.539024（3） | 0.516623（3） | 0.499826（3） | 0.503882（3） | 0.517522（3） |
| 伊朗 | 0.359149（26） | 0.359149（23） | 0.367077（23） | 0.385282（18） | 0.371354（22） | 0.362094（25） | 0.361833（24） | 0.366563（24） |
| 土耳其 | 0.414307（16） | 0.426864（12） | 0.434676（10） | 0.453717（9） | 0.455221（9） | 0.442698（10） | 0.434314（12） | 0.4374（11） |
| 以色列 | 0.462142（9） | 0.468273（7） | 0.492074（4） | 0.474764（5） | 0.456518（8） | 0.449789（9） | 0.465674（6） | 0.467033（6） |
| 约旦 | 0.452999（10） | 0.423933（13） | 0.411193（12） | 0.425107（12） | 0.42946（12） | 0.430838（12） | 0.433538（13） | 0.429581（12） |
| 俄罗斯 | 0.385426（21） | 0.369272（21） | 0.37195（20） | 0.371141（24） | 0.390987（17） | 0.405253（17） | 0.407781（17） | 0.385973（18） |
| 乌克兰 | 0.353638（27） | 0.328865（28） | 0.336052（29） | 0.353814（27） | 0.343094（28） | 0.350353（26） | 0.351601（26） | 0.345345（27） |
| 波兰 | 0.410954（17） | 0.406897（16） | 0.402016（16） | 0.405161（15） | 0.407355（14） | 0.419325（15） | 0.426357（14） | 0.411152（15） |
| 罗马尼亚 | 0.393756（20） | 0.361403（22） | 0.352787（24） | 0.341689（28） | 0.345801（27） | 0.377662（22） | 0.380123（21） | 0.364746（25） |

续表 2

| 主要国家 | 2009 | 2010 | 2011 | 2012 | 2013 | 2014 | 2015 | 平均 |
|---|---|---|---|---|---|---|---|---|
| | 得分（排名） | 得分（排名） | 得分（排名） | 得分（排名） | 得分（排名） | 得分（排名） | 得分（排名） | 得分（排名） |
| 捷克共和国 | 0.492183（3） | 0.477506（4） | 0.46193（7） | 0.459722（7） | 0.452312（10） | 0.455827（7） | 0.474212（4） | 0.46767（5） |
| 斯洛伐克 | 0.452211（11） | 0.419202（14） | 0.40606（14） | 0.411767（14） | 0.403895（16） | 0.408741（16） | 0.423279（15） | 0.417879（14） |
| 保加利亚 | 0.35938（25） | 0.3466（27） | 0.350615（26） | 0.35978（25） | 0.365998（24） | 0.374464（23） | 0.375325（23） | 0.361737（26） |
| 立陶宛 | 0.426367（14） | 0.402427（17） | 0.410432（13） | 0.421556（13） | 0.422643（13） | 0.429263（13） | 0.441765（11） | 0.422065（13） |
| 斯洛文尼亚 | 0.462448（8） | 0.431574（11） | 0.405108（15） | 0.397765（16） | 0.38314（19） | 0.378046（21） | 0.391934（20） | 0.407145（16） |
| 克罗地亚 | 0.398059（19） | 0.378905（20） | 0.379424（19） | 0.375342（20） | 0.381854（20） | 0.379681（19） | 0.379081（22） | 0.381764（20） |
| 阿尔巴尼亚 | 0.306714（31） | 0.326358（29） | 0.335737（30） | 0.318148（30） | 0.306755（30） | 0.310597（30） | 0.330521（29） | 0.319261（30） |
| 塞尔维亚 | 0.3308（29） | 0.307978（31） | 0.299373（31） | 0.300097（31） | 0.300043（31） | 0.307242（31） | 0.311278（31） | 0.308116（31） |
| 南非 | 0.474352（6） | 0.463308（8） | 0.472125（5） | 0.478082（4） | 0.483418（4） | 0.476106（4） | 0.471196（5） | 0.474084（4） |
| 埃及 | 0.424191（15） | 0.412438（15） | 0.383867（17） | 0.371311（23） | 0.348913（26） | 0.322147（29） | 0.347144（27） | 0.372859（23） |

从投资便利化综合指数排名角度来看，菲律宾、哈萨克斯坦、斯里兰卡、俄罗斯、土耳其、印度尼西亚取得了巨大进步。2009—2015 年菲律宾、哈萨克斯坦、斯里兰卡、俄罗斯、土耳其、印度尼西亚分别实现了 8 名、5 名、4 名、4 名、4 名、4 名的进步幅度。而埃及、斯洛文尼亚、斯洛伐克则在动态化的排名过程中退步明显。以埃及为例，2009 年埃及投资便利化得分排名第 15 位，但在 2015 年其已落后到第 27 位（具体得分变化情况如第 80 页图 1 所示）。

从具体国别角度来看，新加坡、马来西亚一直稳居投资便利化得分与排名的前两位，而塞尔维亚、吉尔吉斯斯坦则难以有所突破，一直处于投资便利化得分与排名的后两位。新加坡、马来西亚作为全球经济自由度较高的国家，依靠开放的政策，吸引

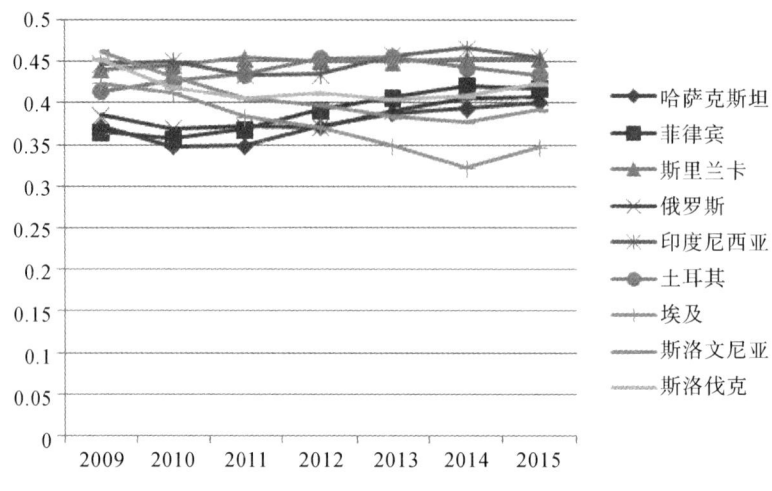

图1　排名波动幅度较大经济体的具体得分变化情况

了大量的 OFDI，从而提高了本国劳动、资本、技术的使用效率，推动了本国的经济发展。而另一方面，经济的增长，资源配置与使用效率的提高也改善了国内软硬件基础设施，提升了金融服务质量，增大了企业创新力度，最终产生了投资便利化建设的良性循环累积效应。然而，对于塞尔维亚与吉尔吉斯斯坦等内陆国家而言，对外开放度较低，国内既受到基建设施老化的影响，又受到产业结构单一的限制，短期内难以打破投资便利化建设的不利局面。

　　从中国对沿线国家的投资存量角度来看，截至2015年末，我国对新加坡的直接投资达到了我国对"一带一路"沿线地区总投资的27.6%，排名第一位。这也在一定程度上验证了我国的 OFDI 更偏好于投资便利化建设领先的国家与地区。但有趣的是，截至2015年末，我国对俄罗斯联邦的直接投资达到了我国对"一带一路"沿线地区总投资的12.1%，排名第二位。而俄罗斯联邦的投资便利化得分仅排第18位，表明除了投资便利化对 OFDI 的推动作用外，我国的部分海外投资可能还存在政治关系寻求与市场规模寻求的动机。

　　从投资便利化方面指数排名角度来看，仅有马来西亚、新加坡、柬埔寨、沙特阿拉伯、塞尔维亚几个国家各个方面指数发展比较均衡，然而，一个值得思考的现象是，这些国家或为投资便利化综合指数最领先的经济体，或为投资便利化建设进程严重滞后的国家。这也从侧面表明了"一带一路"沿线投资便利化建设的两极分化现象严重，"领跑者"处处领先，"掉队者"处处落后。

### 表4 "一带一路"沿线国家投资便利化方面指数得分与排名汇总

| 主要国家 | 宏观经济环境 | 基建环境 | 政策供给环境 | 市场环境 | 劳动力供给环境 | 金融服务环境 | 企业创新环境 | 平均 |
|---|---|---|---|---|---|---|---|---|
| | 得分（排名） | 得分（排名） | 得分（排名） | 得分（排名） | 得分（排名） | 得分（排名） | 得分（排名） | 得分（排名） |
| 哈萨克斯坦 | 0.011874（4） | 0.10284（21） | 0.03016（11） | 0.111514（23） | 0.042261（23） | 0.118215（24） | −0.04215（23） | 0.374709（22） |
| 吉尔吉斯斯坦 | 0.00512（25） | 0.068367（32） | 0.034017（5） | 0.088067（32） | 0.03531（30） | 0.096541（31） | −0.05464（32） | 0.272785（32） |
| 巴基斯坦 | 0.004284（31） | 0.095278（25） | 0.023718（31） | 0.117212（16） | 0.039444（27） | 0.136915（16） | −0.04079（21） | 0.376063（21） |
| 印度 | 0.010212（7） | 0.111142（15） | 0.025831（23） | 0.142153（2） | 0.048629（10） | 0.162009（6） | −0.03577（10） | 0.464204（7） |
| 孟加拉国 | 0.008862（11） | 0.078329（31） | 0.023984（30） | 0.114956（18） | 0.03669（29） | 0.125366（21） | −0.04928（31） | 0.338906（29） |
| 斯里兰卡 | 0.007177（15） | 0.125467（10） | 0.02868（13） | 0.121454（14） | 0.050356（3） | 0.154264（9） | −0.03768（12） | 0.449714（9） |
| 印度尼西亚 | 0.010323（5） | 0.105108（19） | 0.0271（17） | 0.129351（9） | 0.049412（6） | 0.161619（7） | −0.03367（7） | 0.449246（10） |
| 泰国 | 0.009378（10） | 0.127398（7） | 0.029796（12） | 0.129904（8） | 0.044691（15） | 0.160269（8） | −0.03765（11） | 0.463786（8） |
| 马来西亚 | 0.009953（8） | 0.153999（2） | 0.038322（2） | 0.13735（3） | 0.056851（2） | 0.185191（2） | −0.02924（3） | 0.552429（2） |
| 越南 | 0.009882（9） | 0.094968（26） | 0.025053（26） | 0.124142（11） | 0.042892（22） | 0.125398（20） | −0.04029（17） | 0.382044（19） |
| 新加坡 | 0.013516（2） | 0.180182（1） | 0.05592（1） | 0.143901（1） | 0.064902（1） | 0.196983（1） | −0.02754（2） | 0.627869（1） |
| 菲律宾 | 0.006971（17） | 0.087064（29） | 0.022639（32） | 0.117757（15） | 0.044254（18） | 0.149442（11） | −0.03843（14） | 0.389696（17） |
| 柬埔寨 | 0.004847（28） | 0.090984（27） | 0.024357（29） | 0.106615（26） | 0.037982（28） | 0.117662（25） | −0.04248（24） | 0.339966（28） |
| 沙特阿拉伯 | 0.018334（1） | 0.140951（3） | 0.032833（6） | 0.134887（4） | 0.048657（9） | 0.174581（4） | −0.03272（4） | 0.517522（3） |
| 伊朗 | 0.013395（3） | 0.106912（17） | 0.024692（28） | 0.115915（17） | 0.043235（20） | 0.106695（29） | −0.04428（26） | 0.366563（24） |
| 土耳其 | 0.005109（26） | 0.121008（12） | 0.031101（10） | 0.133684（5） | 0.041521（24） | 0.143139（13） | −0.03816（13） | 0.4374（11） |

续表

| 主要国家 | 宏观经济环境 得分（排名） | 基建环境 得分（排名） | 政策供给环境 得分（排名） | 市场环境 得分（排名） | 劳动力供给环境 得分（排名） | 金融服务环境 得分（排名） | 企业创新环境 得分（排名） | 平均 得分（排名） |
|---|---|---|---|---|---|---|---|---|
| 以色列 | 0.006306（20） | 0.127199（8） | 0.03168（9） | 0.113843（20） | 0.047466（11） | 0.1669（5） | −0.02636（1） | 0.467033（6） |
| 约旦 | 0.005502（23） | 0.119652（14） | 0.028543（14） | 0.112535（22） | 0.049605（4） | 0.152583（10） | −0.03884（15） | 0.429581（12） |
| 俄罗斯 | 0.010315（6） | 0.105807（18） | 0.026737（20） | 0.121961（13） | 0.044675（16） | 0.117105（26） | −0.04063（19） | 0.385973（18） |
| 乌克兰 | 0.004877（27） | 0.103975（20） | 0.024904（27） | 0.108046（24） | 0.047106（12） | 0.096702（30） | −0.04026（16） | 0.345345（27） |
| 波兰 | 0.005777（22） | 0.10129（22） | 0.026641（22） | 0.131483（7） | 0.046635（13） | 0.13996（14） | −0.04063（19） | 0.411152（15） |
| 罗马尼亚 | 0.007359（13） | 0.08808（28） | 0.028036（15） | 0.114647（19） | 0.044077（19） | 0.125051（22） | −0.04251（25） | 0.364746（25） |
| 捷克共和国 | 0.007071（16） | 0.137404（4） | 0.027645（16） | 0.132222（6） | 0.048874（8） | 0.147363（12） | −0.03291（5） | 0.46767（5） |
| 斯洛伐克 | 0.006761（19） | 0.120158（13） | 0.026932（19） | 0.123445（12） | 0.042952（21） | 0.138134（15） | −0.0405（18） | 0.417879（14） |
| 保加利亚 | 0.007714（12） | 0.097211（24） | 0.026688（21） | 0.105508（28） | 0.040967（25） | 0.128188（18） | −0.04454（27） | 0.361737（26） |
| 立陶宛 | 0.005884（21） | 0.134497（5） | 0.03245（7） | 0.107547（25） | 0.049274（7） | 0.127936（19） | −0.03552（8） | 0.422065（13） |
| 斯洛文尼亚 | 0.007314（14） | 0.132302（6） | 0.035051（4） | 0.106388（27） | 0.049435（5） | 0.1124（27） | −0.03574（9） | 0.407145（16） |
| 克罗地亚 | 0.006847（18） | 0.124804（11） | 0.025499（24） | 0.097771（29） | 0.044498（17） | 0.123347（23） | −0.041（22） | 0.381764（20） |
| 阿尔巴尼亚 | 0.004359（30） | 0.097502（23） | 0.032024（8） | 0.094458（30） | 0.045733（14） | 0.092754（32） | −0.04757（30） | 0.319261（30） |
| 塞尔维亚 | 0.003698（32） | 0.084354（30） | 0.02515（25） | 0.093656（31） | 0.040923（26） | 0.107838（28） | −0.0475（29） | 0.308116（31） |
| 南非 | 0.005286（24） | 0.125727（9） | 0.035445（3） | 0.126117（10） | 0.034216（31） | 0.180805（3） | −0.03351（6） | 0.474084（4） |
| 埃及 | 0.004622（29） | 0.10783（16） | 0.027055（18） | 0.112608（21） | 0.03305（32） | 0.133998（17） | −0.0463（28） | 0.372859（23） |

从具体的投资便利化方面指数角度来看，宏观经济环境与市场环境得分前五位的均为亚洲国家，表明亚洲地区整体经济发展与市场竞争环境好于中东欧与非洲地区；基建环境排名前五位的为三个亚洲国家与两个欧洲国家，但基建环境排名后八位的经济体中有六个处在亚洲地区，表明亚洲地区整体基建环境落后于中东欧地区，且差异化显著；政策供给环境得分前五位的既包括亚洲的新加坡、马来西亚、吉尔吉斯斯坦，又包括欧洲的斯洛文尼亚，还包括非洲的南非，表明政策供给环境受地理因素限制较少，较大地体现了不同区域国家的主观能动性；劳动力供给环境排名最后两位的为南非与埃及，令人惊讶的是，南非投资便利化综合指数排名第 4 位，而其劳动力供给环境排名 31 位，这充分体现了非洲地区受传统观念制约，基础教育落后，具备专业化技能的劳动力严重匮乏的不利现状；金融服务环境排名前五位的分别为新加坡、马来西亚、南非、沙特阿拉伯、以色列，而选取的中东欧样本中金融服务环境最好的国家仅排在第 12 位，整体而言，中东欧地区在通过健全与高效的金融服务来提高投资便利化水平方面仍有所欠缺；企业创新环境排名第一的为以色列，作为一个人口小国，以色列长期将建设创新型国家视为重要发展战略，1984 年颁布了《鼓励工业研究和发展法》以扶持高新技术企业、资助企业研发，1991 年开始设立技术孵化器，向处于高技术早期发展阶段的发明者提供经营场所、经营管理、业务开拓等方面的支持与帮助，并且以色列政府也非常重视新技术成果的推广与转化，使得以色列在企业创新能力方面全球领先。而企业创新环境排名较后的为中亚地区与部分中东欧国家，但有所差异的是，以哈萨克斯坦为代表的中亚地区主要表现为吸收新技术能力、公司研发支出的不足，而以罗马尼亚、保加利亚为代表的部分中东欧国家，主要受产学合作研发脱节的影响，导致大量基础性的科研成果并未有效转化为企业的创新能力，从而抑制了企业创新环境的发展。

## 五、结论与启示

本文在梳理既有投资便利化研究视角与范围的基础上，将传统投资便利化概念界定划分为"外生动力派"与"综合动力派"，由于"外生动力派"对投资便利化的定义与研究并不适用于"一带一路"沿线区域，而"综合动力派"对投资便利化的界定重在定性分析，不符合本文定量测度的方法。因此，本文从企业视角出发，在政治、宗教、文化等发展状况既定的前提条件下，仅研究与投资便利化相关的经济因素，并拓展"外生动力派"的核心思想，引入便利化建设的内生性动力，从而明确地界定了"一带一路"投资便利化的研究内容与框架。并基于此背景，依托系统化的案例研究，打破了前人构建的"一般化"指标框架在测度"具体化"研究对象时的局限性，引入了市场环境、劳动力供给环境、企业创新环境等指标，拓展了政策供给环境、基建环境等指标，为"一带一路"沿线投资便利化指标体系的构建提供了理论依据，进而运用主成分分析法测得了"一带一路"沿线 32 个经济体 2009—2015 年的投资便利化水平。

本文的研究结论主要包括：第一，从投资便利化综合指数得分与排名角度来看，亚洲地区投资便利化发展状况整体呈上升趋势，而中东欧地区呈现下降态势；第二，从具体国别角度来看，新加坡、马来西亚一直稳居投资便利化得分与排名的前两位，而塞尔维亚、吉尔吉斯斯坦则难以有所突破，一直处于投资便利化得分与排名的后两位；第三，从投资便利化方面指数排名角度来看，各个方面指数发展比较均衡的国家或为投资便利化综合指数最领先的经济体，或为投资便利化建设进程严重滞后的国家，这也从侧面表明了"一带一路"沿线投资便利化建设的两极分化现象严重，"领跑者"处处领先，"掉队者"处处落后；第四，从具体的投资便利化方面指数角度来看，亚洲地区整体宏观经济环境、市场竞争环境与金融服务环境好于中东欧与非洲地区，但基建环境落后于中东欧地区，且差异化显著。政策供给环境受区域因素限制较少，较大的体现了不同地区国家的主观能动性。劳动力供给环境在非洲沿线最为落后，体现了该地区专业化、技能化、知识化劳动力严重匮乏的不利现状，而企业创新环境排名第一的为以色列，排名较后的为中亚地区与部分中东欧国家，但落后的具体原因存在差异。

本文蕴含的政策启示主要包括以下方面：从宏观角度来看，第一，我国在 2013 年底相继提出的"一带一路"战略对亚洲地区投资便利化建设的推动效应远大于中东欧地区，毋庸置疑，这既受到地理因素影响，又与文化、观念等因素有关。因此，加大与"一带一路"沿线非亚洲区域的合作力度，构建与沿线非亚洲区域的政策沟通、道路联通、民心相通，向沿线非亚洲区域提供更多有利于投资合作可持续发展的国际公共品，是我国长期推进"一带一路"战略的根本所在。第二，"一带一路"沿线投资便利化建设也存在严重的"贫富"差距，"领跑者"处处领先，"掉队者"处处落后。因此，应充分利用亚洲基础设施投资银行提供的平台和契机，以强化落后地区基建领域合作为突破口，为实现"一带一路"投资便利化均衡化发展奠定坚实基础。从微观角度来看，第一，马来西亚、沙特阿拉伯、捷克共和国等国在沿线投资便利化建设进程中处于领先地位，但是我国对其直接投资规模较低，未来中资企业应重视沿线部分经济体投资便利化优势，通过投资效率的提高，加大中资企业海外投资的经济利润。第二，劳动力供给环境排名末尾的为南非、埃及等非洲国家。因此，我国企业在南非、埃及等非洲区域的投资，应意识到其劳动力素质整体偏低，需加大工人岗前的培训力度，以打破劳动力投入低收益率的不利局面。第三，阿尔巴尼亚、吉尔吉斯斯坦、乌克兰、伊朗等国银行服务健全度较低、金融监管混乱、企业获得融资较难，其不仅严重制约了自身投资便利化的发展进程，也使得中资企业对其投资充满了不确定性。因此，我国政府需尽早建立起沿线国家金融服务便利化与风险评估系统和机构，实现对外直接投资金融服务便利化评估与风险预测的全覆盖。

# 参考文献

[1] KEJŽAR K Z. Investment Liberalisation and Firm Selection Process：A Welfare Analysis from a Host-country Perspective ［J］. Journal of International Trade & Economic Development，2011，20（3）：357 －377.

[2] ALDABA R M. Getting Ready for the ASEAN Economic Community 2015：Philippine Investment Liberalization and Facilitation ［J］. Discussion Papers，2013.

[3] RUI M，FORTE R. The Effects of Foreign Direct Investment on the Host Country Economic Growth-Theory and Empirical Evidence ［J］. Fep Working Papers，2010，58（03）：1350017 －1 －1350017 －28.

[4] LI K，GRIFFIN D，YUE H，et al. How Does Culture Influence Corporate Risk-taking? ［J］. Journal of Corporate Finance，2013，23（4）：1 －22.

[5] WILSON J S，MANN C L，OTSUKI T. Assessing the Benefits of Trade Facilitation：A Global Perspective ［J］. World Economy，2010，28（6）：841 －871.

[6] DENNIS A，SHEPHERD B. Trade Facilitation and Export Diversification ［J］. World Economy，2011，34（1）：101 － 122.

[7] 卢进勇，冯涌. 国际直接投资便利化的动因、形式与效益分析 ［J］. 国际贸易，2006（9）：51 －54.

[8] 张亚斌. "一带一路"投资便利化与中国对外直接投资选择——基于跨国面板数据及投资引力模型的实证研究 ［J］. 国际贸易问题，2016（9）：165 －176.

[9] 郭力. 中俄直接投资便利化的经济效应分析 ［J］. 对外经贸，2010（10）：13 －15.

[10] 徐佳宁. 中国—东盟直接投资便利化研究 ［D］. 南宁：广西大学，2013.

[11] 王瑄. 中国—东盟投资便利化及其影响因素研究 ［D］. 天津：天津财经大学，2015.

[12] 何芳，张晓君. 丝绸之路经济带贸易与投资便利化法律问题研究 ［J］. 人文杂志，2015（7）：32 －41.

[13] 韩东. 推进中国与中亚五国贸易投资便利化研究 ［D］. 乌鲁木齐：新疆大学，2015.

[14] 曾华群. "可持续发展的投资政策框架"与我国的对策 ［J］. 厦门大学学报（哲学社会科学版），2013（6）：59 －67.

[15] 彭羽，陈争辉. 中国（上海）自由贸易试验区投资贸易便利化评价指标体系研究 ［J］. 国际经贸探索，2014，30（10）：63 －75.

[16] 崔日明，黄英婉. "一带一路"沿线国家贸易投资便利化评价指标体系研究 ［J］. 国际贸易问题，2016（9）：153 －164.

［17］马文秀，乔敏健．"一带一路"国家投资便利化水平测度与评价［J］．河北大学学报（哲学社会科学版），2016，41（5）：85 – 94．

［18］周五七．"一带一路"沿线直接投资分布与挑战应对［J］．改革，2015（8）：39 – 47．

［19］廖萌．"一带一路"建设背景下我国企业"走出去"的机遇与挑战［J］．经济纵横，2015（9）：30 – 33．

［20］钞小静，惠康．中国经济增长质量的测度［J］．数量经济技术经济研究，2009（6）：75 – 86．

［21］李豫新，郭颖慧．边境贸易便利化水平对中国新疆维吾尔自治区边境贸易流量的影响——基于贸易引力模型的实证分析［J］．国际贸易问题，2013（10）：120 – 128．

# 财政政策与地区金融市场风险 [*]

李 卉 [**]

**摘要** 本文实证模型检验了财政因素和政策变量对地区金融市场风险的影响，基本研究发现有以下三方面：财政因素确实对地区金融风险（即实际存贷差）有影响，并且非常显著；政策变量对地区金融风险有影响，但不是通过地区财政因素发生作用；规模企业因素对地区实际存贷差影响非常显著。限制财政对企业或平台的隐性担保，可以阻断金融风险向财政风险转移的路径，加强对地区中小企业的扶持力度，有助于地区金融市场发展和降低地区金融风险。

**关键词** 财政政策；金融风险；企业融资

# Fiscal Policy and Regional Financial Risk

*LI Hui*

**Abstract**：This paper examined the impact of financial factors and policy variables on the risk of area financial market. The basic research findings are the following three aspects：fiscal factors do effect regional financial and be very significant；policy variables effect regional financial，but may not through fiscal factors；the effect of the regional enterprise scale onto actual loan difference is very significant. To limit the implicit guarantee towards enterprise can block the path of financial risk transfer to financial risk. Improving the support onto small and medium enterprises in the region helps to reduce regional financial risks.

**Key Words**：*Fiscal Policy*；*Financial Risk*；*Enterprise Financing*

---

\* 资助项目：国家社会科学基金重点项目（编号：14AZD103）、国家自然科学基金（编号：71373150）的资助。

\*\* 李卉，南京大学商学院，博士研究生。

## 一、引言

改革开放 30 多年来，投资一直是国民经济增长的重要引擎，该引擎的动力源泉来自财政和金融市场。财政和金融在共同为经济增长"供氧"的同时，却有因边界不清晰以及体制因素等问题给经济运行带来了较大的系统性风险（阎坤，陈新平，2004）[9]。财政政策可能会导致金融市场扭曲，在政府主导投资和国有银行为主的信贷体系下，政府和国有企业的投资行为能够以较少的资本获得较多的信贷资金支持，导致其他经济主体的投资能力变弱（周其仁，2012）[12]，如政府平台公司往往能够获得更低利率的贷款，金融机构对其金融支持的条件也较为宽松。政府投资扩张意味着金融资源的再分配，金融资源从其他经济主体流向政府或国有企业，影响金融市场资产结构。

金融资源在各经济主体间的再分配是否会加大地区金融风险？直观上，资金在政府平台或国有企业聚集，如果政府平台公司或国有企业的管理效率没有显著提高，信贷资金发生风险的概率会增大；其他经济主体如民营公司、三资企业等，虽然经营能力和状况较好，而且信贷资金发生风险的概率较低，但由于获得信贷规模较小，金融投资者的综合信贷风险仍然可能较高。地区金融投资者认为信贷风险较高，要求的收益率也会更高。财政政策具有较强的示范作用，并且反映政府发展意图，金融市场往往会做出相应调整，金融市场风险程度也会相应地发生变化。

国内外关于财政政策和金融市场风险的研究中，有的研究是以发达国家为研究对象，如 Afonso A 和 Strauch R[1] 评估了资本市场对欧洲财政框架信誉的重要性，2002 年度发生的相关财政政策事件在欧洲资本市场的长期债券市场中产生了什么反应，确定了相关的财政政策事件，并估计了这些财政事件对 13 个欧盟成员国利率互换利差的影响。也有的是以新兴经济体为研究对象，如 Akitoby B 和 Stratmann T[2] 是从政府财政政策以及政治制度等因素研究对金融市场收益差的影响，发现收入方面的调整对于缩小利差的效果大于支出方面的调整，而且支出的结构对金融市场影响也不同，经常项支出对缩小利差的影响大于资本项支出的影响。Ardagna S[3] 的研究发现，政府的财政地位提高时，利率特别是长期政府债券的利率会降低，随着财政状况的恶化而上升；而且这些结果依赖于初始财政状况和财政政策的类型。

国内研究财政政策和金融市场关系的文献中，有些文献关注金融市场发展与财政关系。如周立、胡鞍钢[11] 发现改革开放后 20 多年，中国金融业代行着财政的职能，并认为通过加快金融业开放步伐，以及财政能力的缺位需要变为到位、金融发展上从越位到归位，财政真正启动金融业市场化改革。王国松[8] 在研究财政稳定与金融脆弱性关系时发现，中国财政存在资本外逃和货币替代等现象，为了保证金融市场化改革的正常进行，中国需要实施稳定的财政政策。杨艳、刘慧婷[10]认为应该效仿国际上地方政府融资和政府债务管理的模式，规范地方政府融资行为，防范融资平台运行中产生的财政风险向金融风险传递。一些文献关注财政政策与金融市场的关系，郭长林[6]引入金融摩擦因素，发现金融市场扭曲是扩张性财政政策导致居民消费下降的重要因素，定向的信贷政策可以有效地矫正金融市场扭曲程度，缓解金融市场扭曲对居民消费的不利影响。有的学者分析了财政分权对金融分权的影响，认为由于财政和金融在地区经济发展中是可以相互替代的融资工具，财政分权加剧了对金融资源的竞争，金融分权和财政分权的不匹配将会引发金融风险（何德旭，苗文龙，2016）[7]。不过也有学者认为，金融市场发展不易受到财政政策的冲击，可以平滑因经济景气度变化引起的政府债务风险长期均衡波动。

　　国外研究主要关注主权国家的金融市场风险和财政政策之间的关系，研究对象包括发达国家和新兴经济体。国内文献也较多关注国家层面金融市场风险，缺少关注地区层面金融风险的相关研究。本文用信贷风险反映金融风险，信贷风险高低的表现即为实际存贷利差。金融投资者认为未来经济发展前景较好时，实际存贷利差会比较小；当认为未来经济发展前景较差时，为了覆盖贷款损失发生时的损失，金融投资者会要求较高的回报率，导致实际存贷利差较大。我们从这个角度出发，构建经验模型检验财政因素对金融市场风险的影响。

## 二、模型设定

### （一）理论模型

　　假设地区金融市场上的实际存款利率为 $r^*$，地区存款余额为 $M$；实际贷款利率为 $r_D$，地区贷款余额为 $M_D$；鉴于金融市场的竞争性，假设金融机构在各地区只能获得平均收益率（非贷款利率），我们不失一般性的假设该收益率为 $0$，则：

$$r^* M - r_D M_D = 0 \tag{1}$$

对式（1）进行变形可得：

$$r_D - r^* = \frac{M - M_D}{M_D} r^* \tag{2}$$

借鉴 Edwards S[4-5]的模型，我们假设金融机构对本地区的投资是风险中性的，单个地区的金融市场规模很小，在全国市场上是价格接受者。金融机构在某地的最优投资组合可表示为：

$$(1 + r^*) = p m_0 + (1 - p)(1 + r_D) \tag{3}$$

其中 $p$ 为金融机构对外贷款发生损失的概率，$m_0$ 为发生损失是可收回的金额。对式（3）进行变化可知：

$$r_D - r^* = \frac{p}{1-p}(1 + r^* - m_0) \tag{4}$$

结合式(2)和式(4),可知:

$$\frac{M - M_D}{M_D} r^* = \frac{p}{1-p}(1 + r^* - m_0) \tag{5}$$

按照一般做法,我们设定金融机构贷款损失的概率为指数形式:

$$p = \frac{\exp\left(\sum_{k=1}^{n} \beta_k Z_k\right)}{1 + \exp\left(\sum_{k=1}^{n} \beta_k Z_k\right)} \tag{6}$$

其中,$Z_k$ 是影响贷款损失的决定因素,$\beta_k$ 是各影响因素对应的系数。结合式(5)和式(6),并取自然对数,关系式可表示为[①]:

$$\ln s = \ln\left(\frac{1 + r^*}{r^*}\right) + \sum_{k=1}^{n} \beta_k Z_k \tag{7}$$

其中 $s = \frac{M - M_D}{M_D}$,作为地区金融机构实际存贷差的代理变量,$s$ 越大,则地区实际存贷差越大,对于投资者而言金融风险越高。

借鉴 Akitoby B 和 Stratmann T[2] 的实证模型,我们引入时间维度和各地区维度,并考虑控制地区固定效应,则模型的随机形式可表示为:

$$\ln s_{it} = \alpha_i + \beta Z_{it} + \varepsilon_{it} \tag{8}$$

其中 $s_{it}$ 为第 $i$ 个地区第 $t$ 年的存贷差;$\alpha_i$ 为地区固定效应;$\varepsilon_{it}$ 为随机干扰项。在此方程中,$r^*$ 已包含在地区固定效应 $\alpha_i$ 中。

**(二)财政因素影响实证模型**

用于检验财政变量对地区金融存贷差影响的基本模型可以表示为:

$$\ln s_{it} = \alpha_i + \theta debt_{i,t-1} + \sum \beta' Q_{it} + \delta_1 \text{Rev}_{it} + \delta_2 Curex_{it} + \delta_3 Ginv_{it} + \varepsilon_{it} \tag{9}$$

其中,$debt_{it}$ 表示地方贷款余额占地区 GDP 的比重,反映了地区经济发展使用金融部门资金的情况;$Q_{it}$ 是控制变量集;$\text{Rev}_{it}$ 表示地区财政收入占 GDP 的比重;$Curex_{it}$ 表示地区财政支出占 GDP 的比重;$Ginv_{it}$ 表示地区公共投资占 GDP 的比重。

**(三)财政因素与政策性因素交叉影响实证模型**

地方财政因素是否还会受到其他政策因素的影响,我们通过构建以下模型反映这些政策因素与地方财政因素共同对地区存贷差的影响:

$$\ln s_{it} = \alpha_{it} + \theta debt_{i,t-1} + \sum \beta' Q_{it} + \sum \delta' F_{it} + \varphi Pol_{it} + \gamma'(F_{it} Pol_{it}) + \varepsilon_{it} \tag{10}$$

---

① 不失一般性的,我们假设 $m_0$ 等于零。

其中 $F_{it}$ 表示地区财政因素,包括地区财政收入占 GDP 的比重($Rev_{it}$)、地区财政支出占 GDP 的比重($Curex_{it}$)、地区公共投资占 GDP 的比重($Ginv_{it}$)三类;$Pol_{it}$ 表示对地区产生影响的政治因素,我们用地区与中央政府的议价能力或税收分成制度反映地区经济受政治影响的情况,地区财政收入占地区财政收入总和比重减去地区 GDP 占全国 GDP 比重,如果大于0取值为1,表示地区议价能力好,如果小于0则取值为0,表示地区议价能力差;$F_{it}Pol_{it}$ 表示财政因素与政策性因素的交互效应。

在下文的实证部分,我们首先采用 OLS 方法对式(9)进行回归。考虑到金融市场上的投资者往往会根据金融市场过往的风险状况评估地区风险,也即金融投资者会认为地区金融风险存在惯性,我们也估计了模型的动态形式,并采用滞后二期的被解释变量作为自回归项的工具变量。

## 三、数据说明与结果分析

### (一) 数据说明

1. 被解释变量

本文被解释变量为地区实际存贷差,经过前面模型设定部分的推导结论,我们使用 lns 作为存贷差的代理变量,lns = ln((地区存款余额 – 地区贷款余额)×100/地区贷款余额)。地区实际存贷差反映的是地区金融投资者认为地区金融的风险程度。

2. 解释变量

贷款余额占地区 GDP 的比重($debt$),反映了地区经济发展使用金融部门资金的情况,也表示地区金融参与经济发展的程度,该指标我们选用滞后一期是因为金融机构考虑风险时,一般会分析企业等上一年度的贷款余额,如果贷款余额较高并且继续增加贷款规模,资金发生风险的可能性将会增加。我们预测该变量的系数为负值,与地区存贷差为负相关关系。$debt$ = 贷款余额 × 100/GDP。

地区财政收入占 GDP 的比重($Rev_{it}$),地区财政收入占 GDP 比重越高,则表示地区经济的负担水平上升,目前地方政府财政收入的主要来源还是企业税收,企业税收等负担的加重会降低企业的偿债能力,无法偿还银行等金融机构债务,地区金融风险有可能会增加,该变量的系数预测为正值,与存贷差正相关;$Rev$ = 地方财政收入 × 100/GDP。

地区财政支出占 GDP 的比重($Curex_{it}$),地区财政支出占 GDP 比重的上升,反映财政赤字程度的提高,财政支出增加也预示这个财政赤字增加,财政赤字一般不会改善发展前景,但金融机构可能因为中央政府对地方政府托底(没有承诺)认为财政支出增加会改善地区经济发展情况,而且财政支出增加一般会提高地区的公共服务和基础设施水平,进而吸引外地企业到本地投资,因此该变量的系数预估也为负,与存贷差负相关；$Curex$ = 地方财政支出 × 100/GDP。

地区公共投资占 GDP 的比重（$Ginv_{it}$）政府公共投资占 GDP 比重对存贷差的影响不确定，因为公共投资一方面可能会促进经济发展，但是如果是低水平或者是重复建设的投资则会浪费资源，阻碍地区经济发展，定义地方公共投资（$inv$）= 教育支出 + 科学技术 + 文化体育 + 社会保障就业 + 医疗卫生 + 农林水 + 交通运输；$Ginv$ = 地方公共投资（$inv$）×100/GDP。

3. 控制变量

影响地区存贷差的因素很多，金融风险一般发生在金融机构和企业之间，所以本文模型主要纳入企业指标，包括规模以上企业个数、资产负债率、毛利率。除此之外，我们还参考 Akitoby B 和 Stratmann T[2] 的观点，把通货膨胀率和失业率也纳入到模型中。

规模以上企业个数（$lngmqygs$），地区规模以上企业数量说明地区经济发展情况，反面说明企业运用资金的能力，因此会对地区金融风险产生影响，$lngmqygs$ = ln（规模以上企业个数），即规模以上企业个数的对数值。

资产负债率（$zcfzl$），企业资产负债率反映了金融市场对企业的支持力度，企业资产负债率越高说明金融市场对企业的支持越高，市场认可企业的发展前景时才会提供更多的金融支持，所以地区规模企业资产负债率反映了金融市场对地区企业发展前景的预期，资产负债率（$zcfzl$）= 规模企业总负债/规模企业总资产。

毛利率（$mlv$），一方面企业毛利率情况反映了企业创造利润的能力，而创造的利润越高，偿还能力越强，毛利率上升有助于降低地区金融风险，减小实际存贷差；另一方面由于我们使用的是规模企业毛利率，毛利率上升会增加企业可用资金（如不分配利润），则需要从金融市场融资的需求就会越低，金融市场资金可能会流向风险较高的中小型企业，中小企业需要支付较高的实际贷款利率已覆盖相应风险，所以也可能会导致地区金融实际存贷差变大，毛利率（$mlv$）= 规模企业利润总额/规模企业营业收入总额。

失业率（$shyl$），失业率反映地区劳动市场的情况，较高的失业率可能会影响产出的增加，降低地区经济增长率，失业率高可能表示地区企业在市场上生存困难，金融机构信贷资金发生风险的概率也会变高，该变量的系数也预测为正值。

通货膨胀率（$lncpi$），我们使用地区居民消费价格指数表示地区通货膨胀水平，即 $lncpi$ = ln（居民消费价格指数（%））。

除此之外，我们还引入了不良贷款率指标，作为金融机构投资的自身约束因素，在此约束下金融机构对地区金融风险的判断。

本文使用数据为 2007—2015 年省级数据，包括除西藏和青海之外的 29 个省市数据，数据来源于 EPS 数据库，为平行面板数据。

4．数据统计性描述

表1　变量统计性描述

| variable | mean | sd | min | max |
|---|---|---|---|---|
| lns | 3.759 | 0.730 | 1.257 | 5.590 |
| debt | 99.49 | 38.65 | 26.45 | 212.5 |
| lngmqygs | 8.915 | 1.136 | 5.881 | 11.09 |
| shyl | 3.501 | 0.647 | 1.200 | 4.570 |
| lncpi | 4.636 | 0.0200 | 4.581 | 4.687 |
| bldkl | 2.350 | 3.309 | 0.350 | 24.60 |
| zcfzl | 58.30 | 4.927 | 40.14 | 75.96 |
| mlv | 6.962 | 2.722 | −1.057 | 19.90 |
| rev | 10.33 | 3.180 | 5.462 | 21.97 |
| curex | 21.08 | 7.685 | 8.706 | 43.56 |
| ginv | 12.07 | 5.030 | 4.180 | 30.01 |

由表1结果可知，数据不存在异常值，用于模型估计的数据是合理的。

（二）实证结果分析

1．财政因素模型结果

为了考察财政因素对模型估计结果的影响，我们首先利用 OLS、一阶差分 IV 等三种估计方法，检验了财政变量、地区贷款、企业变量等对地区实际存贷差的影响。回归结果见表2。

表2　财政变量对地区存贷差的影响

| | OLS | | 一阶差分 IV | | 一阶差分 GMM | |
|---|---|---|---|---|---|---|
| | 模型1 | 模型2 | 模型3 | 模型4 | 模型5 | 模型6 |
| L.lns | | | 0.602* | 0.559 | 0.296* | 0.119 |
| | | | (0.34) | (0.34) | (0.17) | (0.13) |
| L.debt | 0.010*** | 0.007*** | 0.034*** | 0.033*** | 0.020*** | 0.013*** |
| | (0.00) | (0.00) | (0.01) | (0.01) | (0.01) | (0.00) |
| lngmqygs | 0.848*** | 1.167*** | 0.800 | 1.193** | 1.068*** | 1.726*** |
| | (0.27) | (0.32) | (0.49) | (0.47) | (0.34) | (0.32) |

续表

| | OLS | | 一阶差分 IV | | 一阶差分 GMM | |
|---|---|---|---|---|---|---|
| | 模型 1 | 模型 2 | 模型 3 | 模型 4 | 模型 5 | 模型 6 |
| *shyl* | 0.312 ** | 0.649 *** | 0.572 ** | 0.432 * | 0.712 ** | 1.057 *** |
| | (0.14) | (0.15) | (0.25) | (0.25) | (0.29) | (0.27) |
| *lncpi* | 4.181 *** | 5.502 *** | 9.663 ** | 12.241 *** | 4.882 *** | 7.396 *** |
| | (1.50) | (1.26) | (4.80) | (4.59) | (1.80) | (1.21) |
| *bldkl* | −0.182 *** | −0.095 * | −0.0240 | −0.0490 | −0.215 *** | −0.178 *** |
| | (0.05) | (0.05) | (0.13) | (0.13) | (0.06) | (0.06) |
| *zcfzl* | −0.021 * | −0.0110 | −0.0380 | −0.061 * | −0.0160 | −0.00800 |
| | (0.01) | (0.01) | (0.03) | (0.03) | (0.02) | (0.02) |
| *mlv* | 0.106 *** | 0.137 *** | −0.0160 | −0.0130 | 0.080 *** | 0.131 *** |
| | (0.02) | (0.02) | (0.05) | (0.05) | (0.02) | (0.03) |
| *rev* | −0.190 *** | | −0.0700 | | −0.189 ** | |
| | (0.05) | | (0.08) | | (0.08) | |
| *curex* | 0.187 *** | | 0.261 *** | | 0.250 *** | |
| | (0.05) | | (0.08) | | (0.08) | |
| *ginv* | −0.235 *** | | −0.358 *** | | −0.314 *** | |
| | (0.06) | | (0.11) | | (0.10) | |
| *cons* | −23.628 ** | −35.265 *** | −0.132 ** | −0.184 *** | −32.753 *** | −51.502 *** |
| | (8.74) | (8.11) | (0.07) | (0.06) | (10.35) | (7.73) |
| *N* | 229 | 229 | 171 | 171 | 200 | 200 |
| *r2* | 0.524 | 0.417 | 0.3894 | 0.2525 | | |
| *F/Chi2* | 13.73 | 11.87 | 250.34 | 230.13 | 284.22 | 103.89 |

注：括号中为稳健标准误，所有模型均控制地区固定效应和时间固定效应。 $*p<0.1$ ，$**\ p<0.05$ ，$***p<0.01$ 。

第 93 页表 2 的回归结果表明，财政收入因素（*rev*）对地区实际存贷差具有较显著的制约作用，财政收入占 GDP 比重越高地区实际存贷差越小，金融投资者认为未来地区金融风险较小，财政收入因素增加提高了金融投资者对本地区经济发展的信心。虽然地方政府财政收入的主要来源还是企业税收，企业税收等负担的加重会降低企业的偿债能力，地区金融风险有可能会增加，但我国地方政府没有税收立法权，所以税率基本上不会变动，地方政府财政收入增加与地区企业税收负担增加关系不大，更多是因为税基扩大导致的财政收入增加。目前地区经济发展中，政府仍扮演着非常重要的角色，包括政府投资平台和国有企业在内企业，对地区经济发展的贡献比较大，对财政收入的影响也较大。财政收入增加一方面是由于税基扩大，另一方面也可能由于国有企业等发展较好，优化了税基结构。金融投资者更喜欢对有政府背书的国有企业等投资，要求的收益率也会相应下降。财政收入增加另一方面又为政府平台公司和国有企业的债务提供了更强的担保，金融投资者认为要求的收益率自然会降低。

地方政府财政支出指标（curex）对金融市场实际存贷差的影响显著为正，也即政府支出占 GDP 的比重越高则地区实际存贷差会越大。直观上，地区财政支出占 GDP 比重上升，反映财政赤字提高，而财政赤字一般不会改善发展前景。即使中央政府对地方政府债务托底（没有承诺），理性的金融投资者也会要求较高的收益率，地方政府财政支出一般不会直接用于偿还金融机构债务，债务的循环滚动最终可能会导致坏账发生。

政府公共投资（ginv）对存贷差的影响系数显著为负，并且我们可以发现，政府公共投资对地区实际存贷差的影响大于财政收入因素和财政支出因素，政府投资会提高地区基础设施等的供给水平，有利于吸引企业到本地区投资。同时，政府投资具有较强的杠杆效应，私人投资往往会跟随政府投资方向，地区投资规模扩大会改善地区经济发展前景，金融投资和要求的收益率也会相应下降。

贷款余额占 GDP 比重（debt）提高将会显著扩大地区实际存贷差。贷款余额占 GDP 的比重一方面反映了金融市场对地区经济的支持力度，另一方面也反映了地区企业运用金融杠杆的程度。该比重越高，金融市场的支持会改善地区经济发展的资金需求问题，金融投资者会调低地区金融风险，而企业杠杆率越高，信贷资金发生风险的概率越高。这也反映了金融市场与地方经济的紧密程度，占比越高，地区金融与地区经济发展关系越紧密，随着参与经济的程度提高，金融机构对金融风险的感知或把握能力也应该相应增强，金融机构通过调整投资结构有助于降低地区金融风险，也即降低地区实际存贷差。金融市场对地方经济的参与程度越高，地区实际存贷利差越小，并且估计结果非常显著，这与我们的预测一致。

控制变量方面，与 Akitoby B 和 Stratmann T[2] 的结果不同，本文模型通货膨胀率指标（lncpi）影响方向为正并且非常显著，地区通货膨胀率越高，反映了地区经济的稳定程度，而且较高的通货膨胀率也会改变债权人和债务人之间的实际债务，通货膨胀率会降低债务人的实际债务负担。作为应对此风险，金融投资者要求的收益率相应提高，地区实际存贷差变大。规模企业个数（lngmqygs）的影响为显著为正，企业数量越多，地区金融风险越大，实际存贷利差越大，这或许是因为增加了金融投资者筛选企业的成本。资产负债率（zcfzl）系数为负，而毛利率（mlv）的系数为正，这与经济学直觉相反，规模企业的资产负债率增加一般会增加风险，金融投资者要求的收益率也会相应提高，系数为正比较符合逻辑，毛利率指标也有类似的逻辑；对于本模型的结果，原因有可能是规模企业中可能国有控股或国有参股的比重较高，在政府主导投资以及国有银行为主的金融体系下，对这类企业增加贷款被认为是风险较低的，而其他类型的企业尤其是中小类型的企业获得的资金更少，进一步降低了贷款发生风险的概率。

2. 财政因素、政策变量交叉影响模型结果

地方政府间的竞争关系以及中央政府对地方政府的影响可能会影响地区金融市场，影响地区实际存贷差。我们在模型（10）中引入了政策变量以及政策变量和财政因素的交互项。该政策变量用地方政府在与各地方政府竞争中以及与中央政府议价的能力表示，能力强则取值为1，能力弱则取值为0。

表3　财政变量以及政策变量对地区存贷差的影响

| | OLS | | 一阶差分 IV | | 一阶差分 GMM | |
|---|---|---|---|---|---|---|
| | 模型 1 | 模型 2 | 模型 3 | 模型 4 | 模型 5 | 模型 6 |
| $L.\ \mathrm{lns}$ | | | 0.806** | 0.805** | 0.361** | 0.339** |
| | | | (0.39) | (0.40) | (0.16) | (0.16) |
| $L.\ debt$ | 0.010*** | 0.010*** | 0.038*** | 0.038*** | 0.022*** | 0.022*** |
| | (0.00) | (0.00) | (0.01) | (0.01) | (0.01) | (0.01) |
| lngmqygs | 0.899*** | 0.853*** | 0.671 | 0.579 | 1.036*** | 1.044*** |
| | (0.27) | (0.21) | (0.52) | (0.53) | (0.34) | (0.33) |
| shyl | 0.248* | 0.258 | 0.546** | 0.603** | 0.642** | 0.605** |
| | (0.13) | (0.16) | (0.26) | (0.27) | (0.26) | (0.28) |
| lncpi | 6.256*** | 6.301*** | 9.882** | 10.784** | 6.241*** | 6.374*** |
| | (1.56) | (1.53) | (5.03) | (5.20) | (1.75) | (1.69) |
| bldkl | −0.176*** | −0.180*** | −0.0510 | −0.0490 | −0.203*** | −0.218*** |
| | (0.05) | (0.05) | (0.14) | (0.14) | (0.06) | (0.05) |
| zcfzl | −0.021* | −0.025** | −0.04 | −0.045 | −0.02 | −0.022 |
| | (0.01) | (0.01) | (0.04) | (0.04) | (0.02) | (0.02) |
| mlv | 0.100*** | 0.099*** | −0.0410 | −0.0550 | 0.069*** | 0.068*** |
| | (0.02) | (0.02) | (0.06) | (0.06) | (0.02) | (0.02) |
| rev | −0.160*** | −0.158** | −0.0740 | −0.0730 | −0.161** | −0.158* |
| | (0.05) | (0.06) | (0.09) | (0.09) | (0.08) | (0.08) |
| curex | 0.169*** | 0.151** | 0.269*** | 0.267*** | 0.225*** | 0.193** |
| | (0.05) | (0.07) | (0.09) | (0.09) | (0.08) | (0.09) |
| ginv | −0.189*** | −0.170* | −0.359*** | −0.371*** | −0.271*** | −0.226** |
| | (0.06) | (0.09) | (0.11) | (0.12) | (0.10) | (0.11) |

续表

| | OLS | | 一阶差分 IV | | 一阶差分 GMM | |
|---|---|---|---|---|---|---|
| | 模型 1 | 模型 2 | 模型 3 | 模型 4 | 模型 5 | 模型 6 |
| $yinlx$ | $-0.281^{***}$ | $-0.494$ | $-0.306^{**}$ | $-0.695$ | $-0.241^{***}$ | $-0.26$ |
| | $(0.10)$ | $(0.31)$ | $(0.12)$ | $(0.43)$ | $(0.08)$ | $(0.27)$ |
| $Rev\_yi$ | | $-0.013$ | | $0.004$ | | $-0.028$ |
| | | $(0.04)$ | | $(0.05)$ | | $(0.04)$ |
| $Curex\_yi$ | | $0.044$ | | $-0.012$ | | $0.083$ |
| | | $(0.07)$ | | $(0.08)$ | | $(0.06)$ |
| $Ginv\_yi$ | | $-0.0480$ | | $0.045$ | | $-0.117$ |
| | | $(0.10)$ | | $(0.12)$ | | $(0.09)$ |
| $cons$ | $-33.732^{***}$ | $-33.162^{***}$ | $-0.108$ | $-0.112$ | $-38.750^{***}$ | $-38.966^{***}$ |
| | $(9.15)$ | $(8.64)$ | $(0.07)$ | $(0.07)$ | $(10.17)$ | $(9.68)$ |
| $N$ | 229 | 229 | 171 | 171 | 200 | 200 |
| $r2$ | 0.549 | 0.553 | 0.5622 | 0.5657 | | |
| $F/Chi2$ | 15.39 | 17.27 | 187.41 | 204.4 | 349.24 | 531.83 |

注：括号中为稳健标准误，所有模型均控制地区固定效应和时间固定效应。$*p<0.1$，$**p<0.05$，$***p<0.01$。

上表显示了政策变量、政策变量与财政因素的交互影响对金融市场的影响，从结果显示，政策变量在不含财政因素的模型中较为显著，加入财政因素后变得不再显著，而且在三种模型中的估计结果都有这样的特征。政策变量的确对地区金融市场有影响，中央政府或者其他地方政府对某地区的支持力度越大，地区发生金融风险的概率越低，地区存贷差越小。这种支持不一定是通过财政因素作用的，比如两地有互帮互助协议或传统，非政府渠道的资金或技术等资源可以在需要的时候迅速到位，这些都可能会降低地区的经济风险从而降低地区金融风险。

政策因素与财政因素交互项中，三类财政因素的交互项（$rev\_yi$、$curex\_yi$、$ginv\_yi$）都不显著，说明政策因素虽然对地区金融市场风险有影响，但不是通过财政因素发生作用的。这也支持了前段的猜想，即地区间或中央政府对地区金融市场的影响更多的是直接作用于地区经济主体，地区企业可以获得其他地区的市场进入机会或者是外地政府的订单，这都将有助于降低地区金融风险。

## 四、稳健性检验

影响模型结果的因素很多，变量的定义和数据的来源都可能会产生影响。作为稳健性分析，我们根据论文所考量的主要因素，选择以下三种方法进行检验：

首先，由于商品价格指数可以从商品价格变动的角度反映地区的通货膨胀程度，而且商品价格一方面反映企业的收入，另一方面反映企业的生产成本，所以我们使用商品价格指数（lncpi2）替代前文的居民消费价格指数，预期其估计结果为正。

其次，在公共投资的定义中，如果考虑社会保障只是涉及养老资金支出，而不涉及养老机构及养老社区的建设，那么可以把其从公共投资中去除，所以此处我们选取去除社会保障的公共投资。

再次，通过重新定义政策虚拟变量，我们采用地区财政支出占全地区比重替换原计算公式中的地区财政收入占全地区比重。

表4 稳健性检验

| | ginv2 | | lncpi2 | | yinlx2 | | yinlx2 交叉项 | |
|---|---|---|---|---|---|---|---|---|
| | 模型1 | 模型2 | 模型3 | 模型4 | 模型5 | 模型6 | 模型7 | 模型8 |
| $L.\ lns$ | | 0.233 | | 0.297* | | 0.310* | | 0.321** |
| | | (0.15) | | (0.17) | | (0.16) | | (0.15) |
| $L.\ debt$ | 0.010*** | 0.019*** | 0.010*** | 0.021*** | 0.010*** | 0.021*** | 0.010*** | 0.021*** |
| | (0.00) | (0.01) | (0.00) | (0.01) | (0.00) | (0.01) | (0.00) | (0.01) |
| lngmqygs | 0.937*** | 1.156*** | 0.804*** | 1.058*** | 0.820*** | 0.983*** | 0.841*** | 0.951*** |
| | (0.27) | (0.30) | (0.26) | (0.33) | (0.25) | (0.36) | (0.23) | (0.37) |
| shyl | 0.286** | 0.678** | 0.302** | 0.718** | 0.282** | 0.697*** | 0.279* | 0.572* |
| | (0.12) | (0.27) | (0.14) | (0.29) | (0.13) | (0.25) | (0.16) | (0.30) |
| lncpi/lncpi2 | 5.230*** | 6.466*** | 3.700*** | 4.645*** | 7.177*** | 6.691*** | 7.073*** | 6.776*** |
| | (1.52) | (1.74) | (1.34) | (1.63) | (1.66) | (1.92) | (1.74) | (1.91) |
| bldkl | −0.205*** | −0.252*** | −0.181*** | −0.219*** | −0.181*** | −0.212*** | −0.181*** | −0.199*** |
| | (0.05) | (0.07) | (0.05) | (0.06) | (0.05) | (0.06) | (0.05) | (0.06) |
| zcfzl | −0.0170 | −0.0140 | −0.022* | −0.0170 | −0.022** | −0.0200 | −0.020* | −0.0220 |
| | (0.01) | (0.02) | (0.01) | (0.02) | (0.01) | (0.02) | (0.01) | (0.02) |
| mlv | 0.120*** | 0.103*** | 0.105*** | 0.077*** | 0.095*** | 0.070*** | 0.096*** | 0.067*** |
| | (0.02) | (0.02) | (0.02) | (0.02) | (0.02) | (0.02) | (0.02) | (0.02) |
| rev | −0.174*** | −0.172** | −0.184*** | −0.180** | −0.166*** | −0.164** | −0.166** | −0.175* |
| | (0.05) | (0.07) | (0.05) | (0.08) | (0.05) | (0.08) | (0.06) | (0.09) |
| curex | 0.161*** | 0.196*** | 0.183*** | 0.241*** | 0.183*** | 0.234*** | 0.201** | 0.237** |
| | (0.04) | (0.06) | (0.05) | (0.08) | (0.05) | (0.08) | (0.08) | (0.10) |
| ginv/ginv2 | −0.230*** | −0.277*** | −0.229*** | −0.302*** | −0.197*** | −0.280*** | −0.216* | −0.265** |
| | (0.06) | (0.09) | (0.06) | (0.10) | (0.05) | (0.10) | (0.11) | (0.13) |

续表

| | ginv2 | | lncpi2 | | yinlx2 | | yinlx2 交叉项 | |
|---|---|---|---|---|---|---|---|---|
| | 模型 1 | 模型 2 | 模型 3 | 模型 4 | 模型 5 | 模型 6 | 模型 7 | 模型 8 |
| yinlx2 | | | | | $-0.297^{***}$ | $-0.205^{***}$ | $-0.130$ | $-0.0680$ |
| | | | | | (0.09) | (0.07) | (0.30) | (0.28) |
| Rev_ yi2 | | | | | | | 0.00200 | 0.0110 |
| | | | | | | | (0.03) | (0.03) |
| Curex_ yi2 | | | | | | | $-0.0260$ | 0.0100 |
| | | | | | | | (0.07) | (0.06) |
| Ginv_ yi2 | | | | | | | 0.0300 | $-0.0400$ |
| | | | | | | | (0.10) | (0.09) |
| cons | $-29.730^{***}$ | $-40.864^{***}$ | $-20.920^{**}$ | $-31.586^{***}$ | $-37.447^{***}$ | $-40.343^{***}$ | $-37.376^{***}$ | $-40.042^{***}$ |
| | (8.98) | (9.94) | (8.03) | (9.55) | (9.39) | (10.98) | (9.32) | (10.86) |
| N | 229 | 200 | 229 | 200 | 229 | 200 | 229 | 200 |
| r2 | 0.515 | | 0.523 | | 0.553 | | 0.555 | |
| F/Chi2 | 17.52 | 282.43 | 13.85 | 264.47 | 17.27 | 319.56 | 18.06 | 473.83 |

注：括号中为稳健标准误，所有模型均控制地区固定效应和时间固定效应。$*p<0.1$，$**p<0.05$，$***p<0.01$。

由第 98 页表 4 可以发现，新定义的变量在各自的回归模型中结果与原模型中非常类似，其中在含交互项的模型中，变量没有变得更加显著，说明政策变量与财政因素不存在相互影响关系。这与上文所发现的结论相一致。

除了显著性略有不同外，其他解释变量的估计系数与影响方向与前文一致，说明研究财政因素以及财政因素和政策变量交互影响的研究结果具有稳健性。

## 五、结论与启示

地区实际利差情况反映了金融市场对地区未来经济运行的信心，发展前景越好则利差越小，地区金融市场风险越小。本文实证模型检验了财政因素和政策变量对地区金融市场风险的影响，基本研究发现有以下三方面：

第一，财政因素确实对地区金融风险（即实际存贷差）有影响，并且非常显著。其中财政收入和公共支出的增加有助于降低地区金融风险，而财政支出会增加地区金融风险。财政支出增加可能意味着财政赤字在增加，政府财政对相关企业的担保能力减弱，金融市场要求的收益率会随之上升。

第二，政策变量对地区金融风险有影响，但不是通过地区财政因素发生作用。政策变量显示了地区政府的与其他政府竞争能力或者与中央政府的谈判能力，如果中央政府对地区支持力度较大，当地区经济风险暴露时，该地区可以迅速获得中央政府或其他级别政府的资源，这一能力会降低地区经济风险，从而降低地区金融风险。该政策能力有效但不会从财政渠道显现，或许是因为这些资源并不是从财政渠道流入。

第三，规模企业因素对地区实际存贷差影响非常显著。地区规模企业数越多，地区实际存贷差会越大；资产负债率指标越高，地区实际存贷差越小；毛利率越高，地区的实际存贷利差也会越高。其原因可能和规模企业构成结构有关，如果规模企业中国有控股或国有参股的比重较高，在政府主导投资以及国有银行为主的金融体系下，金融机构一般会更愿意向这类企业增加贷款；而其他类型的企业尤其是中小类型的企业获得的资金更少，进一步降低了贷款发生风险的概率。

根据以上研究结论，为发挥财政对地区经济和金融市场的有利影响，本文认为：首先，应重点关注财政对企业或平台的隐性担保。禁止财政对企业或平台担保有利于阻断金融风险向财政风险转移的路径，有助于地区金融市场发展。其次，应加强对地区中小企业的扶持力度，有利于降低地区金融风险。中小企业在金融市场的融资能力较差，针对发展前景较好的中小企业，提供优惠政策支持其发展，适度引导金融资源向中小企业倾斜有助于提高地区经济活力，改善地区经济基本面。

## 参考文献

［1］AFONSO A, STRAUCH R. Fiscal Policy Events and Interest Rate Swap Spreads: Evidence from the EU ［J］. Journal of International Financial Markets, Institutions and Money, 2007, 17（3）: 261 – 276.

［2］AKITOBY B, STRATMANN T. Fiscal Policy and Financial Markets ［J］. The Economic Journal, 2008, 118（533）: 1971 – 1985.

［3］ARDAGNA S. Financial Markets' Behavior Around Episodes of Large Changes in the Fiscal Stance ［J］. European Economic Review, 2009, 53（1）: 37 – 55.

［4］EDWARDS S. LDC Foreign Borrowing and Default Risk: An Empirical Investigation, 1976 – 80 ［J］. The American Economic Review, 1984, 74（4）: 726 – 734.

［5］EDWARDS S. The Pricing of Bonds and Bank Loans in International Markets: An Empirical Analysis of Developing Countries' Foreign Borrowing ［J］. European Economic Review, 1986, 30（3）: 565 – 589.

［6］郭长林. 积极财政政策、金融市场扭曲与居民消费 ［J］. 世界经济, 2016（10）: 28 – 52.

［7］何德旭, 苗文龙. 财政分权是否影响金融分权——基于省际分权数据空间效应的比较分析 ［J］. 经济研究, 2016（2）: 42 – 55.

［8］王国松. 财政稳定与金融脆弱性: 理论与中国的实证研究 ［J］. 管理世界, 2004（7）: 53 – 60, 68.

［9］阎坤，陈新平. 我国当前金融风险财政化问题及对策［J］. 管理世界，2004（10）：21 – 28，46.

［10］杨艳，刘慧婷. 从地方政府融资平台看财政风险向金融风险的转化［J］. 经济学家，2013（4）：
82 – 87.

［11］周立，胡鞍钢. 中国金融发展的地区差距状况分析（1978—1999）［J］. 清华大学学报（哲学社
会科学版），2002（2）：60 – 74.

［12］周其仁. 货币的教训［M］. 北京：北京大学出版社，2012.

# 劳动力流动与工业资本回报率省际分化*

刘智超，孙巍**

**摘要** 针对新时期省际资本回报率呈现出显著分化的问题，本文从工业劳动力流动的角度出发，在探索劳动力流动机制及其测度方法的基础上，对劳动力流入、流出区域工业资本回报率分化问题进行了分区域与分时段的计量研究。结果表明，在人口红利存续阶段，流出地区劳动要素供给相对过剩，流入地区劳动要素供给持续增多，资本回报率会保持相对稳定的上涨趋势。而伴随着人口红利窗口期关闭，劳动力流动会使得流出地区出现劳动要素供给减少的新现象，从而因为不得不通过持续的资本替代劳动来解决劳动价格上涨问题，导致资本要素边际产出递减加速和工业资本回报率急剧下滑。劳动力供给缺口的不断补充使劳动力流入地区避免了经济较高速度增长中资本替代劳动可能带来的资本回报率下滑。劳动力流出改变的劳动要素供给与异质性的要素替代特征最终导致了工业资本回报率区域间分化的严重后果。

**关键词** 工业资本回报率；工业劳动力流动；工资差距；要素替代

# Labor Migration and Industry Capital Returns Provincial Differentiation

*LIU Zhichao，SUN Wei*

**Abstract**：This article explains the problem of capital returns differentiation in the new era from the perspective of industrial labor migration. The differentiation of capital returns in out-flow and inflow regions is analyzed by regional separation and divided period on the basis of re-

---

    * 资助项目：教育部人文社会科学重点研究基地重大项目（15JJD790010、16JJD790015）。

   ** 刘智超，1990年生，女，吉林省蛟河市人，吉林大学数量经济研究中心、商学院博士研究生；孙巍，1963年生，男，吉林省吉林市人，吉林大学数量经济研究中心代主任，教授，博士生导师。

vealing mechanisms of labor migration and measuring regional industrial labor migration. The empirical results show that because of surplus labor supplement relatively in outflow region and labor supplement increase continuously in inflow region, capital returns will remain relatively stable trend in the duration of demographic dividend. However, along with the population dividend window shut down, labor migration lead to a new phenomenon which shows that labor factor supplement reduces in outflow region. Outflow region accelerates the diminishing marginal output of capital and leads to a sharp fall in the number of industry capital returns because of it has to substitute labor from capital to solve the problem of rising in labor price. The supplement of labor gap in inflow region constantly avoids that the substitution of capital to labor could bring capital returns decline in the high speed economic growth. Labor supplement and heterogeneous factor substitution, which changed by industry labor migration, lead to serious consequences of regional industrial capital returns differentiation.

**Key Words**：*Industrial Capital Returns*；*Industry Labor Migration*；*Wage Gap*；*Factor Substitution*

## 一、引言

资本回报率不仅决定着资本要素流向、衡量要素配置效率，也决定着经济增长的质量与效益。新常态下中国的资本回报率的下降趋势引起了世界范围内的广泛关注，成为国际资本流动（徐洪才，綦鲁明，2013；冷艳丽，杜思正，2017；刘铮，2017）和汇率波动（徐洪才，綦鲁明，2013；刘铮，2017）的风向标。因此，针对资本回报率的研究具有极其重要的意义。

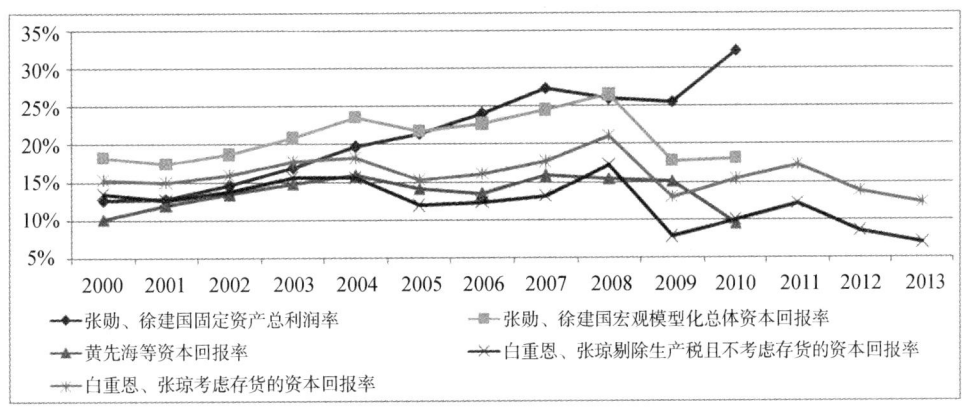

图1　全社会资本回报率变动趋势

目前关于资本回报率的研究虽然采用的度量指标不完全相同，但得到的资本回报率水平及其走势具有基本相同或相似的结论（黄先海，等，2011；白重恩，张琼，

2014；张勋，徐建国，2014，2016）。资本回报率的显著上升对国际资本大量流入（孙文凯，等，2010；方文全，2012）、中国金融资产与不动产持续升值（刘富江，江源，2007）和人民币汇率（Obstfeld M，1990；方福前，吴江，2009）的稳步提高起到了关键性的作用，因而也可以认为是这一时期中国经济保持高速增长的重要条件之一。正是由于资本回报率对资本流动和经济增长的重要作用，进入经济增速放缓的新常态，资本回报率走势的新特征及其成因非常值得关注。

从图 1 可以看出，近年来资本回报率呈现出显著下滑趋势，但现有研究还没有对新时期资本回报率的下滑给出能被普遍接受的解释。同时，作为与资本同等重要的生产要素，劳动力在中国改革开放进程中存在长期持续影响和大规模的流动，一定会对资本回报率的演化产生决定性的影响，但现有关于资本回报率的研究工作极少考虑劳动力区域间流动问题，也缺乏关于劳动力区域间流动对资本回报率影响的比较系统的理论分析和实证结果。鉴于此，本文试图将劳动力流动因素引入资本回报率的研究，试图准确揭示新时期资本回报率下滑的机理。

这个研究思路遇到的第一个难题是劳动力流动的准确度量问题。现有的劳动力流动度量主要有两种途径，一种是基于个体跟踪、普查或抽样调查数据，另一种是基于社会综合统计数据。个体调查数据虽然样本量很大，但偏重于个体特征（石智雷，2013），无法与产业领域的资本配置数据相对应，因而难以将二者联系在一起进行研究。年鉴等社会综合统计数据没有关于劳动力流动的统计，不能准确反映中国人口流动的年度状况和整个社会人口流动强度的时间序列变化过程（杨云彦，2003）。但户籍人口统计数据和工业领域的从业人数统计的相对比较可以构建工业劳动力的省际相对流动指标，从而为与工业资本配置数据相对应的劳动力流动数据的测算提供了可能。李扬（2005）、沈坤荣（2011）、侯燕飞（2016）等学者在就业问题研究中所采用的类似方法为本文的研究提供了有益的借鉴。本文采用这种方法测算了工业劳动力的省际流动，发现自 2000 年以来，东部沿海五个省份的工业劳动力相对流入超过 1900 万人（具体测算方法和过程见本文相关部分）。如此大规模的工业劳动力流动，一定会对资本配置产生显著影响。再进一步观察这期间工业资本回报率的变化规律，可以发现全国工业资本回报率与全社会的资本回报率呈现出相同的变化规律，2012 年以后工业资本回报率也出现了与全社会资本回报率相同的下降趋势。限于劳动力流动数据与所对应的资本配置等宏观经济数据的可获得性，本文聚焦于工业领域的劳动力流动对资本回报率影响的关系问题。

确定了研究目标以后，在省际工业劳动力流动刻画与测算的基础上，又测算了省际工业资本回报率。结果发现 2000—2009 年，工业资本回报率省际差异较小，2010 年后工业资本回报率差距开始拉大，但 2000—2012 年，省际资本回报率保持着基本一致的变化趋势。2013 年后省际工业资本回报率呈现出明显的分化特征，一部分省份的工业资本回报率呈现上升趋势，而另一部分省份的工业资本回报率却出现了惊人的快速下降趋势（图 2、图 3）。2012 年以前省际工业资本回报率比较稳定的差距意味着省与省之间的资本吸引力存在着一定的差距，这可能决定了省际的经济增速和水平的差距，这种差距无论是学术界还是经济管理部门都可以接受的。但出现的地区间工业资本回报率变动趋势的显著分化特征，却意味着这些资本回报率显著下降的地区可能会出现资本的大量外流。如果同时还在发生着劳动力的流出，那么这些地区的经济发展必然面对比全社会资本回报率下滑导致的经济增速下降更为危险的后果。因此，本文试图从工业领域探索劳动力流动对资本回报率的影响，揭示资本回报率分化的根源，并据此对我国新时期资本回报率的下滑给出全新的解释。

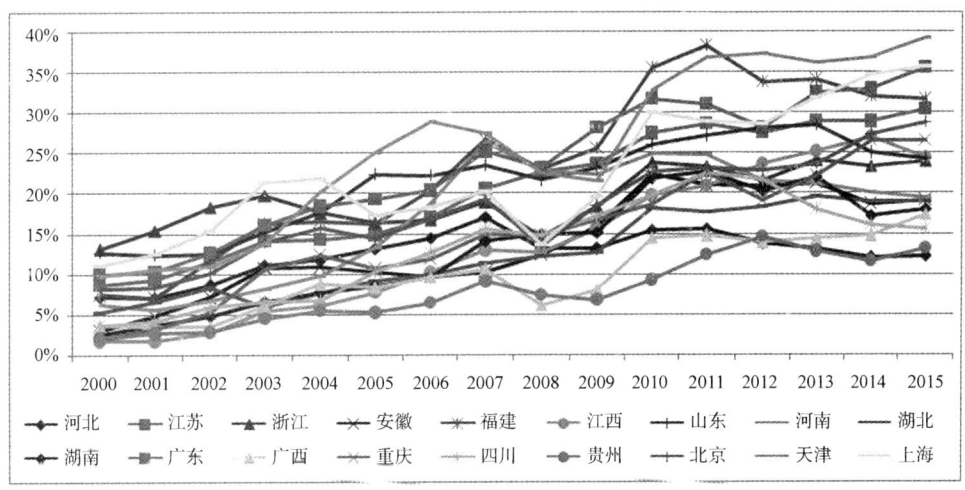

图 2　工业资本回报率上涨趋势图

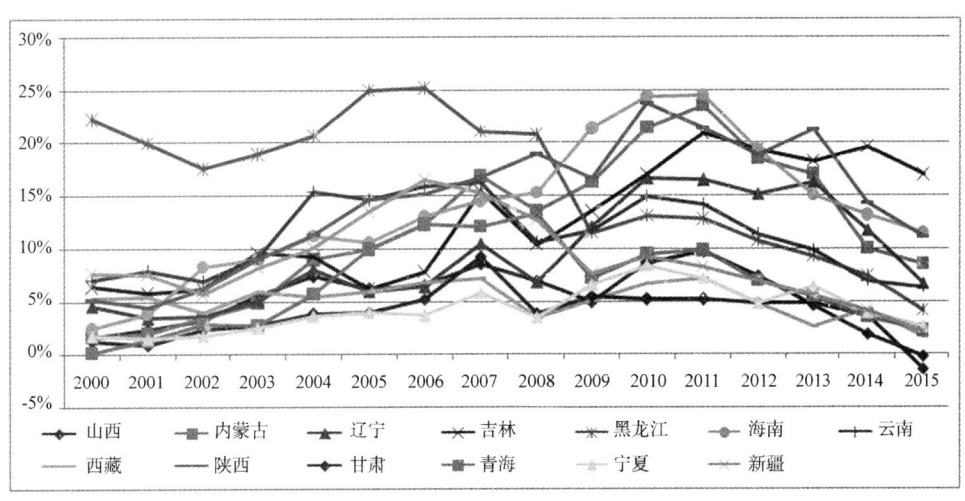

图 3　工业资本回报率下滑趋势图

## 二、工业劳动力流动度量

为从工业劳动力区域间流动的框架下入手揭示资本回报率分化的演化机制，首先应进行劳动力流动的刻画，准确揭示出劳动力流动趋势与范围。本文以统计数据为基础，借鉴李扬（2005）、沈坤荣（2011）等学者以相对比例衡量就业转移与变动的方式，以具有普适性、与地区宏观经济匹配的规模以上工业企业从业人数与人口数之比年增长值衡量工业劳动力省际流动状况，并将工业劳动力流动指标数值为负视为工业劳动力净流出，流动指标数值为正视为工业劳动力净流入。

$$工业劳动力省际流动 = \frac{工业从业人数}{人口数}_t - \frac{工业从业人数}{人口数}_{t-1} \tag{1}$$

以规模以上工业企业相对从业人数年增长值衡量劳动力流动的优点在于数据的准确性、与宏观相匹配与度量方式的普适性。其一，相较于人口普查、抽样调查等基于微观劳动力流动数据与基于人口、就业数据增量的劳动力流动数据，规模以上工业企业从业人数由企业直报国家统计局，且规模以上工业相对从业人数剔除人口增长对劳动力流动的度量偏差，能够准确、连续观测劳动力流动的地区差异与动态变化趋势。其二，相较于人口普查、抽样调查等微观劳动力流动数据，以规模以上工业相对从业人数年增长值衡量劳动力流动可以有效与宏观经济相匹配，揭示劳动力流动与区域要素配置、经济发展的作用机制。其三，工业劳动力省际流动的测算方式不仅可以刻画省际流动过程中劳动相对增量的变动趋势，与地区人口数据相乘也可以近似衡量工业劳动要素绝对存量变动趋势。如果将劳动力省际流动绝对量逐年累加，可以有效观测研究期内整体劳动力绝对流动规模。其四，相对从业人数指标设计具备普遍适用性，如果有足够稳定且连续准确的全行业从业数据，基于相对从业人数的劳动力流动刻画可以很好地衡量全行业的劳动力流动，判断我国整体的劳动力流动规模与趋势。

在本文的实证研究中，流动数据时间范围为 2000—2015 年。整体看来，工业劳动力普遍由京沪等低端工业产业外迁地区、东北地区、中西部地区流出，流入至江苏、浙江、广东等东部沿海地区与河南、安徽、湖南等中部发达地区。截至 2015 年，1907.50 万工业劳动力流入东部沿海地区，1357.17 万工业劳动力流入中部地区。分区域看，工业劳动力流入范围呈波动性扩大趋势。2000—2003 年，劳动力普遍流出，由北京与上海等低端产业外迁地区、中西部地区、东北地区流入经济发达的东中部地区。北京、天津、上海工业产业外迁地区工业劳动力流出 100.37 万，东北地区劳动力流出 207.40 万。2004—2008 年，劳动力流入区域迅速扩大。江苏、浙江等东部沿海区域，湖南、湖北、安徽等中部地区也成为劳动力流动的主要目的地。2009—2014 年，受金融危机影响，劳动力流向范围存在较大幅度波动。2011 年，劳动力流动目的地数量骤降，作为主要劳动力流入地的东部沿海地区劳动力也呈现出短暂的流出趋势。东部地区失业劳动力此时主要流向河北、河南、四川等劳动力供给大省。2012 年后，劳动力流动趋于稳定，京沪地区、东北地区、中西部地区劳动力重新流向东部沿海地区与部分中西部地区。基于工业相对从业人数年增长值测算的工业劳动力流动数据不仅可以较好地反映区域特征与动态变化趋势，也基本与我国全社会人口流动规模与范围相对应。由此可见，本文采用的工业劳动力流动刻画方法具有较高的准确性与较好的普适性，因此为进一步从劳动力流动的视角来分析工业资本回报率省际分化的根源奠定基础。

## 三、劳动力流动机制研究

### 1. 理论分析

人口经济学领域关于人口流动的研究表明收入差距（Kennan J，Walker J R，2011；Brücker H，Jahn E J，2011；白重恩，2014；佟新华，孙丽环，2014；柏培文，张伯超，2016）是流动的决定性因素，流动成本（佟新华，孙丽环，2014）等因素也对流动有重要的作用。本文借鉴可以有效刻画工资差距、流动成本等因素与劳动力流动作用关系的"托达罗"模型，揭示劳动力流动的作用机制。"托达罗"基础模型为

$$M = f\Big[ \int_0^n \big[ \rho(t) W_\mu(t) - W_\gamma(t) \big] \mathrm{e}^{-rt} \mathrm{d}t - C(0) \Big] \tag{2}$$

其中，$M$ 表示劳动力流动量，$r$ 为贴现率，$\rho(t)$ 是 $t$ 期流入地区找到工作的概率，$W_\mu(t)$ 表示 $t$ 期流入地区工资，$W_\lambda(t)$ 表示 $t$ 期流出地区工资，$C(0)$ 为流动成本。

但是，与"托达罗"模型的基础设定不完全相符，首先，本文以劳动力当期流动为研究对象，工资差距不存在贴现。其次，仅当流动净收益大于 0 且流动净收益较高时，劳动力才会选择流出（纪月清，等，2009）。工资差距 $\big[ \Delta W = W_\mu(t) - W_\gamma(t) \big]$ 对劳动者的流动选择应存在显著的门限效应，当流入地区与流出地区工资差距跨越临界值后，劳动者才改变其流动选择，伴随工资差距提升，劳动力流动显著发生。并且，流动成本应包含流动距离（刘生龙，2014；佟新华，孙丽环，2014）与生活成本（明娟，张建武，2011；李强，2014）。而房价水平是地区生活成本的重要组成部分。本文以房价水平 $HP$ 作为衡量生活成本的代理变量，将流动成本 $C$ 视为流动距离 $DIS$ 与地区房价 $HP$ 的函数。除此以外，工业劳动力流动研究也应考虑区域工业产业结构对劳动力流动的作用机制，本文选择增加控制变量衡量工业产业结构。综上所述，基于本文理论预期的工业劳动力流动模型应为

$$M = f\big[ \Delta W \leqslant q, \Delta W > q, C(DIS, HP), IS \big] \tag{3}$$

因此，理论上看，在市场机制的作用下，工资差距超越临界值后，劳动者改变其

流动选择，选择流出。并且，除工资差距外，流动距离、生活成本抑制了劳动要素流入，工业产业比重促进了劳动要素流入。

2. 实证检验

本文以工业相对从业人数年增长值衡量工业劳动力省际流动，以地区工业增加值与地区 $GDP$ 之比衡量工业产业结构，以各地区按用途分的房地产开发企业商品房平均销售价格中住宅价格衡量区域房价水平。选择城镇单位就业人员平均工资近似替代工业人均工资，以地区工资与流出区域工资之差衡量区域工资差距；以省会间距离近似衡量省际距离，并根据工业劳动力流出与流入区域划分，以劳动力流出区域与各地区距离之和衡量流动距离。

基于理论分析与指标设计，本文运用面板门限模型分析工资差距驱动下的劳动者省际流动的作用机制。本文对样本数据进行 1000 次重复抽样以检验门限效应。单一门限模型门限效应显著性更高（表 1），选择单一门限模型揭示工资差距对劳动者流动选择的非线性作用关系。流动距离门限值为 0.675，95% 置信区间为 [0.620，1.174]（表 2）。

表 1 基于拔靴法的门限效应检验

| 模型 | F - 统计值 | Prob | BS 次数 | 临界值 | | |
|---|---|---|---|---|---|---|
| | | | | 1% | 2% | 3% |
| 单一门限模型 | 17.220*** | 0.002 | 1000 | 12.588 | 8.697 | 6.575 |
| 双重门限模型 | 37.447*** | 0.007 | 1000 | 34.404 | 23.526 | 17.483 |
| 三重门限模型 | -36.372 | 0.121 | 1000 | -22.588 | -28.748 | -34.486 |

注：***，** 和 * 分别代表在 1%，5% 和 10% 水平下显著。

表 2 门限值与门限置信区间

| 门限变量 | 门限估计值 | 95% 置信区间 |
|---|---|---|
| $q$ | 0.675 | [0.620，1.174] |

根据工资差距的门限估计值，本文得到整理后的工业劳动者力流动选择基本模型

$$M = \delta + \beta_1 DV_1 \Delta W + \beta_2 DV_2 \Delta W + \beta_3 IS + \beta_4 HP + \beta_5 DIS \tag{4}$$

$$DV_1 = \begin{cases} 1, & \Delta W > 0.675 \\ 0, & \text{其他} \end{cases}, DV_2 = \begin{cases} 1, & \Delta W \leqslant 0.675 \\ 0, & \text{其他} \end{cases}$$

其中，$\delta$ 为常数项，$DV_1$、$DV_2$ 是不同工资差距的虚拟变量，$\beta_1$、$\beta_2$ 为不同工资差距的回归系数，$\beta_3$ 为产业结构的回归系数，$\beta_4$ 为地区房价水平的回归系数，$\beta_5$ 为地区流动距离的回归系数。工资差距大于 0.675 万元时，工资差距对劳动力流动的乘数为

$\beta_1$；工资差距小于等于 0.675 万元时，工资差距对劳动力流动的乘数为 $\beta_2$。

本文以修正后的工业劳动力流动模型为基础，运用固定效应模型得到剔除异方差的稳健性回归结果（表 3）。方程与变量的显著性较高，与理论预期相符，可以很好地解释区域工资差距对工业劳动力流动的作用机制问题。工资差距（$\Delta W \leqslant 0.675$）较低时，工资差距的提升不会促进劳动力流入，反而会抑制劳动力流入，工资差距对劳动力流动的乘数为 $-0.001$；工资差距较高（$\Delta W > 0.675$）时，工资差距提升显著改变了工业劳动者的流动选择、促进了劳动力流入，工资差距对劳动力流动的乘数为 0.002。控制变量产业结构、流动距离、房价水平对劳动力流动也存在显著影响。产业结构提升促进了劳动力流入。流动距离与地区房价水平抑制了劳动力流入。

实证结果表明，在市场机制的作用下，区域间工资差距等因素改变了工业劳动者的流动选择。当高收入地区与低收入地区差距约为 0.675 万元时，劳动者自发地流入高收入地区。除工资差距外，流动距离、房价水平等都对劳动力流动存在显著的抑制作用。控制变量产业结构对工业劳动力的省际流动也存在显著影响，地区第二产业比重上升也促进了劳动力流入。

表 3　劳动力流动稳健性实证结果

| $M$ | 固定效应 | | 剔除异方差的固定效应 | |
|---|---|---|---|---|
| | 系数 | T 检验 | 系数 | T 检验 |
| 常数项 | $-0.001$ | $-0.440$ | $-0.001$ | $-0.520$ |
| $\Delta W$（$\Delta W > 0.675$） | $0.002^{***}$ | 3.510 | $0.002^{*}$ | 1.770 |
| $\Delta W$（$\Delta W \leqslant 0.675$） | $-0.001^{**}$ | $-1.980$ | $-0.001^{**}$ | $-2.200$ |
| $IS$ | $0.015^{***}$ | 2.890 | $0.015^{***}$ | 3.040 |
| $HP$ | $-0.005^{***}$ | $-4.840$ | $-0.005^{**}$ | $-2.010$ |
| $DIS$ | $-0.002^{***}$ | $-7.760$ | $-0.002^{***}$ | $-4.720$ |
| Number of obs 样本数 | 496 | | 496 | |
| $R^2$ | 0.241 | | 0.241 | |
| 调整 $R^2$ | 0.184 | | 0.234 | |
| F - 统计值 | 29.260 | | 18.820 | |
| Prob（F - 统计值） | 0.000 | | 0.000 | |

注：$***$，$**$ 和 $*$ 分别代表在 1%，5% 和 10% 水平下显著。

但由于"流动之谜"的存在，劳动力流动并未缩小区域间工资差距（Shioji E，2001；钟笑寒，2006；许召元，李善同，2009；李晓宁，姚延婷，2012）。因此，在工资差距等因素的作用下，工业劳动力流动是自发且持续的，其流动过程持续增加了流入地区的劳动要素供给。但结合劳动力存量省际均值（第 110 页图 4）分析，劳动力流出并未直接降低流出地区的劳动要素供给。2000—2012 年，工业劳动力存量均值基本保持较为稳定的上涨趋势；而 2013 年后，劳动力流出区域劳动要素供给显著降低。

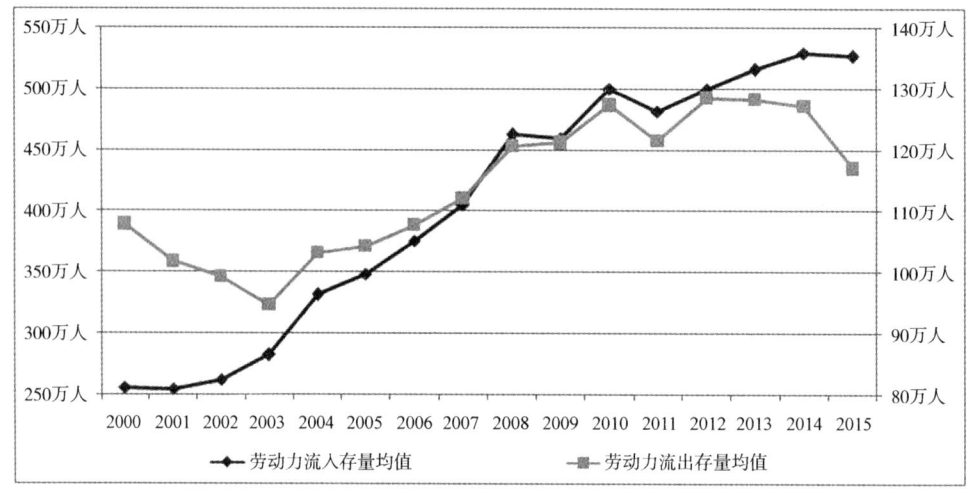

图 4　劳动力流动存量均值变动趋势图

　　流出地区劳动力供给呈现出的这种特殊规律非常值得研究。为了解释这个特殊规律，作者阅读劳动经济学领域的相关文献时发现，蔡昉（2010，2011）研究表明我国人口红利会于 2013 年消失。人口红利由充裕转为消失的时间点恰好与本文流出、流入区域劳动要素存量变动的特殊规律吻合，因此可以认为人口红利关闭期的到来是导致流出地区劳动力供给变化规律发生转折的根源。流出地区劳动力供给规律的新特征不仅为人口红利消失的观点提供了佐证，也可能是新时期省际工业要素配置状态发生变化的重要原因。

　　因此，工业劳动力区域间流动是劳动者在工资差距等因素的作用下自发且持续的行为选择，进而导致了区域异质性的劳动要素供给状态。2000—2012 年，流出地区劳动要素相对过剩，劳动力区域间流动并未直接降低流出区域的工业劳动要素供给。2013 年后，劳动力迁出未得到补充，工业劳动力流动导致流出地区劳动要素供给降低。2000—2015 年，劳动力流入持续地弥补了劳动缺口，增加了流入地区的劳动要素供给。本文将劳动力流动与产业领域的要素替代与资本回报率相结合，不仅可以定量揭示出工业资本回报率分化的根源，也可以据此对我国新时期资本回报率的下滑给出全新的解释。

## 四、劳动力流动与要素替代机制研究

### 1. 理论分析

　　工业劳动力区域间流动不仅改变了区域间劳动要素供给，也必然改变区域资本、劳动要素的替代状态。与此同时，正是由于区域差异化的资本、劳动要素替代，区域间才存在着显著的工资差距，进而导致劳动力的区域间流动。作为与劳动力流动互为因果的区域异质性要素替代特征也必然对工业资本回报率的演化趋势产生显著影响。更为重要的是，由于存在着资本要素的边际产出递减，在我国整体资本替代劳动的（张军，2002）背景下，劳动力流动可能导致具有不同替代特征的要素配置对资本回报率存在完全不同的作用效果。因此，为揭示区域资本回报率分化的根源，本文试图在劳动力区域间流动的框架下分析区域间资本、劳动要素替代机制。

在技术偏向性的相关研究中，技术偏向性的定义为技术进步更有助于促进哪种要素的边际产出（Diamond，1965；Acemoglu，2002）。技术进步不仅是要素配置状态的表现形式之一，更重要的是以技术偏向性衡量要素配置可以揭示出流入、流出区域的差异化的要素替代特征。劳动力流入、要素供给增多就有可能导致流入地区以劳动替代资本或资本替代劳动程度减缓，劳动力流出、要素供给减少就有可能导致资本替代劳动程度加深。因此，本文以要素偏向性指标揭示要素配置过程中的资本、劳动要素替代特征，表现为数理模型为

$$BIAS = \partial \ln(MP_K/MP_L)/\partial\ t = \dot{MP}_K/MP_K - \dot{MP}_L/MP_L \tag{5}$$

其中，$\dot{MP}_K$、$\dot{MP}_L$ 分别为资本、劳动边际产出的年增长量，$BIAS > 0$，要素配置偏向于资本，资本要素替代劳动要素；$BIAS < 0$，要素配置偏向于劳动，劳动要素替代资本要素。基于如上分析，本文不仅能够从劳动力流动视角揭示区域间异质性资本、劳动要素替代特征，也可以对现阶段学术界普遍认同的一致性资本深化特征（张军，2002；李治国，唐国兴，2003；陈勇，李小平，2006）提出新的解释与补充。

2. 实证检验

本文基于前文的理论分析，借鉴 Diamond（1965）、Neha Khanna（2001）研究，运用不限定要素投入形式且能有效分析投入要素交互影响的超越对数生产函数揭示劳动力流动框架下的要素替代机制。首先，本文选择适宜的流出、流入区域资本、劳动、产出指标构造非平衡面板数据，回归得到不同流动状态下超越对数生产函数。其次，根据回归结果，得到流出、流入区域的资本产出弹性（$\sigma_{OK}$、$\sigma_{IK}$）劳动产出弹性（$\sigma_{OL}$、$\sigma_{IL}$），资本、劳动边际产出。再次，将流出、流入区域的资本边际产出、劳动边际产出按时间、样本顺序排列为平衡面板，求得资本、劳动边际产出的年增长量 $\dot{MP}_K$、$\dot{MP}_L$。最后，根据 Diamond（1965）的技术进步偏向性定义得到劳动力流入、流出区域的要素替代指数。

首先，本文以规模以上工业企业产值衡量产出，并运用分地区工业品出厂价格指数对规模以上工业企业产值进行可比性处理；以规模以上工业企业固定资产投资净值

衡量资本要素投入，并借鉴李何（2006）的折旧方式对资本要素投入进行可比性处理；以规模以上工业企业从业人数衡量劳动要素投入。

其次，基于流出区域资本、劳动、产出指标构造的非平衡面板数据回归得到流出区域的超越对数生产函数（表4），进而求得工业劳动力流出区域、流入区域的资本、劳动产出弹性（式6、式7、式8、式9）

表4　流出、流入区域生产函数实证结果

| lnY | 流出区域 | | 流入区域 | |
|---|---|---|---|---|
| | 系数 | T检验 | 系数 | T检验 |
| 常数项 | − 6.44 *** | − 3.69 | − 6.61 *** | − 4.44 |
| lnK | 3.10 *** | 5.69 | 2.97 *** | 5.29 |
| lnL | − 1.38 *** | − 3.18 | − 0.89 * | − 1.73 |
| lnK × lnK | − 0.26 *** | − 4.00 | − 0.23 *** | − 3.44 |
| lnL × lnL | − 0.19 *** | − 3.45 | − 0.14 *** | − 2.97 |
| lnK × lnL | 0.46 *** | 4.50 | 0.36 *** | 3.34 |
| Number of obs 样本数 | 214 | | 282 | |
| R² | 0.969 | | 0.971 | |
| 调整 R² | 0.968 | | 0.970 | |
| F − 统计值 | 389.550 | | 501.680 | |
| Prob（F − 统计值） | 0.000 | | 0.000 | |

注：***，** 和 * 分别代表在1%，5% 和10% 水平下显著。

$$\sigma_{OK} = 3.11 - 0.51\ln K_t + 0.46\ln L_t \tag{6}$$

$$\sigma_{IK} = 2.97 - 0.46\ln K_t + 0.36\ln L_t \tag{7}$$

$$\sigma_{OL} = -1.38 - 0.38\ln L_t + 0.46\ln K_t \tag{8}$$

$$\sigma_{IL} = -0.89 - 0.28\ln L_t + 0.36\ln K_t \tag{9}$$

再次，由资本、劳动要素产出弹性得到汇总后的资本、劳动边际产出，并将流出、流入区域的资本边际产出、劳动边际产出按时间顺序与样本顺序排列为平衡面板，求得资本、劳动边际产出的年增长量 $\dot{MP}_K$、$\dot{MP}_L$，最终借鉴 Diamond（1965）研究进一步得到流入、流出区域具有要素倾向性的替代指数 BIAS。其中，BIAS > 0，要素配置偏向于资本，厂商更倾向于投入资本要素；BIAS < 0，要素配置偏向于劳动，厂商更倾向于投入劳动要素。根据劳动力流动区域划分，以流出、流入区域的均值水平衡量厂商具有倾向性的要素替代特征（第113页表5）。

研究期内，流入区域的劳动要素的边际产出增长率显著高于资本要素的边际产出增长率，流入地区的要素投入倾向数值持续小于 0，在要素替代过程中厂商更倾向于投入劳动要素。而 2000 年至 2012 年间的流出地区要素投入倾向数值于 0 上下波动，厂商的要素投入倾向特征存在着显著变动。但在流出地区劳动要素存量显著下滑的 2013 年后，要素投入倾向数值持续大于 0，流出地区厂商更倾向于投入资本要素。

实证结果意味着人口红利变动条件下的劳动力流动不仅改变了劳动要素的供给状态，也因此改变了资本与劳动要素之间的替代特征。在人口红利存续的 2000—2012 年，流出地区劳动要素供给相对过剩，厂商基于其利润最大化原则选择最优的要素配置，呈现出波动式的要素替代特征；2013—2015 年，流出地区劳动要素供给减少，厂商不得不选择以资本要素替代劳动。与此同时，劳动力流动弥补了流入地区劳动缺口、增加流入地区劳动要素供给，避免了资本替代劳动，导致流入地区持续的劳动要素替代资本要素。区域异质性的要素替代特征佐证了前文劳动力区域流动的理论与实证分析，也为本文进一步探究工业资本回报率分化根源奠定基础。

**表 5　流入、流出区域要素替代特征分析**

| BIAS | 2001 年 | 2002 年 | 2003 年 | 2004 年 | 2005 年 |
|---|---|---|---|---|---|
| 流入地区要素投入倾向 | − 0.807 | − 0.285 | − 0.512 | − 0.384 | − 0.267 |
| 流出地区要素投入倾向 | 6.454 | 0.604 | − 0.410 | − 0.532 | 0.439 |
| BIAS | 2006 年 | 2007 年 | 2008 年 | 2009 年 | 2010 年 |
| 流入地区要素投入倾向 | − 0.318 | − 0.267 | − 0.206 | − 0.154 | − 0.359 |
| 流出地区要素投入倾向 | − 0.066 | 0.057 | − 0.394 | 0.240 | − 0.107 |
| BIAS | 2011 年 | 2012 年 | 2013 年 | 2014 年 | 2015 年 |
| 流入地区要素投入倾向 | − 0.210 | − 0.420 | − 0.157 | − 0.253 | − 0.133 |
| 流出地区要素投入倾向 | 0.151 | − 0.113 | 0.050 | 0.110 | 0.003 |

## 五、劳动力流动与资本回报率演化机制研究

### 1. 理论分析

在工业劳动力流动机制与区域要素替代机制研究的基础上，继续在工业劳动力流动的框架下分析二者对工业资本回报率演化趋势的作用机制。但资本回报率的分化特征于 2013—2015 年显著发生。而为了揭示出工业资本回报率分化的根源，首先，本文以利润总额与固定资产净值之比衡量规模以上工业企业资本回报率。其次，基于变形后的柯布道格拉斯生产函数，得到劳动要素投入、资本劳动比、资本回报率作用关系的基本方程，实证分析劳动力流出、流入区域劳动力流动对工业资本回报率的影响机制。最重要的是，以流出区域劳动要素存量显著下滑与资本显著替代劳动的 2013 年为

分界点。再次，对流出区域的资本回报率演化趋势进行分时段回归，揭示劳动供给变动对资本回报率下滑的作用机制。

综上所述，根据不同区域与时段下劳动要素投入对资本回报率的作用，本文设计如下理论模型（式10、式11）

$$\ln ROC = C + \alpha \ln L + \beta \ln K/L \tag{10}$$

$$\ln ROC = C' + \gamma \ln L + \eta \ln K/L + \lambda \ln L(year \geqslant 2013) + \theta \ln K/L(year \geqslant 2013) \tag{11}$$

其中，$K$ 表示资本要素投入，$L$ 表示劳动要素投入，$ROC$ 表示资本回报率，$K/L$ 表示衡量要素替代特征的资本劳动比，$C$、$C'$ 为常数项，$\alpha$、$\beta$、$\gamma$、$\eta$、$\lambda$、$\theta$ 为参数。

2. 实证检验

本文以可比性处理后的规模以上工业企业利润总额衡量资本回报，以工业资本回报与资本要素投入之比衡量资本回报率，以规模以上工业企业从业人数衡量劳动要素投入，以工业资本要素与劳动要素之比衡量区域资本、劳动要素替代状况。

以分区域回归结果（表6）看，工业劳动力流动对流入、流出区域资本回报率存在着完全不同的作用机制。工业劳动力流入、劳动要素供给增多显著加速资本回报率上涨，资本回报率的劳动要素弹性为0.964，劳动要素投入是推动资本回报率上涨的主要动力。衡量要素替代状态的资本劳动比也是推动资本回报率上涨的重要因素，资本回报率弹性为0.108。

表6　资本回报率区域分化效应分析

| $\ln ROC$ | 流出区域 | | 流入区域 | |
|---|---|---|---|---|
| | 系数 | T 检验 | 系数 | T 检验 |
| 常数项 | -4.259*** | -4.250 | -2.658*** | -6.510 |
| $\ln L$ | 1.120*** | 4.910 | 0.964*** | 9.790 |
| $\ln K/L$ | 0.366*** | 4.310 | 0.108 | 1.530 |
| Number of obs 样本数 | 214 | | 282 | |
| $R^2$ | 0.286 | | 0.424 | |
| 调整 $R^2$ | 0.160 | | 0.350 | |
| F - 统计值 | 36.240 | | 91.730 | |
| Prob（F - 统计值） | 0.000 | | 0.000 | |

注：***，**和*分别代表在1%，5%和10%水平下显著。

而在工业劳动力流出区域，虽然劳动要素投入与资本劳动比对资本回报率的回归结果显著，资本回报率的劳动要素弹性为1.120，资本回报率的要素替代弹性为0.366。但实证结果并不能很好地解释资本回报率先上升后下滑的变动趋势。因此，本文以流出区域劳动要素存量显著下滑与资本显著替代劳动的2013年为分界点，对流出区域的资本回报率演化趋势进行分时段回归（表7）。2000—2012年，流出地区劳动要素供给相对过剩，要素供给增多加速了流出地区资本回报率的上涨，资本回报率弹性为1.088；衡量要素替代状态的资本劳动比也加速了流出地区资本回报率上涨，资本回报率弹性为0.882。但在2013年后，工业劳动力流失并未得到补充，劳动力流动降低了流出地区的劳动要素供给。劳动要素供给减少显著抑制了资本回报率的上涨，进而导致资本回报率急剧下滑。资本回报率的劳动要素弹性为1.276，劳动力流出的抑制作用显著强于劳动要素供给增多的促进作用。与此同时，由于资本要素边际产出递减，2013年后流出地区持续的资本替代劳动导致了资本劳动比对资本回报率的促进作用减弱，资本回报率弹性仅为0.424。

因此，由实证结果可知，在人口红利存续阶段，流出区域劳动要素供给相对过剩，流入地区劳动要素缺口因劳动力流动得以补充，流出、流入区域劳动要素供给、要素替代显著加速资本回报率上升，导致区域间资本回报率保持相对稳定的上涨趋势。伴随着人口红利窗口期关闭，劳动力流动会使得流出地区出现劳动要素供给减少的新现象，从而因为不得不通过持续的资本替代劳动来缓解劳动价格上涨问题，导致资本要素边际产出递减加速和工业资本回报率急剧下滑。与此同时，劳动力流入地区劳动要素供给增多，不仅弥补了人口红利消失带来的劳动要素缺口，也避免了资本替代劳动，实现持续的劳动要素替代资本，避免了资本回报率下滑。劳动力流动改变的劳动要素供给与异质性的要素替代特征最终导致了工业资本回报率区域间分化的严重后果。

表7　流出区域资本回报率分时段演化趋势分析

| $\ln ROC$ | 系数 | T 检验 |
|---|---|---|
| 常数项 | $-5.505^{***}$ | $-4.220$ |
| $\ln K/L$ | $0.882^{***}$ | $5.900$ |
| $\ln L$ | $1.088^{***}$ | $3.470$ |
| $\ln K/L$（$year \geqslant 2013$） | $-0.458^{***}$ | $-5.770$ |
| $\ln L$（$year \geqslant 2013$） | $0.188^{***}$ | $3.810$ |
| Number of obs 样本数 | 214 | |
| $R^2$ | 0.457 | |
| 调整 $R^2$ | 0.449 | |
| F - 统计值 | 35.150 | |
| Prob（F - 统计值） | 0.000 | |

注：***，** 和 * 分别代表在1%，5%和10%水平下显著。

工业领域的省际资本回报率分化规律可以认为是中国经济的一个缩影，因此可以认为，劳动力自发且持续的大规模流动进入人口红利关闭的新时期以后，会发生省际资本回报率的分化。劳动力流出地区的经济增长速度和经济效益水平本来就相对较低，资本回报率的下降将会引发资本流向资本回报率上升的劳动力流入地区，其结果可能导致了劳动力流出省份资本、劳动要素的双重流失。这种情况如果持续下去，这些省份的经济增长就可能发生增速放缓、停滞甚至萎缩的严重后果。目前经济增速严重放缓甚至出现负增长的"东北现象"就具备劳动与资本双流失情况下的典型特征。

与此同时，由于劳动力持续大量涌入少数发达地区，资本回报率的分化趋势更强化了一直存在的区域间劳动力市场壁垒，使得"流动之谜"不仅还会继续存在，而且还可能进一步拉大工资差距，从而引发一系列区域间严重不均衡发展带来的社会问题。目前劳动力流入地区房地产价格的快速上涨和泡沫风险的集聚、交通与环境等承载力严重超负荷以及社保基金的省际严重不均衡等当前中国经济和社会诸多问题的根源，都在于劳动力的大规模流动和资本回报率分化趋势的形成。因此，要从根本上解决"东北现象"、房地产价格上涨、后工业化的能源环境约束以及社保基金的区域间失衡等一系列难题，就应该从我国劳动力的大规模持续流动的后果治理问题入手。

## 六、结论与展望

本文从工业劳动力流动的角度出发，在探索劳动力流动机制及其测度方法的基础上，对劳动力流入、流出区域工业资本回报率分化问题进行了分区域与分时段的计量研究，以揭示资本回报率分化的根源，并据此对我国新时期资本回报率的下滑给出了全新的解释。基于上述研究工作，得到如下结论。

第一，本文以规模以上工业企业相对从业人数年增长值衡量工业劳动力区域间流动，基于门限模型的实证研究表明劳动力区域间流动是劳动者在工资差距等因素作用下自发且持续的行为选择。在人口红利存续期间，流出地区劳动要素供给相对过剩，流入地区劳动要素供给因劳动力流动持续增多，流入、流出区域劳动要素保持相对稳定的供给特征。伴随着人口红利窗口期关闭，劳动力流动降低了流出地区的劳动要素供给，导致其呈现出劳动要素供给减少的新现象。与此同时，劳动力流动弥补了流入地区的劳动要素缺口，持续地增加了劳动要素供给。

第二，基于劳动力流入、流出区域的非平衡面板数据，对要素替代状态的实证研究表明劳动力流动导致了省际异质性的资本、劳动要素替代特征。在人口红利存续阶段，流出地区呈现出波动式的要素替代特征，流入地区因劳动要素供给增多持续以劳动替代资本。而伴随着人口红利窗口期关闭，流出地区厂商不得不通过持续的资本替代劳动以弥补劳动要素不足，流入地区厂商则由于劳动要素供给得以补充避免了资本替代劳动，实现劳动要素替代资本。

第三，基于劳动力流入、流出区域的非平衡面板数据对资本回报率的分区域与分时段实证研究表明劳动力流动改变的劳动要素供给与异质性的要素替代特征最终导致了工业资本回报率区域间分化的严重后果。在人口红利存续阶段，流入、流出区域资本回报率会保持相对稳定的上涨趋势。而伴随着人口红利的消失，劳动力流出加速资本要素边际产出递减，导致工业资本回报率急剧下滑。与此同时，劳动力供给缺口的不断补充使劳动力流入地区避免了经济较中高速度增长中资本替代劳动可能带来的资本回报率下滑。劳动力流动带来的省际要素替代的异质性是导致工业资本回报率区域间分化的根源。

上述研究成果表明，人口红利进入关闭期的转折点，大致上也是中国经济进入新常态的起始点。过了这个关键节点以后，还在持续的劳动力大规模流动不仅改变了各地区劳动力市场的供求，也造成了劳动力流入和流出地区的资本回报率分化发展的新特征。劳动要素供给的转折和资本回报率的分化使新时期国民经济的很多领域都产生了始料不及和难以应对的新情况与新问题。劳动力流入省份的核心城市虽有产业集聚带来的技术创新活力和盈利能力，但同时也存在着房地产价格暴涨和交通能源环境等承载力达到极限等问题。其结果在宏观上由于资产泡沫程度加剧而成为诱发人民币贬值和资本出逃的隐患，在微观上会因为企业的劳动和资本要素的使用成本过高而导致空心化，由此形成的片面追求流动性的资产过度证券化趋势极有可能加剧已经很严重的脱实向虚问题。劳动力输出省份在不能及时实现劳动力回流的情况下，劳动力和资本的双流失所造成的直接后果是已经出现苗头的经济增速放缓、停滞甚至萎缩，其间接影响的范围和程度更深更广，涉及地方政府的财政税收和社会保障体系等几乎所有经济社会领域。

鉴于劳动力流动和资本回报率的分化带来的影响如此深远，现有政策机制的调整和长效政策机制的设计与实施势在必行。关于现有政策机制的调整，房地产市场就是一个典型的例子。目前房地产调控政策主要是针对房地产投机行为的打击和外地流入居民购买的限制，而不是从劳动力流动机制的根本上解决问题，因此才会出现越限购越涨价的怪圈。很多轮劳动力的涌入已经让投机者认为政府的调控政策不可信而价格上涨是必然，从而导致调控政策失效。因此，长效的政策机制应该从劳动力的适度有序流动入手。

如何实现劳动力的适度有序流动是一个需要抓紧研究的新课题，目前还很难简单地说清楚什么样的政策机制设计一定是有效的，但劳动力流出重灾区产生的"东北现象"是政界、学界和商界很多人士都承认存在又拿不出有效办法解决的问题，说明这个新课题是一个名副其实的难题。

尽管如此，根据本文的研究结果，政策机制设计的几个基本问题值得我们思考。第一，效率优先的改革开放基本国策坚持了几十年，虽然现在需要解决地区间严重的不均衡发展问题，但失去了作为世界经济增长引擎的经济发达地区的引领地位，新常态下中国经济的未来发展还是不可想象的。适度的地区间经济发展差距还是必要的。

第二，之所以会发生地区间经济发展的过大差距和劳动力的过度流动，多年来很多轮次的部分地区先行先试和差别化的区域经济政策，让地区间的经济发展设定在不同的起跑点，人为地拉开地区间差距应该是一个重要原因。目前还在推进的中心化城市评选和中心化发展政策可以预见是新一轮的人为拉大地区差距的政策措施，所以应该谨慎推进。

第三，技术进步和生产率的提升是劳动力流出地区避免大规模劳动力流失和资本回报率过低的最后防线，也是劳动力回流和避免经济萎缩的根本性策略，应该及早采取有效措施予以推进。

## 参考文献

［1］ ACEMOGLU D. Directed Technical Change ［J］. The Review of Economic Studies，2002，69（4）：781 －809.

［2］ 白重恩，张琼. 中国的资本回报率及其影响因素分析 ［J］. 世界经济，2014（10）：3 –30.

［3］ CCER "中国经济观察" 研究组，卢锋. 我国资本回报率估测（1978—2006）——新一轮投资增长和经济景气微观基础 ［J］. 经济学（季刊），2007（3）：723 –758.

［4］ 陈勇，李小平. 中国工业行业的面板数据构造及资本深化评估：1985—2003 ［J］. 数量经济技术经济研究，2006（10）：57 –68.

［5］ DIAMOND P A. Disembodied Technical Change in a Two – sector Model ［J］. The Review of Economic Studies，1965，32（2）：161 –168.

［6］ 方文全. 中国的资本回报率有多高？——年份资本视角的宏观数据再估测 ［J］. 经济学（季刊），2012（2）：521 –540.

［7］ 侯燕飞，陈仲常. 中国 "人口流动 – 经济增长收敛谜题" ——基于新古典内生经济增长模型的分析与检验 ［J］. 中国人口·资源与环境，2016（9）：11 –19.

［8］ 胡凯，吴清. 制度环境与地区资本回报率 ［J］. 经济科学，2012（4）：66 –79.

［9］ 黄先海，杨君，肖明月. 中国资本回报率变动的动因分析——基于资本深化和技术进步的视角 ［J］. 经济理论与经济管理，2011（11）：47 –54.

［10］ 黄先海，杨君. 中国工业资本回报率的地区差异及其影响因素分析 ［J］. 社会科学战线，2012（3）：40 –47.

［11］ 黄伟力. 中国资本利润率的变动趋势及其影响因素 ［J］. 山西财经大学学报，2007（8）：15 –21.

［12］ 纪月清，刘迎霞，钟甫宁. 中国农村劳动力流动：一个分析框架——从流动成本角度解释

2003—2007 年农民工市场的变化 ［J］. 农业技术经济，2009（5）：4 – 11.

［13］ KHANNA N. Analyzing the Economic Cost of the Kyoto Protocol ［J］. Ecological Economics，2001，38（1）：59 – 69.

［14］ 冷艳丽，杜思正. 双向直接投资的经济增长效应分析——来自中国数据的实证检验 ［J］. 国际商务（对外经济贸易大学学报），2017（1）：88 – 98.

［15］ 李何. 市场化进程对地区工业经济发展的作用机理研究 ［D］. 长春：吉林大学，2006.

［16］ 李强. 农民工举家流动决策的理论分析及检验 ［J］. 中国人口、资源与环境，2014（6）：65 – 70.

［17］ 李晓宁，姚延婷. 劳动力转移与工资差距同时扩大的"悖论"研究——基于市场分割的视角 ［J］. 当代财经，2012（4）：5 – 12.

［18］ 李扬，殷剑峰. 劳动力转移过程中的高储蓄、高投资和中国经济增长 ［J］. 经济研究，2005（2）：4 – 15，25.

［19］ 李治国，唐国兴. 资本形成路径与资本存量调整模型——基于中国转型时期的分析 ［J］. 经济研究，2003（2）：34 – 42，92.

［20］ 刘富江，江源. 我国企业盈利水平进入明显上升期 ［J］. 统计研究，2007（12）：3 – 8.

［21］ 刘生龙. 中国跨省人口流动的影响因素分析 ［J］. 数量经济技术经济研究，2014（4）：83 – 98.

［22］ 刘晓光，卢锋. 中国资本回报率上升之谜 ［J］. 经济学（季刊），2014（3）：817 – 836.

［23］ 刘铮. 国际资本流动、汇率与预期管理——人民币纳入 SDR 货币篮子的效应分析 ［J］. 中央财经大学学报，2017（4）：117 – 128.

［24］ 罗知，郭熙保. 劳动力转移对资本回报率影响的机制分析与实证研究 ［J］. 数量经济技术经济研究，2014（1）：93 – 111.

［25］ LUCAS R E. Why Doesn't Capital Flow from Rich to Poor Countries？ ［J］. The American Economic Review，1990，80（2）：92 – 96.

［26］ 明娟，张建武. 回流意愿、流动成本与农民工汇款——一个区间回归模型分析 ［J］. 南方人口，2011（1）：48 – 56.

［27］ OBSTFELD M. International Capital Mobility in the 1990s ［R］. National Bureau of Economic Research，1993.

［28］ 单豪杰，师博. 中国工业部门的资本回报率：1978—2006 ［J］. 产业经济研究，2008（6）：1 – 9.

［29］ 沈坤荣，余吉祥. 农村劳动力流动对中国城镇居民收入的影响——基于市场化进程中城乡劳动力分工视角的研究 ［J］. 管理世界，2011（3）：58 – 65.

［30］ 石智雷. 国外流动劳动力回流理论研究述评 ［J］. 人口与发展，2013，1：29 – 37.

［31］ SHIOJI E. Composition Effect of Migration and Regional Growth in Japan ［J］. Journal of the Japanese and International Economies，2001，15（1）：29 – 49.

［32］孙文凯，肖耿，杨秀科. 资本回报率对投资率的影响：中美日对比研究［J］. 世界经济，2010
（6）：3 - 24.

［33］徐洪才，綦鲁明. 我国短期国际资本流动分析［J］. 中国金融，2013（11）：57 - 59.

［34］许召元，李善同. 区域间劳动力流动对地区差距的影响［J］. 经济学（季刊），2009（1）：53
- 76.

［35］杨云彦. 中国人口迁移的规模测算与强度分析［J］. 中国社会科学，2003（6）：97 -
107，207.

［36］张军. 增长、资本形成与技术选择：解释中国经济增长下降的长期因素［J］. 经济学（季刊），
2002（1）：301 - 338.

［37］张勋，徐建国. 中国资本回报率的再测算［J］. 世界经济，2014（8）：3 - 23.

［38］张勋，徐建国. 中国资本回报率的驱动因素［J］. 经济学（季刊），2016（3）：1081 - 1112.

［39］钟笑寒. 劳动力流动与工资差异［J］. 中国社会科学，2006（1）：34 - 46，206.

# 产业转型中内部劳动力市场的优化对新生代农民工人力资本提升的影响研究

**摘要**　在经济发展新常态背景下，我国产业转型升级和经济增长质量都要求劳动力具备转型所需的创造性、技能性等特征。新生代农民工作为农村劳动力转移的主体，同时也是承担产业转型的直接参与者，这部分劳动力供给侧改革的质量对我国产业转型升级以及广大中小企业的可持续发展有重要的影响作用。但目前，新生代农民工较低的人力资本水平已经明显成为阻碍产业转型、技术创新、企业发展的主要障碍。因此，本文在分析产业转型过程中新生代农民工人力资本提升效应的基础上，着重从企业内部劳动力市场的机理进行分析，构建内部劳动力市场效率模型，并基于调查数据的实证分析，以探究内部劳动力市场优化对新生代农民工人力资本提升的影响路径。

**关键词**　产业转型；内部劳动力市场；新生代农民工；人力资本

# The Rescarch on Optimization of the Internal Labor Market Have an Influence on New Generation of Migrant Workers' Promotion of Human Capital in Industrial Transformation

**Abstract**：In the background of the new normal about economic development, China will require creative skills of the labor. Generation of migrant workers has become the subject of migrant workers. It's very important that The quality of this part of labor to China's industrial transformation and upgrading, and sustainable development of little enterprises. But now, the

＊　凌云（1979—）女，上海立信会计金融学院讲师、博士；研究方向：劳动力市场、社会保障，江苏泰州人。

low levels of human capital of Generation of migrant workers have clearly become the biggest obstacle to industrial restructuring, technological innovation, and enterprises' development. Therefore, this paper focuses on the mechanism of internal labor market, building a efficiency model of internal labor market, and based on data analysis, exploring the path of the internal labor market optimized impact on new generation of migrant workers' Human Capital.

**Key Words**：*Industrial Transformation*；*Internal Labor Market*；*Generation of Migrant Workers*；*Human Capital*

## 一、引言

近年来，"民工荒"现象反映了无须任何投资的廉价劳动力的无限供给已成为历史。随着人口红利的消失，劳动力供给的下降，低投入、低成本、低附加值的产品制造势必进入死循环，这样的企业必然失去竞争力，而向创新型、高端型制造业转型的过程依然艰巨。毫无疑问，这一过程中，对创新型、复合型、高端型人才的需求是顺利转型的重中之重。可以说"民工荒"更多的是一种"质量荒"。因此，农村剩余劳动力的合理有序转移，对于产业结构的调整与转型以及农村经济的快速发展都具有积极的意义。而流入城镇的农村劳动力中，新生代农民工已逐渐成为主力军，如果这部分群体的人力资本积累水平低则会出现"内卷化"效应。① 因此，加强新生代农民工人力资本投资是促进产业转型和升级，提升企业竞争力，实现国民经济稳定健康发展的重要保证。

吕晓兰、姚先国（2014）研究认为，新生代农民工具有更高的教育水平，较强的留城意愿，除了收入之外，养老、医疗等社会事业的发展水平是影响农民工整体是否留在城市的重要因素。[1]付宏（2013）的研究从劳动力需求的类型出发，指出产业升级将增加对高技能劳动力的需求，减少对低技能劳动力的需求。[2]林竹（2011）提出了应加强农民工的人力资本与心理资本、社会资本协同发展，而对农民工人力资本投资的提升会促进其心理资本和社会资本的积累，从而实现农民工高质量就业。[3]黄快生、马跃如（2014）通过分析新生代农民工人力资本状况并在借鉴国外人力资本理论研究的观点上提出了要加强新生代农民工人力资本投资和积累。[4]陶伟、燕东升（2012）利用SWOT分析法分析了对新生代农民工进行人力资本投资所面临的机会和威胁，提出了加大新生代农民工人力资本投资的必要性。[5]赵亮、张世伟（2011），分析了人力资本对农民工进城务工就业、收入和参与社会保险的影响，得出教育、培训、工作经验和技

---

① 美国学者戈登威泽和格尔茨曾提出的一个观点，"内卷化"是指系统在外部扩张条件受到严格限定的条件下，内部不断精细化和复杂化的过程。

术等级对农民工就业倾向具有十分显著的影响，教育、培训、技术等级和工作经验对农民工的收入产生明显促进作用。[6]

上述研究大多主要从农民工人力资本投资的必要性这一视角进行阐述和分析。对新生代农民工投资的途径和环境缺乏较为深入的分析，由于目前农民工人力资本投资外部途径和环境条件尚且不足。因此，本文从内部劳动力市场机理的视角分析了构建完善的内部劳动力市场对新生代农民工的人力资本投资的促进作用。

## 二、新生代农民工人力资本状况

新生代农民工主要是指20世纪80年代以后出生的新一代农民工。近年来，随着年龄的增长，老一代农民工正在逐步退出城市，而新生代农民工则逐步成为农民工群体的主体。2015年末，全国有农民工2.77亿，其中新生代农民工占近60%。

### （一）年轻农民工比重逐渐下降

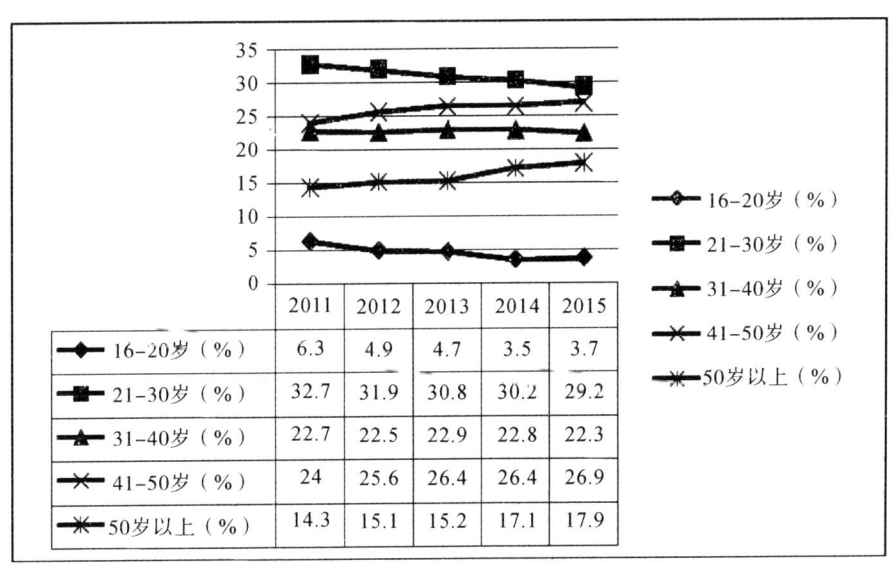

图1　各年龄段农民工比重

数据来源：国家统计局2015年全国农民工监测调查报告。

图1显示，我国农民工的供给仍以青壮年为主，但所占比重持续下降。同时，农民工平均年龄却在不断提高。目前，我国农民工的平均年龄为38.6岁，而2010年平均年龄则为35.5岁。年龄结构也表明，40岁以下农民工所占比重由2011年的61.7%下降到2015年的55.2%，可见，我国青壮年劳动力的比重已呈现下降趋势，但由图1可计算出新生代农民工比重却由2011的39%上升到2015年的55.2%，一方面，青壮年

比重的下降与我国人口红利消失，劳动力人口下降相关。[①] 另一方面，新生代农民工比重的上升，也凸显农民工主体已悄然转变为新生代农民工，他们的就业供给质量将深刻影响着我国产业结构调整与升级的步伐。从劳动力的需求角度看，我国企业对 80后、90 后新生代农民工需求量最大。国家人力资源和社会保障部在 2015 年对全国部分城市公共就业服务机构市场供求状况进行的调查分析表明，约 80% 以上的用人单位对劳动者的年龄都有所要求，其中 16—34 岁的劳动者是单位用人需求的主体，约占总体需求的 63.3%，这一年龄段的农民工大多是新生代农民工。我国的"民工荒"实际上是新生代农民工荒。在劳动力数量下降的现实背景下，在产业结构调整升级的不断进程中，对新生代农民工进行持续性人力资本投资，从而不断提高其劳动力素质和就业能力就显得极为紧迫。

**（二）新生代农民工受教育及职业培训状况**

1. 受教育水平较低

目前，我国农民工学历教育主要以初中为主（图 2），近年来，虽然高中以上学历教育比例有所上升，但变化不够显著，2014 年高中及以上农民工占 23.8%，比上年提高 1 个百分点。

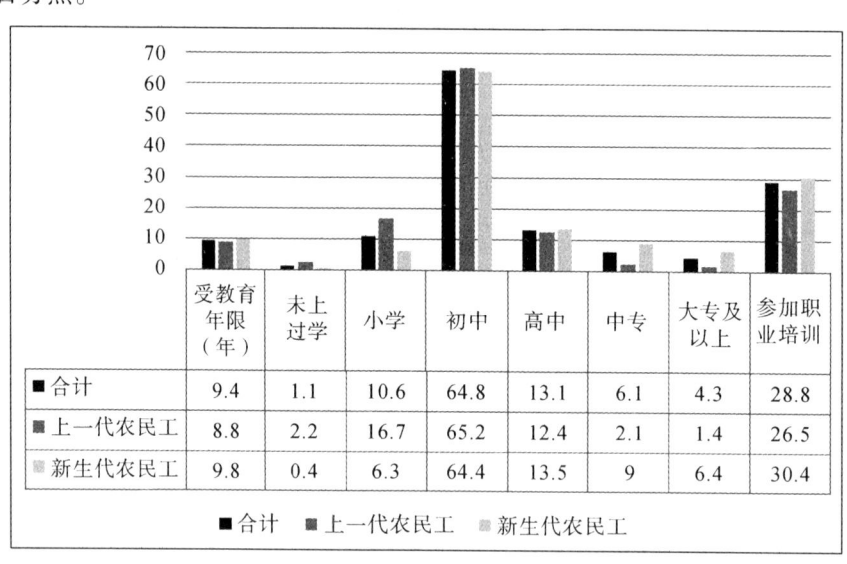

| | 受教育年限（年） | 未上过学 | 小学 | 初中 | 高中 | 中专 | 大专及以上 | 参加职业培训 |
|---|---|---|---|---|---|---|---|---|
| ■合计 | 9.4 | 1.1 | 10.6 | 64.8 | 13.1 | 6.1 | 4.3 | 28.8 |
| ■上一代农民工 | 8.8 | 2.2 | 16.7 | 65.2 | 12.4 | 2.1 | 1.4 | 26.5 |
| 新生代农民工 | 9.8 | 0.4 | 6.3 | 64.4 | 13.5 | 9 | 6.4 | 30.4 |

■合计　■上一代农民工　新生代农民工

图 2　新生代农民工受教育情况

数据来源：国家统计局《2014 新生代农民工的数据、结构和特点》。

新生代农民工中，初中以下文化程度仅占 6.3%，高中及以上文化程度的新生代农民工占到 1/3，比老一代农民工高 19.2 个百分点。但总体来说，新生代农民工受教育

---

① 数据来源：国家统计局 2015 年全国农民工监测调查报告。

程度主要集中在初中，学历层次比较低，受教育年限不长，参加职业技能培训比例也需进一步提高。（第124页图2）

2．参与技能培训的比例有所上升

近年来，各年龄段农民工参与技能培训的比例均有所上升，其中21—40岁年龄段的农民工接受培训的比例最高，这也说明新生代农民工的人力资本水平高于老一代农民工。但总体上新生代农民工的技能培训提升的速度还比较低，且仍有近70%的新生代农民工没有接受过任何技能培训。

**（三）社会保险参与比例仍需提升**

1．参保率低，且行业间差距大

随着《社会保险法》的颁布与实施，我国农民工的社会保险参与比例逐渐上升，但总体还处于较低水平状态，除了工伤保险的参与率较高之外，养老、医疗等社会保险的参与率与城镇职工的差距依然巨大。[①]

表1　我国城镇职工与农民工社会保险参保率[②]

| 社会保险项目 | | 农民工 | | | | | 城镇职工 | | | | |
|---|---|---|---|---|---|---|---|---|---|---|---|
| 年份 | | 2010 | 2011 | 2012 | 2013 | 2014 | 2010 | 2011 | 2012 | 2013 | 2014 |
| 社会保险参与率（%） | 养老保险 | 9.5 | 13.9 | 14.3 | 15.7 | 16.7 | 58.22 | 62.17 | 61.94 | 63.22 | 69.12 |
| | 医疗保险 | 14.3 | 16.7 | 16.9 | 17.6 | 17.6 | 53.4 | 54.63 | 53.53 | — | — |
| | 失业保险 | 4.9 | 8.0 | 8.4 | 9.1 | 10.5 | 40.14 | 41.28 | 41.03 | 42.93 | 46.73 |
| | 工伤保险 | 24.1 | 23.6 | 24 | 28.5 | 26.2 | 48.5 | 51.02 | 51.24 | 52.03 | 53.53 |
| | 生育保险 | 2.9 | 5.6 | 6.1 | 6.9 | 7.8 | 37.02 | 40.05 | 41.58 | 42.88 | — |

数据来源：国家统计局2015年全国农民工监测调查报告。

表1显示，农民工"五险一金"参保率均低于城镇职工，与城镇职工养老保险参保率最高不同的是，农民工工伤保险参保率最高，这主要是与农民工大多主要集中就业于建筑行业、制造行业等工伤风险大的行业相关。但总体来说其社会保障权益较低，尤其作为新生代农民工与其父辈的生存方式、就业不同，他们更多是追求发展型就业，其从事就业的领域也更多元化，且呈现向服务领域等第三产业流动的态势，这样符合我国的产业转型的劳动力需求，也说明新生代农民工择业时，不仅看重岗位的货币工资，更看重职场前景与职业环境。与老一代农民工相比，新生代农民工的就业属于注重就业环境、职业发展等方面的发展型就业类型。但现实中低社保参与率难以满足新生代农民工必要的社会保障需求。

---

① 数据来源：国家统计局2015年全国农民工监测调查报告。
② 鉴于新生代农民工社会保险参保率的数据较少，本文采用农民工总体数据进行对比。

### （四）劳动合同签订率低，就业稳定性差

我国新生代农民工劳动合同签订率为 84.5%，低于城镇职工 4.1 个百分点。合同签订质量较差，执行情况差。68.2% 的合同对于月工资数额没有具体约定。与用人单位签订了合同后，16.8% 未持有正式的合同文本，这为他们与用人单位一旦发生争议时认定劳动关系、维护合法权益埋下隐患。可见，短期雇佣性质明显，这也明显阻碍了企业对农民工人力资本投资的动力。此外，从我国外出农民工中不同年龄组来看，16—20 岁年龄组中从事现职 5 年以上的占 1.3%，21—30 岁的占 7.6%，31—40 岁的占 22.3%，41—50 岁的占 24.5%，50 岁以上的占 21.9%，[①] 说明农民工就业的稳定性也随着年龄的增长而提高。从从事的工作种类看，企业管理人员、专业技术人员等较高技能人才的就业稳定性要明显高于服务业人员和生产、运输设备等低技能操作人员。

新生代农民工外出务工后更换工作的平均次数为 1.44 次，且每年变换工作 0.26 次，是传统农民工的 2.9 倍。他们更倾向于采取主动与用人单位结束合同的行为。换工作的人中，88.2% 主动提出结束合同。37.6% 的主动辞职是因为工作"没什么发展前途"。同时，他们更换工作的意愿更强烈，19.2% 的人表示近期有换工作的打算。职业发展空间小，无法满足实现自我发展的愿望，导致他们工作满意度较低。

通过上述数据分析不难看出，我国新生代农民工学历教育高于第一代农民工，但相关的技能培训、社会保障等人力资本投资明显不足，劳动合同的短期化甚至缺失又加剧了人力资本投入的低水平状态，致使农民工权益得不到保障，从而恶化劳动关系，从宏观角度来看，不利于我国产业转型对技能型、高端型人才的需求。从微观层面来看，也不利于企业核心人才的培养、核心技术的研发以及劳动者个人职业素养的提升。

## 三、内部劳动力市场对促进新生代农民工人力资本提升的机理

内部劳动力市场是根据企业的规章制度、惯例以及雇佣双方达成的隐性契约运行的。内部劳动力市场主要特征是长期雇佣、内部晋升和报酬后置。

### （一）长期雇佣的效率模型促进人力资本长期投资

长期雇佣是内部劳动力市场效率实现的前提，它实际是雇佣之间的隐性承诺，尤其在大型企业运用较多，即使中小企业也应该发挥长期雇佣带来的员工就业的稳定与忠诚，因为过于频繁的劳动力流动和较高的离职率毫无疑问损害着企业的人力资本投资积极性。然而，在我国以农民工为劳动力主体的民营企业中，长期雇佣现象较少，且缺乏效率，使得农民工就业稳定性差、就业质量低，企业对其人力资本投资动力丧失，企业创新能力弱，生产效益难以可持续提升。这都与内部劳动市场效率发挥失能

---

① 数据来源于 2011 年我国农民工调查监测报告。

不无关系。可见，长期雇佣是一个完善的内部劳动力市场高效的前提。

首先，长期雇佣可以降低企业因招聘、筛选劳动力的相关费用。其次，长期雇佣可以通过增加专用性人力资本的积累达到提高企业人力资源配置效率。同时，处于长期雇佣中的员工更易积累工作经验，进而形成这类企业的专有人力资本，而这一专用人力资本一旦形成，又将使得员工与企业的关系密不可分，互相依赖，员工频繁离职以及企业随意的解聘员工都将受到约束。从而这一约束也将激励企业对员工进行持续的人力资本投资。长期来看，这将有利于企业研发水平和创新力的提升。

### （二）内部晋升的效率模型提升人力资本配置效率

企业内部劳动力市场中存在着阶梯式的晋升制度。这个晋升阶梯如同一种锦标赛式的制度，员工晋升将按照员工的能力大小、资历深浅以及业绩优劣从内部逐级晋升。即企业新雇佣的员工一般首先安排在工作阶梯的最底层，然后再依据工作能力和业绩表现逐级晋升。

为了简化模型，现假定企业只有 $a$ 和 $b$ 两个员工，并且也只有老板和工人两种岗位，竞争中的胜出者当老板，失败者当工人。老板的工资为 $W_1$，而工人的工资是 $W_2$，且 $W_1 > W_2$。竞赛结束之前不支付工资，假设在竞赛中获胜的可能性仅取决于两者所付出的努力程度。两个员工的产量由下列等式表示：

$$Q_a = e_a + \varepsilon_a \tag{1}$$
$$Q_b = e_b + \varepsilon_b \tag{2}$$

其中，$Q_a$、$Q_b$ 表示 $a$ 和 $b$ 的产量，$e_a$、$e_b$ 分别表示两个工人 $a$ 和 $b$ 的工作努力程度，$\varepsilon_a$、$\varepsilon_b$ 则是随机的运气成分。

可见，他们各自的最优化模型：

$$Max\left[\,W_1 P + W_2(1 - P) - C(e_a)\,\right]$$

其中，$P$ 是赢得竞赛的概率，$C(e_a)$ 是工作的努力成本。可得出上式的一阶条件：

$$(W_1 - W_2)\frac{\partial P}{\partial e_a} = C'(e_a) \tag{3}$$

因此，一阶条件表明，员工会在努力的边际收益与努力的边际成本相等的点上控制自身的努力程度。则工人 $a$ 胜出的概率是：

$$P = P(e_a + \varepsilon_a > e_b + \varepsilon_b) = P(e_a - e_b > \varepsilon_b - \varepsilon_a) = G(e_a - e_b)$$

其中，$G$ 是随机变量 $(\varepsilon_b - \varepsilon_a)$ 的分布函数，而 $g$ 则是其密度函数。

对于员工 $b$ 也存在同样的问题，由于 $a$ 和 $b$ 是完全相同的，所以我们假定存在对称均衡，即 $a$ 和 $b$ 都选择相同的努力程度。这样，在最优点处，$e_a = e_b$，从而得到式（4）。

$$(W_1 - W_2)g(0) = C'(e_a) \tag{4}$$

从式（4）中可以看出，由于 $C'(e_a)$ 是随着 $e$ 的上升而单调递增的，所以，报酬水平的

差距扩大会激发员工工作的努力程度。[8]（图 3）

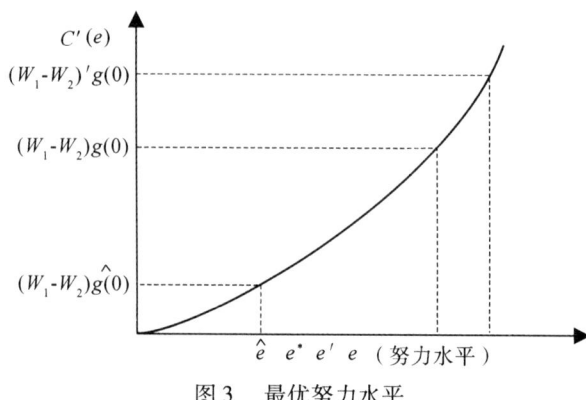

图 3　最优努力水平

上述模型也表明,在内部劳动力市场中只有业绩胜出的员工才能获得晋升,才能得到较高的收入、地位以及声誉。这种内部晋升机制也很好地激励了员工不断地对自身人力资本进行投资,不断提高自身的技能和绩效水平,[9] 此外,内部晋升制度还能起到有效的甄别功能,因为只有那些业绩突出的员工才会有机会在晋升中胜出。

**（三）报酬后置模型 —— 人才"套牢"机制**

在内部劳动力市场上,员工的工资曲线 $W(t)$ 比其边际生产力曲线 $V(t)$ 更陡峭(图4)。工资与边际生产力并不追求短期均衡,但从员工的终身职业生涯来看,二者是相等的。在长期雇佣制度下,在员工的职业生涯中,由于工作经验的积累及工作能力的提升,其劳动的边际生产力逐渐上升,且高于员工的工资,而当员工在该企业工作到 $t_0$ 年后,工资则开始超过边际生产力,直至离开公司。这一报酬后置的体制,如同一副"金手铐"锁住企业的核心人才和忠诚员工。如果没有这种报酬后置的设计,员工就可能毫无顾虑地跳槽。可见,完善的内部劳动力市场应该保证图4中 A 区域的现值等于 B 区域的现值。[10]

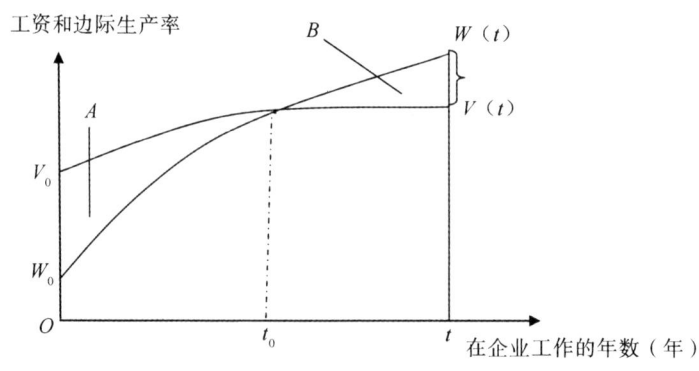

图 4　报酬后置模型

假设从 0 到 $t$ 时期的现值等于从 0 到 $t$ 时期的 $V(t)$ 的现值,则意味着合同 $W(t)$ 曲线和合同 $V(t)$ 曲线所表示的总报酬的现值相等,用数学表达式表示为:

$$\int_0^t W(t) e^{-rt} \mathrm{d}t = \int_0^t V(t) e^{-rt} \mathrm{d}t \qquad (5)$$

在式(5)中,$r$ 为贴现率,$e$ 为员工的工作努力程度。

因此,在产业转型背景下,企业需要有更多的技能型人才、创新型人才,需要加大企业的人力资本投资作支撑。报酬后置可以使企业降低短期人工成本,同时也通过构建和优化内部劳动力市场的长期雇佣合约,满足员工的就业稳定、安全的诉求,这为企业打造长期竞争力奠定了人力资本基础。比如,这些年来我国东南沿海出现的"民工荒""人才荒"现象,使得中国的企业,尤其是中小企业要进行产业结构的调整与产业升级的困境,从根源上主要还是缺乏高素质劳动力而面临停产、转产的困境。而内部劳动力市场的优化恰恰能修正这一点。

## 五、结论与对策

### (一)结论

1. 新生代农民工人力资本积累水平低。无论是学历教育水平还是在职技能培训,新生代农民工都超过了其父辈农民工,这是人力资本投资进步的体现,但总体而言,其人力资本积累水平还处于低水平状态,大量的 80 后、90 后农民工人力资本投资不足,转移劳动力供给侧改革乏力,难以满足我国制造业转型发展创新所需的技能型、创新型劳动力的需求。

2. 内部劳动力市场效率低。目前,我国大多数中小企业过度倾向从外部劳动力市场上招聘人才,而忽视了企业的内部晋升、报酬激励、长期雇佣等内部劳动力市场效率的提升。导致人力资本的投资缺乏必要的、可持续性的投资与管理,尤其是大量以农民工为主要劳动力的制造企业、建筑企业,其劳动合同的短期性更加阻碍了雇佣双方的长期合作博弈的制度构建。

3. "消耗性"用工特征未改变。劳动力的转型和素养提升是产业转型升级的关键。我国当前"供给侧改革"的本质是我国缺乏高质量的产品供给,这与我国经济发展新常态的"重质轻量"背道而驰。长期以来,我国农民工收入低、劳动强度大、保障水平低等"消耗性"用工特征并未根本改变,甚至有愈演愈烈之势,企业不注重其人力资本的积累,缺乏必要的人力资本投资理念。归根结底是缺乏一个完善的内部劳动力市场制度,难以发挥其长期雇佣、内部晋升以及报酬后置等制度效率,阻碍了稳定、和谐的劳动关系的构建步伐,"消耗性"用工必然难以改变。

### (二)对策建议

1. 不断优化内部劳动力市场。一个完善的内部劳动力市场会提高组织承诺,通过隐性契约合理建立长期雇佣合同。用工制度的过度灵活也是一种极端的用工体制,将严重制约我国经济的长期健康发展。一个完善的内部劳动力市场强调的是"适度",而非"超度"或"不足",是与外部劳动力市场相辅相成、互为促进的,当然也更加困难、复杂,产业转型期要求企业根据自身的情况具体设计竞争合作的雇佣体制,以便培育和留住优秀员工,从而实现总体收益的最大化。

2. 促进新生代农民工长期人力资本投资。产业转型中最重要的是制造业转型,而我国制造业的发展虽然有显著提升,但仍然大而不强,工业技术远远落后于美、德等发达国家,政府也逐渐意识到制造业等实体经济是国家发展的重中之重,是化解金融危机的根本。国家也明确提出装备制造业要成为科技创新主战场。目前我国新生代农民工与第一代农民工显著的区别是从建筑业转向制造业就业与发展。然而新生代农民工的知识积累、技能水平与制造业的创新型人才的需求是极不匹配的。因此,吸纳了大量新生代农民工就业的制造企业更应加强新生代农民工人力资本投资力度,并长期向纵深发展,让学历教育水平较低的新生代农民工能通过企业的长期的包括技能培训在内的人力资本投资达到"干中学"的目的,从而带动生产效率的提升。

3. 加强新生代农民工的劳动力供给侧改革。产业转型升级,提高企业创新力,归根结底是劳动力的供给质量的提升。新生代农民工已成为农民工群体的主力军,但其学历教育、技能培训并未与之地位相匹配。造成"用工荒"与"就业难"并存的现象,实质即劳动力供需的错配。因此,除了企业应优化内部劳动力市场,力争发挥内部劳动力市场以实现人力资源的最优配置,政府层面也应加强新生代农民工的职业素养和职业技能培训,完善劳动法律,使内外部劳动力市场相互衔接和配合。

我国正在走出廉价劳动力无限供给的时代,如今劳动力人口开始下降,且新生代农民工的内在职业需求也出现了用工环境、职业发展、归属感等多元化的趋势。企业则必须配合以提升雇佣双方长期行为为动力的雇佣制度,以促进新生代农民工人力资本投资和积累,这对我国新常态下产业转型升级,增强企业创新能力至关重要。

## 参考文献

[1] 吕晓兰,姚先国. 技术进步、农民工代际差异再研究——基于工资决定和留城意愿的视角 [J]. 经济与管理研究,2014(9):32-42.

[2] 付宏. 创新对产业结构高级化影响的实证研究:基于2000—2011年的省级面板数据 [J]. 中国工业经济,2013(9):56-68.

[3] 林竹. 农民工就业:人力资本、社会资本与心理资本的协同 [J]. 农村经济,2011(12):125-129.

[4] 黄快生,马跃如. 国外人力资本理论研究新动向对新生代农民工人力资本投资和积累的借鉴

［J］. 湖南社会科学，2014（2）：175 – 178.

［5］ 陶伟，燕东升. 基于 SWOT 分析的新生代农民工人力资本投资策略［J］. 农村经济，2012（4）：108 – 111.

［6］ 赵亮，张世伟. 人力资本对农民工就业、收入和社会保险参与的影响［J］. 重庆大学学报（社会科学版），2011（5）：48 – 52.

［7］ 常友善. 新生代农民工身心健康状况调研［J］. 湖北广播电视大学学报，2011（10）：71 – 72.

［8］ 爱德华·拉齐尔. 人事管理经济学［M］. 北京：北京大学出版社，2006：170 – 180.

［9］ 今井贤一，金洪云. 内部组织经济学［M］. 北京：生活·读书·新知三联书店，2004：90 – 100.

［10］ 凌云. 内部劳动力市场的机理及在我国企业的运行效率研究［M］. 北京：首都经济贸易大学出版社，2013：80 – 90.

# 京津冀专业技术人才空间集聚格局及影响因素研究*

刘　晖**

**摘要**　专业技术人才的空间集聚促进产业空间集聚和区域科技创新。本文采用2000年和2010年人口普查数据分析京津冀专业技术人才的空间集聚格局，运用空间误差模型解释空间集聚的形成机制。结果表明：京津冀专业技术人才空间配置不均衡，中部核心区高度集聚人才，南部功能拓展区专业技术人才稀少。区域间存在显著的空间依赖性，北京市、天津市、河北省地级市带动了相邻区域的专业技术人才密集分布。专业技术人才的空间集聚格局历经城市发展的漫长演变，在第二产业集聚、第三产业集聚、高等教育发展、义务教育质量共同推动中形成，受地理距离的影响向外扩散。文章认为，促进京津冀协同发展必须考虑人才的空间合理布局，专业技术人才的布局不仅需要产业推动，还需重视教育驱动的重要作用。建议政府推动高等学校搬迁和联合培养，加大品牌小学建设，形成促进协同发展的人才合力。

**关键词**　专业技术人才；空间集聚；空间误差模型

# Study on Spatial Agglomeration Pattern and Influencing Factors of Professional Talent in Beijing-Tianjin-Hebei

*LIU Hui*

**Abstract**：The spatial agglomeration of professional talent promotes industry development

---

\*　基金项目：国家社会科学基金重点项目"首都圈人口空间格局优化及生态环境压力疏解研究"（14ARK003），北京市哲学社会科学CBD发展研究基地项目"京津冀人才空间集聚及影响因素的实证研究"（项目编号：TDJD201607）。

\*\*　刘晖，（1980—），男，陕西汉中人，首都经济贸易大学劳动经济学院博士研究生，研究方向为人力资源开发与人才发展。

and technological innovation. This paper analyze spatial agglomeration pattern of professional talent in Beijing-Tianjin-Hebei using census data, and explain the formation of spatial agglomeration by spatial error model, The result show that there are uneven pattern of professional talent in Beijing-Tianjin-Hebei, the central core region gather professional talent while southern region does not. There are significant spatial dependence between regions, Beijing, Tianjin and prefecture-level cities of Hebei have led to intensive distribution of professional talent in adjacent areas. The pattern formed by clustering in second and third industry, higher education, quality of compulsory education and geographical distance. According to the article, coordinate development of Beijing-Tianjin-Hebei depends on reasonable spatial agglomeration pattern of talent, it need both industry and education driving and promoting. It is recommended that government should relocate higher institute and combine joint cultivation, strengthen construction of brand primary schools and form a synergy of talent to promote coordinate development.

**Key Words**: *Professional Talent*; *Spatial Agglomeration*; *Spatial Error Model*

## 一、引言

专业技术人才在特定地理空间的集聚行为产生了空间集聚现象，形成了丰富的人才资源禀赋，满足产业空间集聚的人才需求。同时，专业技术人才的高度集聚通过知识溢出作用，加速创新成果的产生，促进城市创新功能的提升（Florida，2002）。但是，在京津冀协同发展的国家战略背景下，专业技术人才的空间集聚加速了人才增长极和人才洼地并存的矛盾。一方面，北京市发挥"虹吸效应"，汇集京津冀地区95%的院士和87%的211学府（吴殿廷，2006），专业技术人才集聚度超过10%的区达5个，海淀区的专业技术人才总量等于河北省专业技术人才最稀少的75个县总和；另一方面，河北省只有不足1%的院士和3%的211高校，专业技术人才集聚度低于2%的县超过69个。专业技术人才的空间不均衡配置，导致河北省大部分地区教育和科研水平提高缓慢，产业升级和创新速度降低，难以形成协同发展的区域合力。此外，作为非首都核心产业的重要组成部分，专业技术人才的疏解和空间布局调整成为北京市人口疏解面临的现实难题。因此，研究京津冀专业技术人才的空间集聚格局和内在形成机理，是京津冀协同发展必须解决的问题，具有重要的现实意义。

目前，国外理论界对专业技术人才空间集聚的研究尚处于探索阶段，已有的成果主要关于人力资本、劳动力和人口的空间集聚。Glaeser（2005）认为，人力资本的集聚不仅源自产业的空间集聚，还来自城市的良好公共设施。美国芝加哥大学的文化学者 Clark（2002）也提出了类似的观点。付玉明和 Gabriel（2012）则强调人力资本的流动对空间集聚形成的重要作用。Florida（2002）利用路径分析法证实了城市多样性对人才地理分布的关键作用，认为文化设施、城市酷特征、气候等因素不是促成人才空间集聚的核心。英国经济学家 Marshall（1890）认为工业的地区集聚促成了劳动力集聚，然而交通工具的改进和房屋价格的上升改变了劳动力的集聚格局。Baumont 和 Ertur（2010）从地理学角度出发，提出地理距离是影响劳动力空间集聚的核心变量。Karahasan（2013）认为，设施的空间集聚形成了人口的空间集聚[9]。ADES 和 Glaeser（1995）证实了高关税、低国际贸易和内部贸易的高成本推动城市人口的空间集聚。

与国外学者相比，我国学者的研究视角更加丰富，从心理学、管理学、经济学、地理学、人口学等视角介入研究，形成三方面成果。一是人才地理分布研究。早期的人才空间集聚发端于人才的地理分布研究。华东师范大学叶忠海（2000）编著的《人才地理学》详细总结人才空间集聚的基本规律[11]，团队成员徐宝芳（1997）将人才的地域分布归因于自然地理环境和人文地理行为的共同影响。北京大学胡兆量（1998）认为中国人才集中于华东区，经济基础和教育是集聚的主要原因。其中，教授工作地点主要集中于北京、上海、四川和湖北。福建师范大学刘锡涛（2006）主要从历史地理角度研究，提出宋代江西、福建两省的人才地理分布特征。此外，对各类不同人才的研究也掀起一股热潮，包括体育运动人才、女性人才、唐代文学人才、明清云南人才等。同时，揭示人才地理分布形成机制的实证研究也开始出现。姜怀宇（2005）对比"四普"与"五普"时期的中国人才地理分布差异，指出教育和城市化在人才区域分布的作用。方志（2014）通过主成分分析证实我国人才的空间分布取决于经济因素，与社会因素无关。二是高端专业技术人才的空间集聚。吴殿廷（2002）发现院士的地理分布存在空间集聚特性，高校和科研机构成为孕育院士的摇篮。李瑞、吴殿廷（2013）进一步指出，院士的空间集聚源于文化教育、自然环境、经济基础和政治环境的综合作用。三是人才空间集聚的研究。朱杏珍（2002）从心理学视角研究，认为羊群行为促成了人才集聚。季小立（2010）强调人才集聚来自互补性、激励机制、企业发展机制和自增强机制。牛冲槐（2007）将制度环境和经济环境作为影响科技人才集聚的首要因素。张榉榉（2009）将人才集聚归因于资源禀赋、人才环境、收入、人力资本属性等多种因素的合力影响。孙健（2014）则认为人才集聚是经济、社会和环境相互作用的结果。胡蓓（2009）采用管理学方法研究产业集群的人才吸引力，主张生活环境比经济因素更能吸引人才。

综上所述，国内外学者从地理学、城市经济学、人口学视角展开了多项研究，揭示了人才空间集聚的形成动因，提供了理论和方法借鉴。但是，专业技术人才不同于人口和劳动力，有其特殊性和独特的形成规律，不能完全依赖已有研究的解释。已有文献还存在改进的方面：首先，对人才地理分布的研究过于重视人才空间分布规律的统计说明，对地理分布形成的原因解释不够。个别专业技术人才的比较数据缺乏时期一致性，为解释形成原因带来困难。其次，部分研究的指标选取存在局限性。Florida（2002）用同性恋指数衡量城市多样性，Glaeser（2005）将气候因素作为高技能劳动者集聚的原因，无法应用于京津冀专业技术人才的研究。此外，人才空间集聚的研究方法滞后于现实需求。多数实证研究采用因子分析和主成分方法测度人才空间集聚的影响因素，但是无法分离公共因子与其包含变量对人才集聚的独立影响，增加了遗漏重要变量的风险。同时，在协同发展战略的指导下，京津冀地区的区域政策存在交叉影响，北京的"虹吸效应"和河北的"人才输出"都对相邻区域的人才集聚产生影响，现有方法忽视了区域间的空间联系而去孤立地研究人才集聚问题，不符合现实需求。最后，研究尺度的选取值得商榷。多数研究将研究尺度设定为地级市，一方面忽视了专业技术人才在县级单元的空间集聚规律，无法形成城市和县的横向比较，另一方面难以构建空间邻接关系矩阵，制约了空间计量方法的采用。

基于此，本文尝试从空间角度研究京津冀专业技术人才的集聚格局及其影响要素，探寻专业技术人才的空间配置规律，进行以下方面的有益探索。一是采用空间集聚度指标和 ACRGIS 可视化技术揭示专业技术人才的空间集聚特征，运用空间计量方法，建立空间误差模型测算经济、社会因素对专业技术人才空间集聚的作用程度，解释专业技术人才地理集中的内在机理和影响因素。二是立足京津冀的现实情况，构建合理的指标，测度产业集聚、教育、交通距离对专业技术人才空间集聚的具体影响。三是以县为研究尺度，测度专业技术人才在城乡间的分布差异和形成机制的特殊规律，为制定县域的人才政策提供参考。

## 二、研究设计

### （一）研究方法

京津冀专业技术人才的空间集聚不仅受本区域经济、社会等因素的影响，也受相邻区域的相互影响，需要借助空间自相关分析和空间计量经济学模型进行研究。

1. 空间自相关

空间自相关将统计学与地理图形结合，展现空间数据的隐含规律。包括两类工具，第一类从总体上考察空间数据的分布规律，测度专业技术人才的全局空间自相关程度，使用 *Moran's I* 指数测算，计算公式为：

$$Moran's I = \frac{\sum_{i=1}^{n} \sum_{j=1}^{n} W_{ij}(Y_i - \bar{Y})(Y_j - \bar{Y})}{\frac{1}{n} \sum_{i=1}^{n}(Y_i - \bar{Y})^2 \sum_{i=1}^{n} \sum_{j=1}^{n} W_{ij}} \tag{1}$$

$Moran's I$ 的值在 [-1, 1] 之间，如果值介于 (0, 1] 间，表示专业技术人才存在空间集聚特征；如果值介于 [-1, 0) 间，表示专业技术人才的布局具有空间发散特征；若数值为 0 则表示不存在空间相关性。

第二类工具为局域空间自相关指标，弥补全局空间自相关无法判定区域间集聚类型的缺陷[31]，常用指标包括 $Moran$ 散点图与 LISA 集聚图。LISA 集聚图根据局域 $Moran's I$ 指数测算，测度区域与其他相邻区域的具体空间相关特征，包括高高集聚区、低低集聚区、高低离群区和低高离群区四类。计算公式为：

$$Moran's I = Z_i \sum_{j=1}^{n} W_{ij} Z_j, \quad Z_j = \frac{Y_i - \bar{Y}}{S}, \quad S = \sqrt{(Y_i - \bar{Y})} \tag{2}$$

高高集聚区表示本区域专业技术人才高度集聚，相邻区域人才也密集分布；低低集聚区表示本区域专业技术人才稀少，相邻区域人才集聚度低；高低离群区表示本区域专业技术人才密集分布，相邻区域人才少；低高离群区表示本区域专业技术人才集聚度低，但相邻区域人才高度集聚。

2. 空间计量模型

针对截面数据的空间计量模型包括空间误差模型和空间滞后模型。空间误差模型反映空间扰动项的相关性和数据总体的相关性，用于研究专业技术人才空间集聚度的误差冲击对相邻区域的影响，模型表达式为：

$$Y = X\beta + \mu, \quad \mu = \rho W\mu + \varepsilon \tag{3}$$

其中，$\varepsilon$ 为随机误差项向量，$W$ 为空间权重矩阵，$\mu$ 为正态分布的随机误差向量。$\rho$ 为空间误差系数，衡量专业技术人才集聚度的空间相关性。

空间滞后模型反映空间实质相关性，用于研究本地区专业技术人才集聚度受相邻地区因素溢出的影响，模型表达式为：

$$Y = \alpha WY + X\beta + \varepsilon \tag{4}$$

其中，参数 $\beta$ 为回归系数，$W$ 为空间权重矩阵，$\varepsilon$ 为随机误差项向量。$\alpha$ 为空间滞后因变量的系数，反映专业技术人才的空间溢出方向和强度。$\alpha$ 大于 0 表示区域间存在相互强化的集聚作用，$\alpha$ 小于 0 表示区域间的作用相互抵消，即存在空间分散作用。

在空间计量研究中，需要借助 Anselin（1990）的判别准则确定模型的具体形式。判别准则包括四个拉格朗日乘数，分别为 LM-error，LM-lag，稳健的 LM-error，稳健的 LM-lag 乘数。如果 LM-error 显著，而 LM-lag 不显著，则应该选择空间误差模型，反之则应该选择空间滞后模型。如果 LM-error，和 LM-lag 都显著，则应进一步看稳健的 LM-error 及稳健的 LM-lag 检验。若稳健的 LM-error 显著而稳健的 LM-lag 不显著，则应选择空间误差模型，反之亦然。

### （二）数据来源

专业技术人才数据来自《中国人口普查分县资料》（2000 年和 2010 年），数据统计单元为区县，包括 179 个县市。由于两个年份京津冀的行政区划发生调整，为了便于比较，统一采用 2010 年区划标准。产业集聚度数据来自《2011 年中国区域经济统计年鉴》，高等学校数据来自《北京市 2011 年统计年鉴》《天津市 2011 年统计年鉴》和《河北省 2011 年经济年鉴》。地理距离数据采用百度地图测算，以廊坊市作为京津冀的地理中心①，以各区县的人民政府所在地至廊坊市政府作为起点和终点，计算交通距离。品牌小学数据包括三部分，北京市数据来自"北京晨报 2011 年百强小学"，天津市数据来自"天津市义务教育监督办公室"编写的天津小学排名，河北数据来自"精品学习网"。人口密度和人口迁入率数据来自《2010 年中国人口普查分县资料》。

## 三、京津冀专业技术人才的空间集聚格局

经过漫长的历史演变，京津冀形成了非均衡性的专业技术人才空间配置格局。中部核心区成为专业技术人才的集聚地，南部功能拓展区人才稀少。同时，专业技术人才的集聚存在空间关联性，北京市、天津市、河北省地级市向周边地区辐射，带动相邻地区提高了专业技术人才的集聚水平。但是，各地区的增长速度不同，中部核心区增长最快，南部功能拓展区和西北部生态涵养区增长最慢。从 LISA 集聚图看，人才增长极位于京津冀中部，人才洼地集中于南部的邢台市和邯郸市。

### （一）专业技术人才空间集聚不均衡，中部集聚度高，南部集聚度低

京津冀专业技术人才的空间布局不均衡，中部集聚度最高，南北差异大。中部核心区的海淀区、朝阳区、昌平区、石景山区与丰台区构成人才集聚面，汇集最多的专业技术人才。天津市的南开区、河东区、和平区与河西区专业技术人才集聚度高于 8.4%，位列第一集团。河北省的人才队伍分布也不均衡，保定市、石家庄市、秦皇岛市和沧州市人才集聚度高，其余地区集聚度高低不均。第二集团中，北京市的东城区、西城区、通州区与大兴区人才集聚度超过 6%，依然成为京津冀的人才增长极。东部滨海发展区凭借国家政策优势和港口贸易优势汇集了大批专业技术人才。而集聚度最低

---

① 中心点的选择取决于计算方法，方法的不同可能影响结果的差异。有学者选择天津（陈洁，陆锋，2008；刘辉，2013），或者北京市（周凯，刘冲，2016）。本文采用 ARCGIS 软件的标准差椭圆方法和中心化功能计算地理中心，计算结果为廊坊市。

的区域集中在南部功能扩展区，专业技术人才稀少。

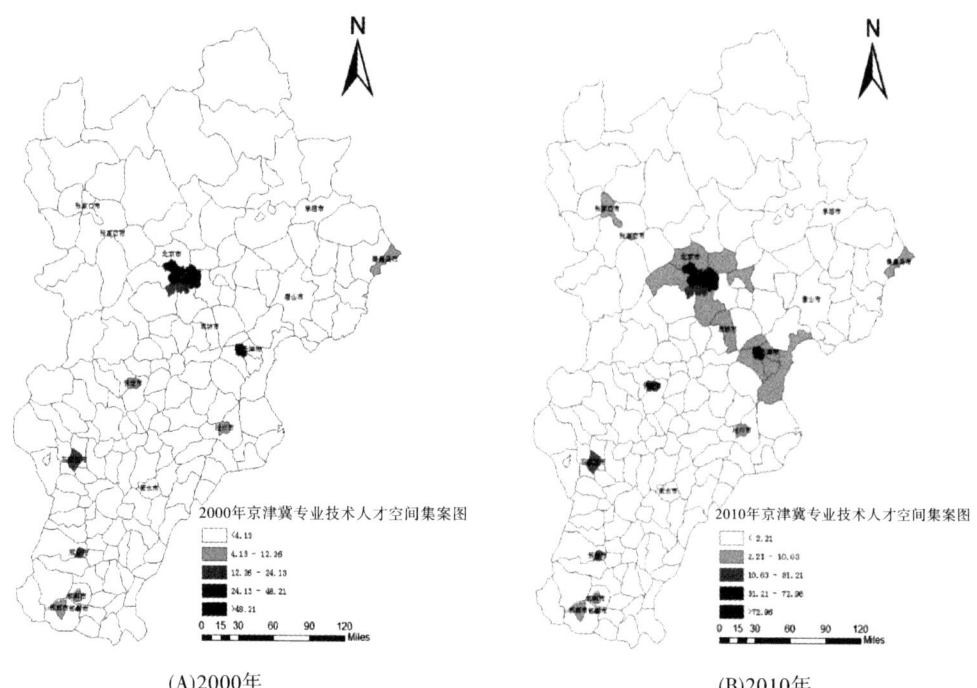

(A)2000年　　　　　　　　　　　(B)2010年

图 1　京津冀专业技术人才空间集聚图

**（二）从历史演进看，北京市、天津市、河北省地级市的专业技术人才集聚存在空间溢出效应**

对比 2000 年与 2010 年集聚图，京津冀专业技术人才存在区间的空间溢出效应。2000 年时，北京市只有海淀区、朝阳区和石景山区位列集聚度最高水平，2010 年普查时期已辐射到丰台区、昌平区，且带动周围的所有地区提升集聚度水平 2% ~ 3%，发生着"由点成面"的转变。天津市发生着"点到点"的变化，辐射周边的西青区、北辰区、东丽区提升集聚度 2%。河北省地级市的"空间效应"呈现出南北差异。南部功能拓展区的石家庄市、保定市、沧州市不但实现了本地区人才集聚度的巨大提升，跃迁为第一集团，还促进了周边地区的集聚度提高，形成了"环点向外扩张"的发展态势。然而，西北部生态涵养区的专业技术人才集聚度变化不明显，只有秦皇岛市集聚度提升，承德市和张家口市变化较小。

**（三）京津冀专业技术人才空间集聚存在显著的空间依赖性**

全局空间自相关指标能测度区域间是否存在空间依赖性。经 ARCGIS 软件计算，京津冀专业技术人才空间集聚度的全局 Moran'sI 为 0.7558，接近于 1，且在 1% 显著性水平下成立，因此存在较强的空间依赖性（第 139 页图 2）。结算结果与京津冀专业技术人才的空间集聚度分布图完全一致，中部核心区的专业技术人才密集分布，周边相邻地区的人才集聚度也处于较高水平，呈现圈层递减的规律。河北省各地级市人才集聚度高，因而周边地区的人才集聚度也较高，随着距离远近逐渐递减。

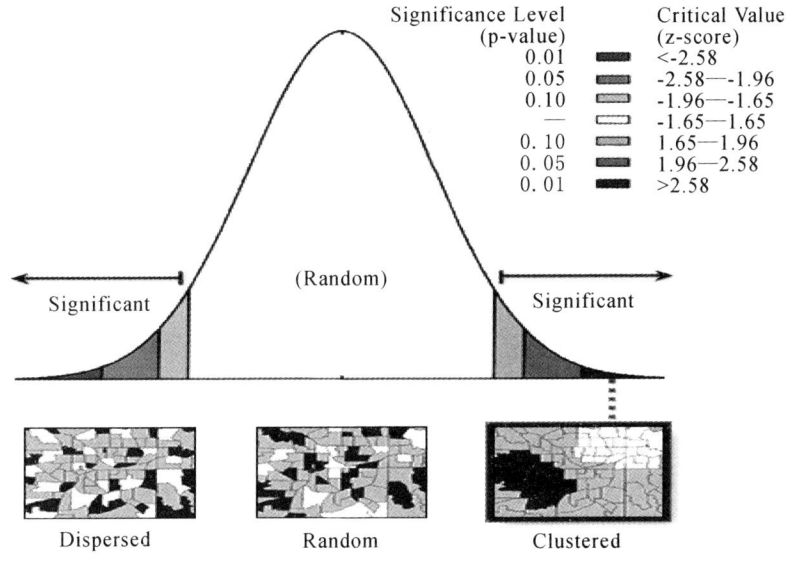

图2　京津冀专业技术人才集聚度全局空间自相关报表

### （四）京津冀专业技术人才的空间集聚模式以高高集聚为主

为了进一步说明区域间空间关联性，采用局域空间自相关分析，绘制 LISA 集聚图。结果表明，京津冀专业技术人才的空间集聚模式以高高集聚为主。高高集聚区位于京津冀中部核心区的北京市，东部滨海发展区的天津市。其中，北京市的全部区县

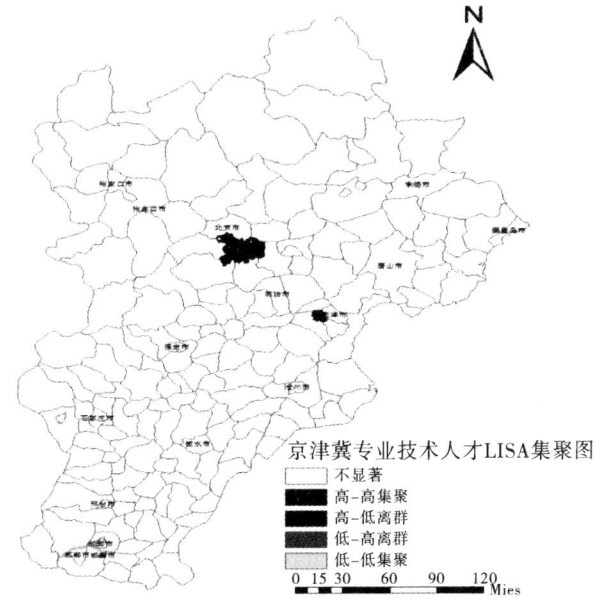

图3　2010 年京津冀专业技术人才 LISA 集聚图

围绕东城区、西城区，形成高高集聚面，同时提升了河北省廊坊市、三河市的集聚水平。天津市围绕南开区、和平区、红桥区等城内核心区，带动周边的滨海新区、北辰区、东丽区、西青区形成高高集聚面，而地理距离较远的静海县、宝坻区、武清区和宁河县则不存在显著的相互影响。

## 四、京津冀专业技术人才空间集聚的影响因素实证分析

### （一）模型构建

根据 Karahasan（2013）的空间模型[9]和姚永玲（2014）的空间滞后模型[32]，参考人才流动理论和人才地域分布决定理论，引入产业集聚度、高等学校数、品牌小学数、地理距离，构建空间混合模型：

$$PJJD_i = \beta_0 + \rho\, W_1\, PJJD_i + \sum_{j=1}^{2} \beta_{ji}\, JJD_{ji} + \beta_3\, KM_i + \beta_4\, AU_i + \beta_5\, BPS_i + \beta_6 \sum_{j=1}^{2} Z_{ji} + u_i$$

（5）

$$u_i = \theta\, W_2\, u_j + \varepsilon_i$$

（6）

式（5）为空间滞后模型，公式（5）（6）为空间误差模型，$W_1$、$W_2$ 为 $179 \times 179$ 维空间权重矩阵，$\rho$ 为空间滞后参数，$\theta$ 为空间误差参数，$u_i$，$\varepsilon_i$ 为随机扰动项，$\beta_0$ 为常数项，$\beta_1$ 至 $\beta_5$ 为解释变量参数，分别反映第二产业集聚度、第三产业集聚度、最短驾驶距离、高等学校数、品牌小学数等变量对专业技术人才空间集聚度的净影响。$Z_i$ 表示控制变量人口迁入率和人口密度，下标 $i$ 表示区县。当 $\rho \neq 0$，且 $\theta = 0$，模型退化为空间滞后模型，当 $\rho = 0$ 且 $\theta \neq 0$ 时，模型退化为空间误差模型。若 $\rho = \theta = 0$，模型简化为 OLS 模型。

### （二）变量设定

1. 被解释变量。专业技术人才空间集聚度（$Pjjd$），测度指标包括四类。第一类采用高中以上学历在城市人口的比重测度人力资本集聚；第二类从人才数量和质量两个方面测度；第三类从相对和绝对两个维度测度人才集聚；第四类构建人才指数测度。因研究尺度为区县，采用专业技术人才数占总人口的比重测度专业技术人才空间集聚度。

2. 解释变量。第二产业集聚度（$Sijjd$），第三产业集聚度（$Tijjd$），测度方法包括区位熵、基尼系数、泰尔指数、面积比重等。因面积比重受地区自然禀赋的影响，且基尼系数的等比例要求过于严苛，本文采用区位熵方法测度产业集聚度。地理距离（$Km$），测度指标包括通勤时间、直线距离、交通可达性等，本文使用最短驾驶距离衡量。高等教育（$Au$），测度指标包括 25 岁以上大学本科学位人口数占比，每 10 万人中在校大学生数、高等学校大学生数，本文根据京津冀高等学校数测定。义务教育，测度指标为品牌小学数（$Bps$），考虑到品牌小学和重点中学的高度重合，本文采用品牌

小学数测度。

3. 控制变量。参考相关文献研究，本文选取人口密度（*Pden*）、人口迁入率（*Ir*）作为控制变量。人口密度反映区域人口的密集程度，与人才空间集聚度相关性较强，设置的目的在于控制人口初始分布格局的干扰，准确测度其他变量对人才集聚度的真实效果。根据人口迁移理论，人口的迁入可能增加人才规模，从而影响人才空间集聚度，因此控制人口迁入也就是控制人口的社会变动对人才空间布局的影响。变量的描述性统计如表 1 所示。

**表 1　变量的描述性统计**

| 变量名 | 变量含义 | 均值 | 标准差 | 最小值 | 最大值 |
| --- | --- | --- | --- | --- | --- |
| *Pjjd* | 专业技术人才空间集聚度 | 0.0344 | 0.0263 | 0.0056 | 0.1356 |
| *Sijjd* | 第二产业集聚度 | 1.0644 | 0.3249 | 0.1045 | 1.6926 |
| *Tijjd* | 第三产业集聚度 | 0.7329 | 0.3159 | 0.3421 | 1.9131 |
| *Km* | 地理距离 | 230.5117 | 118.9601 | 1 | 524 |
| *Au* | 高等学校数 | 2 | 5 | 0 | 44 |
| *Bps* | 品牌小学数 | 2 | 4 | 0 | 34 |
| *Ir* | 人口迁入率 | 0.1489 | 0.1612 | 0.0081 | 0.7223 |
| *Pden* | 人口密度 | 1915.7190 | 5180.9100 | 45.2710 | 29207.4100 |

### （三）模型选择检验

空间模型的选择对于估计结果具有重要影响。检验指标包括拟合优度，赤池信息量准则，拉格朗日乘数等，本文采用拉格朗日乘数 LM 和稳健 LM 检验。由表 2 可知，空间滞后模型的 LM 值为 0.087，稳健 LM 值为 0.002，显著性水平为 10%。空间误差模型的 LM 值与稳健 LM 值均通过 1% 的显著性水平，预测精度更高，说明空间误差模型更合适模型的估计。

**表 2　空间模型选择检验**

| Test | | *Statistic* | *DF* | *P-value* |
| --- | --- | --- | --- | --- |
| Spatial Error | Lagrange multiplier | 8.618 | 1 | 0.003 |
| | Robust Lagrange multiplier | 15.442 | 1 | 0.000 |
| Spatial Lag | Lagrange multiplier | 2.931 | 1 | 0.087 |
| | Robust Lagrange multiplier | 9.755 | 1 | 0.002 |

注：本表数据由 STATA13.0 计算。

### （四）模型估计结果

模型 1 为控制人口密度和人口迁入率的情况下，第二产业集聚度、第三产业集聚度对专业技术人才空间集聚度的影响。估计结果表明，产业集聚度正向影响专业技术人才集聚度，且第二产业的影响低于第三产业。统计数据也表明，京津冀专业技术人才的主体分布于第三产业，第二产业的专业技术人才比例仅为14.2%，与估计结果一致。

表3  空间误差模型估计结果

| 变量 | 模型1 | 模型2 | 模型3 | 模型4 |
|------|------|------|------|------|
| $Sijjd$ | 0.0082*** | | | 0.0148*** |
| | (0.003) | | | (0.003) |
| $Tijjd$ | 0.0255*** | | | 0.0241*** |
| | (0.0038) | | | (0.004) |
| $Km$ | | −4.3E−05*** | | −3.30E−05** |
| | | (0.0000) | | (0.0000) |
| $Au$ | | | 0.0010*** | 0.0008*** |
| | | | (0.0002) | (0.0001) |
| $Bps$ | | | 0.0010*** | 0.0010*** |
| | | | (0.0002) | (0.0002) |
| $Pden$ | 5.32E−07* | 1.66E−06*** | 1.02E−06*** | 5.07E−07* |
| | (0.0000) | (0.0000) | (0.0000) | (0.0000) |
| $Ir$ | 0.111*** | 0.137*** | 0.0936*** | 0.0803*** |
| | (0.0093) | (0.0094) | (0.0084) | (0.0094) |
| $\_cons$ | −0.0031 | 0.0004 | 0.0110*** | −0.0007 |
| | (0.0029) | (0.0014) | (0.0023) | (0.0017) |
| $theta$ | 0.134*** | 0.155*** | 0.0611** | 0.156*** |
| | (0.0281) | (0.0264) | (0.0249) | (0.0229) |
| $sigma$ | 0.0107*** | 0.0120*** | 0.0106*** | 0.00919*** |
| | (0.0005) | (0.0006) | (0.0005) | (0.0004) |

注：括号内为标准误，*、**、***分别表示统计显著水平为10%、5%和1%。

模型2为控制人口密度和人口迁入率后，交通距离的影响。与前人研究结果类似，距离与专业技术人才的空间集聚度呈反方向变动关系。随着距离中心地区的交通里程增加，专业技术人才在京津冀趋于分散。

模型3为控制人口密度和人口迁入率后，社会因素的影响。结果显示，高等学校数密集分布的区域，专业技术人才的集聚度越高，说明高等教育对专业技术人才的集聚形成了正向的推动作用。也就是说，高等教育不仅具有培养人才的"育人"功能，

还具有集聚人才的"就业效应"。此外,义务教育质量对专业技术人才的空间集聚具有
正向影响。品牌小学集中的地区,专业技术人才的集聚度也越高,反之亦然。结果与
国外学者的研究结论一致,说明专业技术人才的定居不仅考虑区域的经济发展水平和
本人的职业生涯路径,也与下一代的教育问题密切相关。

模型4为总体估计结果。结果表明,在1%显著性水平下,第二产业、第三产业、
高等学校和品牌小学对专业技术人才空间集聚具有正向影响,成为吸引专业技术人才
地理集中的"向心力"。其中,第三产业集聚的推动作用最大,形成了专业技术人才环
产业带而居的集聚格局。第二产业集聚发挥着重要作用,解释了京唐秦产业带沿线地
区的人才密集分布现象。高等教育的集聚解释了专业技术人才空间集聚的原因,为海
淀区、南开区的专业技术人才扎堆分布提供了理论说明。同时,京津冀的义务教育资
源空间分布不均衡,品牌小学的空间集聚也带动了专业技术人才的地理集中。除此之
外,交通距离成为专业技术人才远离城市中心的"离心力",发挥着扩散作用。从模型
总体看,$\theta$ 值为 0.156,且通过了显著性检验,说明京津冀专业技术人才空间集聚具有
显著的空间依赖性,即专业技术人才密集的地区发挥"虹吸效应",推动相邻地区的专
业技术人才密集分布,专业技术人才稀疏的地区,相邻区域的专业技术人才也稀少。

**(五)稳健性检验**

为了验证实证结果的稳定性,本文采用多元回归分析模型和空间滞后模型重新估
计。结果显示,多元回归模型的拟合优度为 0.852,模型的对数据的拟合程度较理想,
解释变量和控制变量均通过显著性检验,地理距离对专业技术人才的空间集聚度发挥
着扩散作用,第二产业集聚度、第三产业集聚度、高等教育、义务教育质量都发挥着
集聚作用。但是,最小二乘法估计的结果忽略了残差的空间自相关性,不是最理想的
模型。空间滞后模型的估计结果与空间误差模型类似,变量间的关系相同,但是空间
滞后系数的显著性水平仅为 10%,不如误差模型的显著性水平高,且专业技术人才空
间集聚的空间溢出效应不明显,说明空间滞后模型并不适用于本文的估计。因此,空
间误差模型更符合专业技术人才的集聚度估计,结论稳健。

**表4　模型的稳健性估计结果**

| 变量名 | (1) | (2) | (3) |
|---|---|---|---|
| | OLS | SLM | SEM |
| Sijjd | 0.0132*** | 0.0130*** | 0.0148*** |
| | (0.0039) | (0.0038) | (0.003) |
| Tijjd | 0.0232*** | 0.0233*** | 0.0241*** |
| | (0.006) | (0.0058) | (0.004) |

| 变量名 | （1） | （2） | （3） |
|--------|-------|-------|-------|
|        | OLS   | SLM   | SEM   |
| Km     | $-2.02E-05^{**}$ | $-2.73E-05^{***}$ | $-3.03E-05^{**}$ |
|        | （0.0000） | （0.0000） | （0.0000） |
| Au     | $0.0010^{***}$ | $0.0010^{***}$ | $0.0008^{***}$ |
|        | （0.0002） | （0.0001） | （0.0001） |
| Bps    | $0.0009^{***}$ | $0.0009^{***}$ | $0.0010^{***}$ |
|        | （0.0002） | （0.0002） | （0.0002） |
| Ir     | $0.0669^{***}$ | $0.0740^{***}$ | $0.0803^{***}$ |
|        | （0.0083） | （0.0089） | （0.0094） |
| Pden   | $4.45E-07^{*}$ | $4.58E-07^{**}$ | $5.07E-07^{*}$ |
|        | （0.0000） | （0.0000） | （0.0000） |
| _ cons | $-0.0061$ | $-0.0023$ | $-0.0007$ |
|        | （0.0077） | （0.0078） | （0.0017） |
| rho    |  | $-0.0170^{*}$ |  |
|        |  | （0.0094） |  |
| sigma  |  | $0.0100^{***}$ | $0.0091^{***}$ |
|        |  | （0.0005） | （0.0004） |
| theta  |  |  | $0.156^{***}$ |
|        |  |  | （0.0229） |
| N      | 179 | 179 | 179 |
| $R^2$  | 0.852 |  |  |

注：括号内为标准误，$*$、$**$、$***$分别表示统计显著水平为 10%、5% 和 1%。

# 五、结论与建议

本文使用 2000 年和 2010 年普查数据，通过 ARCGIS 可视化地图展示京津冀专业技术人才的空间集聚格局，采用空间误差模型测度影响专业技术人才空间集聚的因素，主要结论如下：

第一，京津冀专业技术人才空间配置不均衡。中部核心区高度集聚人才，南部功能拓展区专业技术人才稀少。2010 年京津冀专业技术人才的集聚格局呈现"五点一面"的非均衡特征，北京市海淀区、朝阳区、石景山区和丰台区的人才集聚面，天津市和平区与南开区，河北省石家庄市、秦皇岛市、保定市、沧州市的人才集聚点成为专业技术人才的热土。

第二，历经十年的发展，专业技术人才的空间集聚水平显著提升。北京市、天津市、河北省地级市存在显著的空间关联性，带动了相邻区域的专业技术人才密集分布。但是，各区域的增长速度不同，中部核心区增长最快，南部和西北部增长慢。由于经济发展水平的差异和人口规模的增长干扰，核心区和功能拓展区都出现了局部的负增长。

第三，全局空间自相关和局域空间自相关指标均表明，专业技术人才的集聚度呈现显著的空间依赖关系。北京市的人才增长极与河北省邢台与邯郸市的人才洼地同时并存。

第四，京津冀专业技术人才的空间集聚格局历经城市发展的漫长演变，在第二产业集聚、第三产业集聚、高等教育发展、义务教育质量推动中逐步形成，受地理距离的影响向外扩散。其中，第三产业集聚发挥着最重要作用，促成了专业技术人才随带而居的定居模式。结论与 Marshall 的产业地区分布论一致，也符合新经济地理学的主流观点，验证了产业对专业技术人才的集聚作用。同时，高等教育不仅发挥着人才培养的功能，还发挥着集聚人才的就业效应，扩展了人们对高等教育功能的认知。此外，研究突出了义务教育质量对区域人才集聚的重要作用，验证了公共设施决定论的正确性，佐证了美国城市增长理论的观点。

因此，为了最大程度发挥专业技术人才对区域发展的推动作用，必须打破地方利益限制，形成区域发展的人才合力，才能促进京津冀协同发展的实现。具体启示为：

第一，扩展京津冀南部和北部产业带建设，以产业推动促专业技术人才转移。《京津冀协同发展规划纲要》重点突出产业转移对协同发展的重要作用，明确了建设产业新"三轴"目标，打造京保石、京津唐、京津三条产业带。研究结论揭示了产业政策的正确性，但是专业技术人才的空间布局与产业发展还存在一定差距，京津高新技术产业区基本形成，但是京津唐和京保石产业带只形成了节点城市人才集聚的初步目标，产业带沿线地区的专业技术人才仍然稀少，不能满足协同发展的实际需求。建议推进产业带建设的同时，适当向南部和北部延伸产业带建设，一方面以投资驱动产业带所在区域发展，另一方面推进产业带向偏远县市转移，发挥产业对专业技术人才的集聚效应，引导专业技术人才在京津冀合理布局。

第二，推动高等学校搬迁和联合培养，加大品牌小学建设，以教育驱动促协同发展。研究表明，高等教育和义务教育质量对专业技术人才具有集聚效应。因此，不妨"因势利导"，利用教育杠杆调节专业技术人才的空间布局。建议不违背北京市人口疏解原则下，鼓励北京—天津—河北开展高校、中小学的联合培养，缓解北京市优质教育资源过度集中，河北省偏远地区教育资源贫乏的矛盾，提高落后地区人才集聚力。在有条件的情况下，适当引导北京市高校向河北地区搬迁，为专业技术人才扎根偏远地区创造"软环境"。同时，高校的搬迁也有助于雄安新区的未来发展和城市建设，可谓一举两得。

第三，加快交通网络建设，消除专业技术人才集聚的交通障碍。地理距离是限制专业技术人才集聚的重要推力，唯有加快交通路网建设，打造环京津冀的 2 小时经济圈，才会有效推进人才在全区内合理流动。考虑到北京市各区、天津市区县的交通可达性强，但是河北省县域的交通路网建设滞后的现实局面，建议政府重点推进河北省交通路网建设，形成京津冀行政区间环路和区域内网络交互连接的交通便利网，促进专业技术人才合理布局。

第四，利用区域间的空间依赖性，引导专业技术人才向偏远县市流动。在空间溢出效应的影响下，京津冀的核心区人才集中度居高不下，相邻区县的人才集聚力大幅提升，加剧了偏远地区产业升级与人才匮乏的矛盾。解决矛盾的关键不是抑制发达地区的空间溢出作用，而是促进欠发达地区的设施建设，缩短区域差异，形成产业带和高等教育机构向偏远地区转移的势头，引导专业技术人才流向偏远地区，变人才洼地为人才宝地。

## 参考文献

［1］吴殿廷. 我国高级科技人才空间集聚的初步研究——以两院院士为例［J］. 中国科技论坛, 2006（6）: 108－112.

［2］GLAESER E L. Smart Growth: Education, Skilled Workers and the Future of Cold-Weather Cities［M］. Cambridge: Harvard University Press, 2005.

［3］GLAESER E L, KOLKO J, SAIZ A. Consumer City［J］. Journal of Economic Geography, 2001（1）: 27 – 50.

［4］CLARK T N, LLOYD R, WONG K K, et al. Amenities Drive Urban Growth［J］. Journal of Urban Affairs, 2002（24）: 493 – 515.

［5］FU Y, GABRIEL S A. Labor Migration, Human Capital Agglomeration and Regional Development in China［J］. Regional Science & Urban Economics, 2012, 42（3）: 473 –484.

［6］FLORIDA R. The Economic Geography of Talent［J］. Annals of the Association of American Geographers, 2002, 92（4）: 743 –755.

［7］MARSHALL A. 经济学原理［M］. 刘生龙, 译. 北京: 中国社会科学出版社, 2008.

［8］BAUMONT C, ERTUR C, GALLO J. Spatial Analysis of Employment and Population Density: the Case of the Agglomeration of Dijon 1999［J］. Geographical Analysis, 2010, 36（2）: 146 – 176.

［9］KARAHASAN B C, BAZO E L. The Spatial Distribution of Human Capital: Can It Really Be Explained by Regional Differences in Market Access?［J］. International Regional Science Review, 2013, 36（4）:

451 – 480.

[10] ADES A F, GLAESER E L. Trade and Circuses：Explaining Urban Giants［J］. Quarterly Journal of Economics，1995，110（1）：195 – 227.

[11] 叶忠海. 人才地理学概论［M］. 上海：上海科技教育出版社，2000.

[12] 徐宝芳. 人才地域分布规律［J］. 内蒙古师范大学学报（哲学社会科学版），1997（6）：89 – 94.

[13] 胡兆量，王恩涌，韩茂莉. 中国人才地理特征［J］. 经济地理，1998（3）：8 – 14.

[14] 王恩涌，胡兆量，李向荣. 当前我国文武人才的地理分布和南北差异［J］. 云南地理环境研究，1996（6）：1 – 8.

[15] 刘锡涛. 江西宋代人才地理研究［J］. 井冈山大学学报（社会科学版），2006（1）：55 – 59.

[16] 刘锡涛. 宋代福建人才地理分布［J］. 福建师范大学学报（哲学社会科学版），2005（2）：112 – 116.

[17] 李鹏，韩佐生. 论现代体育运动人才的地理分布［J］. 体育科学，1998（1）：45 – 47.

[18] 任泉香，朱竑，李鹏. 近现代中国女性人才的地理分布和区域分异［J］. 地理学报，2007（2）：211 – 220.

[19] 莫立民. 唐代文学人才的地理分布及成因［J］. 中州学刊，2006（5）：242 – 245.

[20] 侯峰，罗朝新. 明清云南人才的地理分布［J］. 学术探索，2002（1）：87 – 90.

[21] 姜怀宇，徐效坡，李铁立. 1990 年代以来中国人才分布的空间变动分析［J］. 经济地理，2005（9）：701 – 706.

[22] 方志. 我国人才省际分布及其影响因素研究［J］. 青海社会科学，2014（4）：71 – 80.

[23] 李瑞，吴殿廷，鲍捷. 高级科学人才集聚成长的时空格局演化及其驱动机制［J］. 地理科学进展，2013（7）：1123 – 1138.

[24] 朱杏珍. 人才聚集过程中的羊群行为分析［J］. 数量经济技术经济研究，2002，19（7）：55 – 56.

[25] 季小立，龚传洲. 区域创新体系构建中的人才集聚机制研究［J］. 中国流通经济，2010，24（4）：75 – 78.

[26] 牛冲槐，高祖艳，王娟. 科技型人才聚集环境评判及优化研究［J］. 科学学与科学技术管理，2007，28（12）：127 – 133.

[27] 张樨樨. 中国人才集聚的理论分析和实证研究——基于 IMSA 分析范式［M］. 北京：首都经济贸易大学出版社，2009.

[28] 孙健. 人才集聚的理论分析和实证研究［M］. 北京：科学出版社，2014.

[29] 胡蓓. 产业集群的人才集聚效应——理论与实证研究［M］. 北京：科学出版社，2009.

[30] GLAESER E L. Smart Growth：Education，Skilled Workers and the Future of Cold-Weather Cities［M］. Cambridge：Harvard University Press，2005.

[31] 吴玉鸣. 中国区域研发、知识溢出与创新的空间计量经济研究［M］. 北京：人民出版

社，2007.

［32］姚永玲，王帅. 北京市城市公共服务与人口空间分布［J］. 人口与经济，2014（5）：62 - 68.

［33］王莹莹，童玉芬. 首都圈劳动力空间分布格局的形成机制——基于新经济地理学的解释［J］.
人口与经济，2017（1）：35 - 43.

［34］杨玉倩. 中国 R&D 人员的时空演化特征及其影响因素研究［D］. 上海：上海师范大学，2015.

［35］李帅，程杨，高斯瑶. 京津冀地区人口老龄化空间差异研究［J］. 人口与发展，2017
（1）：2 - 12.

［36］张耀军. 京津冀区域人口空间分布影响因素研究［J］. 人口与发展，2015（3）：2 - 9.

# 能源效率对中国工业行业贸易比较优势的作用研究

**摘要**　本文测算了2000—2012年中国26个工业行业的贸易比较优势，在此基础上，运用两种能效指标，探究能源效率等因素对工业行业贸易比较优势的作用效果。结果表明，我国工业的比较优势主要集中在劳动力富集的低端技术行业，而资本、技术密集型行业的比较优势正逐渐凸显；全样本回归显示，单要素能效对比较优势呈正"U"形特征，全要素能源环境效率表现出倒"U"形影响；分组回归显示，单要素能效与比较优势的关系在中低端技术工业行业中存在差异性，前者呈倒"U"形，后者显现出正"U"形走势，两种能效对于高端技术行业的比较优势都无显著影响。要素禀赋结构、R&D投入、本地市场规模、所有制结构等因素对不同技术水平行业的比较优势有差异化影响。本文结论为我国合理配置能源资源、挖掘比较优势的新潜力提供了一定的思考与借鉴。

**关键词**　比较优势；能源效率；工业行业；静态面板

# The Role of Energy Efficiency in the Comparative Advantage of China's Industrial Trade

*SUN Ting*

**Abstract**: This paper calculates trade comparative advantages of China's 26 industrial sectors between 2000 and 2012. On the basis of that, we explore the effect of energy efficiency and other factors on trade comparative advantages of the industry. For that purpose, two indicators are adopted to measure the energy efficiency. The study finds that comparative advanta-

---

*　孙婷，东北大学理学院。

ges of China's industry is mainly concentrated in low-tech industries which are dominated by labor, but capital-intensive and technology-intensive industries' comparative advantages are becoming more and more prominent. The regression of total sample indicates that the effect of the single factor energy efficiency on comparative advantages is "U" type, but the total factors energy environment efficiency's influence on that is an inverted "U" type. The estimation of different group shows that the single factor energy efficiency's function on comparative advantages is different between the low-tech and mid-tech industries. The former was "U" type, while the latter is an inverted "U" type. Meanwhile two kinds of energy efficiency have no significant influence on comparative advantages of high-tech industries. We also find factor endowment structure, R&D investment, home market scale, ownership structure and other factors act differently on comparative advantages in industries with different technology. The conclusions provide some thoughts and reference for the rational allocation of energy resources and the exploration of new potential in China's comparative advantage.

**Key Words**: *Comparative Advantages*; *Energy Efficiency*; *Industrial Sectors*; *Static Panel*

## 一、引言

随着能源供需矛盾与环境气候问题的日益严峻，改进能源效率已成为各国经济可持续发展战略的必然选择。提高能源效率是在保证经济增长的同时实现节能减排的重要手段（林伯强，2015）。值得注意的是，在国际竞争日趋激烈的背景下，能源效率也通过成本的变化影响着一国的比较优势，改变了进出口的贸易格局。

在拉动中国经济的三驾马车中，出口一直发挥着举足轻重的地位。数据显示，1980 年中国出口总额为 271.2 亿元，占 GDP 比重仅为 6%，到了 2014 年中国出口总额是 1980 年的 530 倍，在 GDP 中占比高达 22%。在我国目前的产业结构中，工业行业最有贸易竞争力：2014 年中国 220 多种工业品产量位居世界第一，制造业净出口位居世界第一。毫无疑问，中国遵循了比较优势理论积极参与国际分工，凭借"中国制造"的低成本切入国际价值链条，创造了举世瞩目的"中国奇迹"。

比较优势是生产力水平不同的国家从事贸易活动的理论基础。大卫·李嘉图首次提出比较成本理论，指出各个国家可以生产具有成本比较优势的产品，并通过贸易获取比较利益。在成本优势的基础上，赫克歇尔和俄林提出了要素禀赋学说，使理论更接近现实，他们认为国际分工是基于各国要素丰裕度与密集度的差异而展开的，一国的比较优势主要集中在那些能密集使用该国相对充裕且价格低廉的要素的产品上。20世纪 90 年代的新兴古典贸易理论则突破了传统理论框架，其中代表人物杨小凯（2001；2002）指出专业化分工导致人力资本与知识的积累，从而产生了内生比较优势。在"绿色制造"的背景下，李国平等（2004）提出附加环境因素的比较优势，扩展了传统的比较优势理论。

中国作为能源生产与消耗大国，国内能源价格低于国际价格，因而在能源类要素密集的工业行业具有比较优势。数据显示，1999 年中国工业行业能源投入 69214 亿元，2014 年的投入额比 1999 年的增加了 1.5 倍，但整体而言，我国的能源效率水平并不高，在能源稀缺的时代，粗放型贸易所依靠的大规模能源投入很可能会制约我国比较优势的进一步提升。不容忽视的是，提高能源效率需要相应的技术支持，短期内改进技术的研发投入加重了我国工业的成本负担，不利于比较优势的提高；但从长期来看，能源效率的提升节约了我国工业的能源使用成本，并且能够生产出更符合国际绿色标识的产品，进而增进国际市场占有率。本文基于上述理论背景与现实背景，从不同视角测算工业行业的比较优势和能源效率，使用静态面板回归方法探讨能源效率对贸易比较优势的作用关系和机制，一方面为我国合理配置能源资源、推动供给侧结构性改革的理论基础提供思考，另一方面也为挖掘我国比较优势潜力、提升我国国际地位形成相应的借鉴。

## 二、文献综述

### （一）基于比较优势的测度方法视角的文献回顾

1. 运用指数衡量法测算比较优势的文献回顾

比较优势的测度应当根据一个国家参与贸易前的相对成本或机会成本，但是相对成本或机会成本的衡量较为困难，所以各国学者根据交易发生后的贸易数据构建了多种比较优势指数，间接地推测贸易参与国某种产品的比较优势或劣势。

显示性比较优势指数（RCA）刻画的是某种产品占一国出口比重与该种产品占世界总出口比重的比值，该指数简单、易得，但没有考虑到进口贸易的影响，易产生较大偏差（杨振兵，等，2015；刘重力，等，2003）。净出口指数（NEX），也称贸易竞争力指数（TC），用于衡量某种产品的贸易总额中净额所占的比重，该指标剔除了进口额对比较优势的影响（傅朝阳，等，2006）。Michaely 指数在上述指数的基础上加以改进，进一步考虑到了地区进出口贸易额在全国贸易额中的占比（李小平，2012；包群，阳佳余，2008）。Lafay 指数将产业内贸易和复出口也纳入其中，同时由于测量了某种产品的贸易平衡与总体贸易平衡的偏差，该指数也剔除了周期性因素的影响（程新章，2006）。此外，还有许多学者基于改进的 RCA 指数，对比较优势进行测算，如标准化的显示性比较优势指数（NRCA）、显示对称性比较优势指数（SRCA）、附加显示性比较优势指数（ARCA）等等。（各指数的具体计算公式见第 165 页附录中表 A）

2. 运用其他方法测算比较优势的文献回顾

上述指数虽根据比较优势的内在含义提出，并基于一定的理论基础，但仍存在些许不足，部分学者从另外一些角度提出了衡量比较优势的其他方法。不论是 *RCA* 还是 *Lafay* 指数，各指标只是对某一时期的比较优势进行静态测算，没有考虑到比较优势的动态变化分布情况，马尔科夫链方法就弥补了这一不足。陆文聪和许为（2015）对 *Lafay* 指数进行离散化处理，将比较优势分为四个程度，运用马尔科夫链证明了我国的比较优势存在较高的流动性。此外，上述指数只是从比较优势的影响结果出发，运用贸易发生后的进出口数据间接推算参与国的比较优势，这忽略了贸易壁垒等其他因素的影响，且没有考虑比较优势自身的内在影响机制，但生产率衡量法弥补了这一缺陷。Levchenko 和 Zhang（2011）构建多部门的李嘉图模型，结合贸易数据、要素禀赋、投入产出表等测度部门生产率，以衡量比较优势。杨高举和黄先海（2014）采用改进的 LZ 模型，纳入要素禀赋、技术水平、投入成本等影响因素，计算了生产率以分析各国比较优势的变化与差异。

**（二）基于比较优势的影响因素视角的文献回顾**

H－O 理论指出，生产要素是影响比较优势的因素之一，一个贸易参与国应当生产并出口该国相对密集要素的制成品，进口该国相对稀缺要素的制成品。传统的要素禀赋学说主要强调的是资本、劳动力对一国比较优势的影响（冯梅，2012）。随着国际分工的日益深化，各国学者也逐渐意识到人力资本、基础设施等生产要素的决定性作用。盛丹、王永进（2012）认为良好的基础设施一方面能够减少融资数目，另一方面能够提供便利的融资条件，进而形成行业生产率的差异，最终影响比较优势的形成。

要素禀赋学说建立在两个国家技术水平相同的前提之上，但如果发展中国家只是简单地借助自然资源，发挥外生比较优势参与国际分工，就会导致与发达国家收入差距的持续拉大，因此相对落后的国家要通过技术变革建立内生比较优势，改变在国际价值链中的地位（徐建斌，等，2002）。Grossman 和 Helpman（1990）认为 R&D 投资会推动技术，造成产品的差异化，进而导致相应产品比较优势的动态变化。刘林青等（2009）发现大规模的 FDI 投入了中国的外商投资企业，促使我国在高技术产品上展现了较强的国际竞争力。技术进步也会带来规模经济效益，Helpman 和 Krugman（1985）认为市场规模与规模报酬二者促使了生产品种类的繁多，贸易能够增加消费者的选择和需求的多样性，带动厂商规模效率的提升，通过规模经济的作用，厂商能够确立在国际市场上的比较优势。

按照静态比较优势，国际分工依照要素丰裕度的差异展开，但在动态演变中，产业结构就扮演了举足轻重的地位，在新的分工模式下，加快产业结构的调整才能避免我国锁定在低端的比较优势"陷阱"中（盛朝迅，2012）。此外，由于民营企业具有较高的创造力与生产率，对出口增加值的贡献最大，企业的所有制结构也是影响贸易竞争力的重要因素（刘林青，等，2009）。

在坚守传统比较优势的基础上，依靠制度的深度变革获得"制度红利"，已经成为建立我国贸易新型比较优势的重要突破口（邱斌，等，2014）。包群、阳佳余（2008）和盛雯雯（2014）认为国际贸易需要外部融资的支持，发达的金融市场制度通过降低融资成本使贸易参与国获得比较优势。李小平等（2012）、杨振兵等（2015）和陆旸（2009）发现严格的环境规制制度促使贸易参与国率先发展与环境更兼容的生产工艺、创新技术等，建立起其在相应产品上的比较优势。

现有文献大多是从以上几个视角分析一国或地区的比较优势，目前少有学者将能源作为比较优势的影响因素。本文从能源供需矛盾日益突出、能源效率亟待提升的背景出发，在现有文献研究的基础上，探究能源效率对我国工业行业的贸易比较优势带来的新影响，并进一步分析行业间异质性是否会改变能源效率和比较优势的关系。在测度能源效率方面，本文采用单要素与包含环境因素的全要素能效，以更全面、更系统地分析能源效率对比较优势的作用机制。

## 三、模型构建及数据说明

### （一）模型构建

本文试图分析工业行业的能源效率等因素对贸易比较优势的作用效果。理论上来讲，短期内提高能源效率所需要的技术研发投入加重了我国工业的成本负担，不利于比较优势的提高；但从长期来看，能源效率的提升节约了我国工业的能源使用成本，并且能够生产出更迎合国际绿色理念的产品，进而增进国际市场占有率。

本文基于静态面板回归方法，构建如下计量模型：

$$SPEC_{i,t} = \alpha_0 + \alpha_1 E_{i,t} + \alpha_2 E_{i,t}^2 + \sum \alpha_i X_{i,t} + \mu_i + \varepsilon_{i,t}$$

上式中，$i$ 表示行业，$t$ 表示时间；$SPEC$ 代表工业行业的贸易比较优势，$E$ 代表能源效率，$X$ 代表一组控制变量；$\mu_i$ 为无法观测的反映行业间差异的行业效应，$\varepsilon_{i,t}$ 为随机扰动项。为了分析能源效率与比较优势的非线性关系，模型中还加入了能源效率的平方项。

### （二）数据来源及处理

本文在工业行业中剔除国家垄断的烟草加工业，选取中国 26 个工业行业 2000—2012 年的数据进行研究。数据来源主要为历年的《中国统计年鉴》《中国工业统计年鉴》《中国能源统计年鉴》《中国科技统计年鉴》和联合国贸易商品统计数据库。

第一，比较优势（$SPEC$）。为了对我国工业行业贸易比较优势进行全面系统的分析，本文采用了三种较为常见的方法测算比较优势。（1）显示性比较优势指数（RCA）：RCA 指数衡量的是某种产品在一国出口中占比与该种产品在世界总出口中占比的比值。若指数大于 1，说明此种产品的本国出口比重高于其世界平均出口比重，具有比较优势；反之，则具有比较劣势。RCA 指数简单、易得，但没有考虑到进口贸易的影响，易产生较大偏差。因此，我们还采用下述两个指标，同时考虑进口贸易与出口贸易的影响。（2）净出口指数（NEX）：NEX 指数测算某类产品的贸易总额中，贸易净额所占份额。指数大于 0，说明此类产品的出口比进口多，具有比较优势；反之，则具有比较劣势。（3）Michaely 指数（MIC）：该指数测度某种产品的出口比重与进口比重之间的差值。若指数大于 0，说明此种产品的出口占比高于进口占比，具有比较优势；反之，具有比较劣势。（三种指数的具体计算公式见第 165 页附录中表 A）

第二，能源效率（E）。对于核心解释变量能源效率，我们从以下两个角度进行测算。（1）单要素能源效率（E1）：传统能效测算方法一般采用能源强度相关指标，本文以能源强度的倒数衡量，即实际工业增加值与能源消耗总量之比。（2）全要素能源环境效率（E2）：单要素能源效率简单、易操作，但忽略了其他投入要素与能源要素间的相互替代作用，也没有考虑能源效率提高在拉动经济增长的同时所带来的环境污染等负向影响。为此，我们基于包含非期望产出的 SBM – DEA 模型，计算了全要素能源环境效率。其中，投入要素包括资本、劳动和能源，期望产出选择工业行业实际增加值，非期望产出用二氧化碳排放量表征。

第三，控制变量。（1）要素禀赋结构（KL）：劳动与资本是拉动比较优势的要素禀赋基础，这里用资本存量与劳动力比值衡量。（2）研发投入（R&D）：技术的发展会推动一国比较优势的动态转移（Balassa，1977），而研发投入又是推动技术进步的主要力量，本文以科技活动经费内部支出占工业增加值的比重表示。（3）本地市场规模（HMS）：本地市场需求的增加将引起规模生产而促进该种产品的出口（Krugman，1980），我们参考陈丰龙和徐康宁（2012）的处理方式，采用行业销售产值与出口交货值差额的自然对数测算。（4）行业规模（IS）：行业规模会通过外部规模经济效应影响工业的贸易比较优势，表示为行业的实际工业增加值与企业数目之比。（5）所有制结构（OS）：一般认为受利益团体驱动，国有企业可能会实施贸易保护措施，对进出口贸易进行管制，这里用工业总增加值与中国国有企业工业增加值的占比来表征。

### （三）比较优势的描述性统计分析

本文测算了三种比较优势指数，以较为全面、系统地分析 2000—2012 年中国 26 个工业行业贸易比较优势的分布特点及动态演化。（见第 166 页附录中表 B）

首先，基于同一指数，分析比较优势在不同行业间的特点及变化。（1）从 RCA 指数来看：在 26 个行业中，10 个行业指数均值大于 1，这些行业具有显示性比较优势，其他 16 个为具有比较劣势的行业。其中，服装制造业、皮革毛皮羽绒及其制造业的 *RCA* 指数最高，说明目前我国工业行业的比较优势仍集中在富集劳动力的低端技术行业中。标准差显示，26 个行业 *RCA* 指数的整体变化程度较大，其中指数均值最高的前三个行业近年来比较优势的变化程度最大，而化学原料和化学制品制造业、金属制品业，以及医药制造业比较优势的变化程度最小。时序变化特点显示，26 个工业行业中包括 17 个行业的趋势斜率大于 0，说明这 17 个行业的 *RCA* 值呈上升趋势，其余 9 个行业 *RCA* 指标大致表现出下降态势，整体而言，我国比较优势有所提升，其中计算机、通信，以及其他电子设备制造业的趋势斜率最大，服装制造业的趋势斜率最小，这意味着我国工业正在改变依靠劳动力来拉动比较优势的固有局面，资本、技术密集型行业的比较优势正在逐渐凸显。（2）从 *NEX* 指数来看：16 个行业的净出口指数均值大于 0，说明这些行业的出口大于进口，具有比较优势，排在前三位行业的标准差也最小。趋势斜率显示，只有 7 个行业的趋势斜率为负值，主要集中在中低技术行业。（3）从 *MIC* 指数来看：14 个行业 *MIC* 指数大于 0，与其他两个指标衡量的具有比较优势的行业大体相同。此外 *MIC* 指标的标准差和趋势斜率的绝对值都较小，说明 *MIC* 指数的变化程度不大。

其次，基于同一行业，针对不同比较优势指数进行探讨。（1）均值显示，*RCA* 指标的数值整体较大，*NEX* 次之，*MIC* 指标最小，这也从一定程度上反映出三个指标的含义有所差异。*RCA* 指标只考虑了出口贸易的因素来衡量比较优势，而 *NEX* 和 *MIC* 指标剔除了进口贸易的影响，*NEX* 指标只考虑了本产品的进出口，而 *MIC* 指数综合了贸易品在全国进出口中占比。就具体行业而言，三个指标的衡量结果大致相同，如服装制造业不论在哪一指标中都具有很强的比较优势，这也表明了本文结果的稳健性；但部分行业有所差别，如仪器仪表制造业的 *RCA* 指数显示具有比较优势，而 *NEX* 和 *MIC* 指标显示为比较劣势，总体来说 *NEX* 和 *MIC* 指标的相似程度更高一些。（2）标准差显示，整体而言 *RCA* 指标的标准差最大，*MIC* 指标的标准差最小，说明以 *MIC* 指标衡量的比较优势时序变化程度较小，当然这也可能是由于 *MIC* 指标本身数值较小。（3）趋势斜率显示，就同一行业而言，三个指标结果的正负大致相同，说明不论以哪个指标衡量比较优势，其变化方向都是一样的，再次验证了本文结果的稳健性。但从绝对值大小来看，同一行业中 *RCA* 指标的绝对值较大，*MIC* 的绝对值较小，其含义与标准差有相似之处。

此外，本文基于能源效率从高到低对 26 个行业进行排序，结果显示，我国工业的比较优势主要集中在能源效率较高的行业上，而能源效率较低的行业一般为比较劣势行业。能源效率最高的前 8 个工业行业中，*RCA* 指标大于 1 的有 6 个，*NEX* 指标大于 0 的有 6 个，5 个行业的 *MIC* 值大于 0，具有比较优势。能源效率最低的 8 个行业中，

*RCA* 指数全部小于 1，*NEX* 和 *MIC* 指数均显示其中 6 个行业为比较劣势行业。这从一定意义上反映了能源效率与比较优势之间可能具有某种内在关系，也说明了本文研究的合理性。

## 四、实证结果分析

本文先以 *RCA* 指数为被解释变量，对全体样本进行回归，再按照 Martin（2009）和李小平等（2015）的方式，从技术层面将 26 个行业分为低端技术（Ⅰ4、Ⅰ5、Ⅰ6、Ⅰ8、Ⅰ10、Ⅰ13、Ⅰ15、Ⅰ16、Ⅰ18、Ⅰ20）、中端技术（Ⅰ14、Ⅰ17、Ⅰ19、Ⅰ21、Ⅰ22、Ⅰ24、Ⅰ25、Ⅰ26）和高端技术（Ⅰ1、Ⅰ2、Ⅰ3、Ⅰ7、Ⅰ9、Ⅰ11、Ⅰ12、Ⅰ23）工业行业[①]，分三组样本进行回归，进一步分析行业间的特质性对能源效率与比较优势关系的影响。最后以 *NEX* 指数为被解释变量，进行稳健性检验。

首先，为了考察各变量间的多重共线性，我们测算了变量间相关系数（表 1）。结果显示，核心解释变量 *E*1 与 *E*2 的相关性较强，我们分别对两个指标建立模型进行回归，以探讨二者对比较优势作用机制的异同。此外，本地市场规模与行业规模的相关性也较强，从整体来看本地市场规模与其他解释变量的相关性较小，但因两个指标含义相差较大，我们从实证结果出发具体进行选择。本文采用静态面板回归方法，同时运用 *Hausman* 检验对固定效应与随机效应选择，借助 Stata14.0 软件得到回归结果。

表 1　变量间的相关性检验

| | *RCA* | *E*1 | *E*2 | *KL* | *R&D* | *HMS* | *IS* | *OS* |
|---|---|---|---|---|---|---|---|---|
| *RCA* | 1.0000 | | | | | | | |
| *E*1 | 0.3961 | 1.0000 | | | | | | |
| *E*2 | 0.2480 | 0.5822 | 1.0000 | | | | | |
| *KL* | −0.4875 | −0.3845 | −0.1735 | 1.0000 | | | | |
| *R&D* | −0.2847 | 0.2135 | 0.0681 | 0.0909 | 1.0000 | | | |
| *HMS* | −0.2195 | 0.1129 | 0.0934 | 0.4799 | 0.1832 | 1.0000 | | |
| *IS* | −0.0924 | 0.3954 | 0.3570 | 0.4900 | 0.3547 | 0.5482 | 1.0000 | |
| *OS* | −0.4338 | −0.4595 | −0.2442 | 0.4682 | 0.2410 | −0.0456 | 0.1017 | 1.0000 |

---

① Ⅰ1 至 Ⅰ26 表示 26 个工业行业，具体见第 166 页附录中表 B。

## （一）全体样本回归结果分析

表 2　以 *RCA* 为被解释变量、*E*1 为解释变量的全体样本估计结果

| 解释变量 | （1） | （2） | （3） | （4） | （5） |
|---|---|---|---|---|---|
| *E*1 | 0.0368*** | − 0.0491 | 0.0992*** | − 0.1185*** | − 0.1250*** |
|  | (2.60) | ( − 1.45) | (4.85) | ( − 2.94) | ( − 3.12) |
| $E1^2$ |  | 0.0119*** |  | 0.0150*** | 0.0182*** |
|  |  | (2.78) |  | (2.87) | (3.92) |
| *KL* |  |  | 0.0040 | − 0.0066* | − 0.0046 |
|  |  |  | (1.03) | ( − 1.78) | ( − 1.34) |
| *R&D* |  |  | − 0.3417** | − 0.2611* | − 0.3178** |
|  |  |  | ( − 2.54) | ( − 1.80) | ( − 2.30) |
| *HMS* |  |  | − 0.1898*** |  |  |
|  |  |  | ( − 5.63) |  |  |
| *IS* |  |  |  | 0.1855 |  |
|  |  |  |  | (1.34) |  |
| *OS* |  |  | − 1.3685*** | − 0.6084*** | − 0.7157*** |
|  |  |  | ( − 5.73) | ( − 2.78) | ( − 3.52) |
| *CONS* | 1.0422*** | 1.1168*** | 2.8082*** | 1.4261*** | 1.4794*** |
|  | (41.06) | (30.41) | (8.69) | (12.82) | (14.23) |
| $R^2$ | 0.1569 | 0.0109 | 0.3058 | 0.2140 | 0.2072 |
| *F* 或 *Wald* | 271.62 | 270.37 | 56.48 | 205.38 | 207.23 |
| *Hausman* | 5.12 | 6.66 | 9.11 | 14.71 | 13.61 |
|  | (0.0774) | (0.0835) | (0.1675) | (0.0399) | (0.0343) |
| 模型 | FE | FE | RE | FE | FE |
| 观测数 | 338 | 338 | 338 | 338 | 338 |

注：系数值括号内为 *t* 值或 *z* 值；*Hausman* 括号内为的值；＊＊＊、＊＊、＊ 分别表示 1%、5% 和 10% 的显著性水平。

　　模型（1）至（5）以单要素能源效率 *E*1 作为衡量指标进行回归（表 2）。模型（1）和模型（3）显示，当以 *E*1 的一次方项作为解释变量时，能源效率的提高能显著地提升我国工业行业的贸易比较优势。当同时加入 *E*1 的一次方项和二次方项时，模型（2）、模型（4）和模型（5）显示，随着能源效率由低转高到一定的水平时，能源效率对贸易比较优势会产生先降低后提高的影响趋势。这或许是因为能源效率的提高可能伴随着能源结构转型等一系列问题，在尚不成熟的前期，工业行业为达到提高能源效率的相应技术支持需要投入大量的技术研发资金等，所以初期能源效率的提高对贸易比较优势产生了一定的负向影响。但随着技术的成熟与规模的扩大，高能源效率能

缓解能源短缺、降低能源成本，长期来看更能生产出符合国际绿色标识的产品，从而获得各国青睐，因此工业行业的能源效率在超过了某一限度后，对比较优势就产生了促进作用。

表3　以 $RCA$ 作为被解释变量、$E2$ 作为解释变量的全体样本估计结果

| 解释变量 | （6） | （7） | （8） | （9） |
|---|---|---|---|---|
| $E2$ | 0.0282* | 0.0844** | 0.0314** | 0.0653** |
| | （1.84） | （2.12） | （2.01） | （2.12） |
| $E2^2$ | | −0.0094 | | −0.0056** |
| | | （−1.53） | | （−2.14） |
| $KL$ | | | 0.0001 | −0.0002 |
| | | | （0.01） | （−0.06） |
| $R\&D$ | | | −0.3487** | −0.3337** |
| | | | （−2.51） | （−2.38） |
| $HMS$ | | | −0.0918*** | −0.0911*** |
| | | | （−3.43） | （−3.40） |
| $IS$ | | | | |
| $OS$ | | | −1.0811*** | −1.0626*** |
| | | | （−4.42） | （−4.33） |
| $CONS$ | 1.0859*** | 1.0679*** | 2.1337*** | 2.1137*** |
| | （75.19） | （57.27） | （8.80） | （8.68） |
| $R^2$ | 0.0615 | 0.1185 | 0.2744 | 0.2876 |
| $F$ 或 $Wald$ | 300.40 | 281.72 | 218.31 | 212.27 |
| $Hausman$ | 8.55 | 9.47 | 15.11 | 14.25 |
| | （0.0139） | （0.0237） | （0.0194） | （0.0469） |
| 模型 | FE | FE | FE | FE |
| 观测数 | 338 | 338 | 338 | 338 |

注：系数值括号内为 $t$ 值或 $z$ 值；$Hausman$ 括号内为的值；＊＊＊、＊＊、＊、分别表示1%、5%和10%的显著性水平。

模型（6）至（9）以全要素能源环境效率 $E2$ 作为解释变量（表3）。模型（6）和模型（8）显示，当以 $E2$ 的一次方项作为解释变量时，$E2$ 的系数也显著为正，但与模型（1）和模型（3）相比，显著性较差，系数值也较小，这可能是因为 $E2$ 在测算时考虑了资本、劳动等其他要素投入与能源要素投入的替代关系以及非期望产出二氧化碳等污染排放，这些因素削弱了单纯的能源效率对工业比较优势的促进效果。同时加入 $E2$ 的一次方项和二次方项后，模型（7）和模型（9）显示，工业行业的能源效率与比较优势表现出倒"U"形作用关系。这与以 $E1$ 的二次方项作为解释变量时的结

果差异较大，可能是因为提高 $E2$ 意味着在保证经济产出和控制环境污染的前提下改进能源效率，这种节能减排的技术必然有助于我国工业部门在能源类要素制成品上获得贸易竞争力，建立比较优势。然而环境具有一定的自净能力，在微生物的参与下，受污染的环境经过某些自然过程可以恢复原来的状态，在这样的基础上，如果仍人为地过度研发节能减排技术、追求能源效率反而会加重成本负担，从而对比较优势的形成与建立产生一定的抑制作用。

模型（1）、（2）、（6）、（7）只加入了我们所关注的核心解释变量能源效率，在此基础上模型（3）、（4）、（5）、（8）、（9）还加入了其他控制变量。结果显示，整体来看要素禀赋结构的影响不显著，且系数的绝对值也较小，这说明我国工业行业已经走出了依靠传统的资本、劳动要素来拉动比较优势的阶段，转而通过技术、结构、制度等变革寻求比较优势的新突破。出乎意料的是 $R\&D$ 对比较优势的影响显著为负，这可能是因为我国工业行业主要承接产品的组装和配套生产等加工贸易，在国际产业链中长期处于低端技术的地位，这种地位的转变需要大规模的资金投入与长期的技术创新，而现阶段 $R\&D$ 投入的技术效果尚未显现出来，反而会导致成本的增加降低贸易比较优势。在本地市场规模与行业规模的变量选择中，整体上看本土市场规模的回归效果更好，且与比较优势显著负相关，这可能是因为工业行业中本地市场规模扩大所生产出来的具有规模经济的产品与国际市场的需求不符，进而没有在相应产品上形成比较优势。模型（4）剔除了本地市场规模，选取行业规模作为控制变量，结果显示系数值为正，行业规模的扩大通过外部经济提高了工业行业比较优势，但作用并不显著，这可能是受行业规模和其他解释变量的相关性的影响，对此我们在模型（4）的基础上剔除行业规模变量并建立模型（5），回归效果有所提高。此外，工业行业中国有企业占比对贸易比较优势有显著的负向影响，这可能与我国特殊的贸易结构有关，我国大部分的出口贸易都是由外资企业完成，政府在保护我国企业的同时也会限制外资企业进入本国，因此国有企业比重的提高会对工业行业的贸易比较优势产生不利的影响。

**（二）分组样本回归结果分析**

经全体样本的回归经验，我们在以 $E1$ 为能源效率的衡量指标时加入 $KL$、$R\&D$ 以及 $OS$ 控制变量，在以 $E2$ 为能源效率的衡量指标时加入 $KL$、$R\&D$、$MS$ 以及 $OS$ 控制变量（第160页表4）。模型（10）和模型（12）显示，单要素能源效率对贸易比较优势的影响在中端与低端技术工业行业间的差异较大，低端技术工业行业中影响趋势呈正"U"形，而中端技术工业行业中表现出倒"U"形走势，这可能是因为为了弥补设备、技术上的相对落后，低端技术工业行业在前期需要投入更多的研发资金以提高能源效率，同时由于技术的不成熟在追求效率时所付出的环境代价也更为严重，从而在前期抑制了贸易比较优势的发展；而中端技术工业行业凭借较为扎实的设备技术基础，在能源效率提高的初级阶段就以较为低廉的成本投入在相应产品上获得了贸易竞争力。模型（11）和模型（13）显示，中低端技术工业行业中，全要素能源环境效率对贸易比较优势的影响趋势都呈倒"U"形，但在中端技术行业中能源效率的促进或抑制作用都更为明显。模型（14）和模型（15）显示，无论以 $E1$ 还是以 $E2$ 作为衡量指标，能源效率对高端技术工业行业比较优势的影响都不显著，这或许是与我国在国际产业链中主要承接的加工贸易的技术含金量较低有关。

表4　以 $RCA$ 作为被解释变量的分组样本估计结果

| 解释变量 | （10）低端技术工业行业 | （11）低端技术工业行业 | （12）中端技术工业行业 | （13）中端技术工业行业 | （14）高端技术工业行业 | （15）高端技术工业行业 |
|---|---|---|---|---|---|---|
| $E1$ | −0.3560**<br>（−2.32） | | 0.9636***<br>（4.27） | | 0.0591<br>（1.49） | |
| $E1^2$ | 0.0353<br>（1.43） | | −0.4263***<br>（−4.17） | | 0.0031<br>（0.82） | |
| $E2$ | | 0.2940**<br>（2.38） | | 0.4094**<br>（2.60） | | −0.0131<br>（−0.32） |
| $E2^2$ | | −0.0605**<br>（−2.26） | | −0.2311**<br>（−2.14） | | 0.0019<br>（0.35） |
| $KL$ | 0.0388**<br>（2.12） | 0.0253<br>（1.37） | −0.0038*<br>（−1.91） | 0.0001<br>（0.04） | −0.0362***<br>（−5.94） | −0.0533***<br>（−7.21） |
| $R\&D$ | −0.9675**<br>（−2.01） | −0.4326<br>（−0.92） | 0.0629<br>（0.46） | 0.0655<br>（0.43） | −0.2738**<br>（−2.48） | −0.2082*<br>（−1.69） |
| $HMS$ | | −0.1975***<br>（−3.61） | | −0.0313<br>（−1.04） | | 0.2425***<br>（5.52） |
| $OS$ | 0.3297<br>（0.50） | −0.5439<br>（−0.88） | −0.3685**<br>（−2.19） | −0.7223***<br>（−3.24） | −1.0983***<br>（−3.81） | −0.0549<br>（−0.14） |
| $CONS$ | 1.8231***<br>（6.77） | 2.9823***<br>（5.03） | 0.5825***<br>（4.26） | 1.0518***<br>（3.81） | 1.4401***<br>（8.44） | −0.5069<br>（−1.14） |
| $R^2$ | 0.5327 | 0.0054 | 0.5959 | 0.4405 | 0.5109 | 0.2447 |
| $F$ 或 $Wald$ | 152.13 | 30.39 | 48.22 | 8.43 | 134.75 | 194.19 |
| $Hausman$ | 12.21<br>（0.0573） | 11.35<br>（0.1241） | 1.52<br>（0.9580） | 38.40<br>（0.0000） | 38.58<br>（0.0000） | 87.39<br>（0.0000） |
| 模型 | FE | RE | RE | FE | FE | FE |
| 观测数 | 130 | 130 | 104 | 104 | 104 | 104 |

　　注：系数值括号内为 $t$ 值或 $z$ 值；$Hausman$ 括号内为的值；\*\*\*、\*\*、\*、分别表示1%、5%和10%的显著性水平。

在控制变量中，我们发现，要素禀赋结构对比较优势的影响在中低技术工业行业中显著性较差，而对于技术水平相对成熟的行业它仍是比较优势的拉动力之一。低端技术工业行业中，研发投入仍处在尚不成熟的初级阶段，需要长期的资金支持与科技创新才能形成本国的比较优势；高端技术工业行业本身具有较为先进的设备和技术支持，过多的研发投入必然增加成本，不利于比较优势的进一步发展；中端技术工业行业的研发投入与贸易比较优势正向相关，但是现阶段影响尚不显著。本地市场规模对于中低端技术工业行业与比较优势负相关，而对于高端技术工业行业与比较优势正相关，说明本地市场规模的扩大需要相应的技术支持才能生产出获得国际青睐的产品。技术水平不同的工业行业其所有制结构对比较优势的影响差异不大，民营企业和外资企业更能激发我国工业的贸易比较优势。

（三）稳健性检验

为了验证实证结果的可靠性，我们以 $NEX$ 指数替代 $RCA$ 指数，作为被解释变量，检验模型的稳健性（表5）。模型（16）和模型（17）以 $E1$ 作为能源效率的衡量指标，模型（18）和模型（19）以 $E2$ 作为能源效率的衡量指标。模型（16）是基于全样本的估计，结果显示各变量的系数作用方向与模型（5）保持一致。模型（17）至模型（19）是分组群的稳健性检验，结果显示对于技术水平不同的工业行业，能源效率对比较优势的作用方向都没有改变，控制变量中，除要素禀赋结构对中端技术工业行业、$R\&D$ 对中低端技术工业行业以及所有制结构对低端技术工业行业比较优势的作用方向有所改变外，其余变量的影响方向都没有发生变化，这表明我们的计量回归结果是稳健可靠的。

表5　以 $NEX$ 作为被解释变量的稳健性检验

| 解释变量 | （16） 全体样本 | （17） 低端技术工业行业 | （18） 中端技术工业行业 | （19） 高端技术工业行业 |
|---|---|---|---|---|
| $E1$ | $-0.0839^{***}$ <br> $(-3.24)$ | $-0.2215^{***}$ <br> $(-2.70)$ | | |
| $E1^2$ | $0.0089^{***}$ <br> $(2.96)$ | $0.0292^{**}$ <br> $(2.21)$ | | |
| $E2$ | | | $0.4458^{**}$ <br> $(2.52)$ | $-0.0391$ <br> $(-1.30)$ |
| $E2^2$ | | | $-0.2356^{*}$ <br> $(-1.94)$ | $0.0050$ <br> $(1.29)$ |
| $KL$ | $-0.0012$ <br> $(-0.55)$ | $0.0148$ <br> $(1.52)$ | $-0.0028$ <br> $(-0.87)$ | $-0.0058$ <br> $(-1.09)$ |

续表

| 解释变量 | （16）全体样本 | （17）低端技术工业行业 | （18）中端技术工业行业 | （19）高端技术工业行业 |
|---|---|---|---|---|
| R&D | −0.0557 | 0.0777 | −0.0522 | −0.0617 |
| | （−0.62） | （0.30） | （−0.31） | （−0.68） |
| MS | | | −0.0084 | 0.0208 |
| | | | （−0.25） | （0.65） |
| OS | −1.1700*** | −0.7794** | −1.2126*** | −0.8438*** |
| | （−8.91） | （−2.20） | （−5.00） | （−2.99） |
| CONS | 0.4940*** | 0.6433*** | 0.4312 | 0.0492 |
| | （7.36） | （4.47） | （1.27） | （1.14） |
| $R^2$ | 0.2878 | 0.4192 | 0.4521 | 0.1654 |
| F 或 Wald | 51.68 | 34.51 | 74.41 | 55.61 |
| Hausman | 20.26 | 13.10 | 2.29 | 1.73 |
| | （0.0025） | （0.0415） | （0.9423） | （0.9425） |
| 模型 | FE | FE | RE | RE |
| 观测数 | 338 | 130 | 104 | 104 |

注：系数值括号内为 t 值或 z 值；Hausman 括号内为的值；\*\*\*、\*\*、\*、分别表示 1%、5% 和 10% 的显著性水平。

## 五、结论与政策建议

本文基于静态面板模型，选取了 2000—2012 年中国 26 个工业行业的数据分析能源效率等因素对工业行业贸易比较优势的影响方向及作用机制。经过实证研究，主要得出下面几个结论：第一，我国工业正在改变依靠劳动力来拉动比较优势的固有局面，资本、技术密集型行业的比较优势正逐渐凸显；第二，全样本回归结果显示，提高单要素能源效率会先制约工业贸易比较优势的发展，在超过某一最低点后对比较优势形成促进作用，全要素能源环境效率的提高会先拉动工业比较优势的提高，但超过某个度会产生抑制效果；第三，分组样本回归结果显示，单要素能源效率对贸易比较优势的影响在中端与低端技术工业行业间的差异较大，低端技术工业行业中影响趋势呈正"U"形，中端技术工业行业表现出倒"U"形走势，全要素能源环境效率在中、低端技术行业中都呈倒"U"形影响态势，但对于前者能源效率的作用更为明显，而高端技术工业行业两种能效指标对比较优势都无显著影响；第四，传统的资本、劳动禀赋结构已经不再是我国工业比较优势的主要驱动力，现阶段的研发投入也尚未显现出对比较优势的促进作用，反而增加了成本抑制了工业比较优势的进一步发展，本地市场规模需要相应的技术支持才能生产出获得国际青睐的产品，行业规模对比较优势没有显著影响，民营企业与外资企业更能激发我国工业的贸易比较优势。

在当今世界能源紧缺以及全球经济下行的双重压力下，发挥我国工业行业的自身特质建立比较优势，是拉动我国经济增长、提升国际地位的关键。本文的结论为实践指导提供了部分理论依据，可能的政策含义有：

第一，优化工业行业的能源消费结构，大力支持新能源的开发与利用，以拉动能源类要素制成品比较优势的进一步发展。我国目前的能源消耗以煤炭为主导，且煤炭资源的利用效率较低，制约了我国工业制成品比较优势的形成与发展。因此，应重整现有能源结构，大力开发太阳能、风能等新兴能源，在提高能源效率的过程中，推动更加迎合国际绿色理念产品的生产与制造，形成本国工业行业的比较优势。

第二，适度推动能源技术创新，注重能源利用效率，在减少不必要的能源浪费的同时，力求减小节能政策给环境、经济和贸易所带来的负面影响，特别是对于基础较为薄弱的低端技术工业行业，长时间、多方位的能源技术革新才能改变以"高投入、高消耗、高排放、低效率"为特征的粗放型贸易局面。但技术投入不宜过高，以防止增加生产成本而限制我国工业贸易比较优势的进一步发展。

第三，密切关注比较优势的动态演变以避免落入"比较优势陷阱"，在追求比较优势的技术发展视角中，强调研发投入与行业异质性相结合。现阶段，资本、劳动禀赋已不再是我国比较优势的主要推动力，我们应在发挥传统比较优势的基础上加大自主创新能力，推动比较优势向高技术产品的整体转变。技术水平较低的工业行业需要长期大规模的研发投入并合理引导创新方向，才能转变固有局面，而对于高端技术行业应适当控制研发投入以节约生产成本，在现有资本、劳动、设备的基础上注重内源性技术积累，赢得国际市场。

第四，随着国际市场竞争程度的日益加深，我们应在固守现有比较优势的基础上，挖掘比较优势的新潜力。高端技术工业行业可以发挥本地市场效应，以享受规模经济带来的成本下降，在相应产品上建立比较优势，中低端技术工业行业在提升本地市场效应时要注重国内需求与技术、国外需求的协同，避免盲目扩大市场规模。此外，在以外企带动贸易发展的过程中，我们还应深化国有制改革，加快国有企业兼并重组的步伐，促进其技术溢出，同时积极引导民族品牌在海外市场上的树立，提升本土产品的国际竞争力。

## 参考文献

［1］LEVCHENKO A A, ZHANG J. The Evolution of Comparative Advantage：A Measurement and Welfare Implications［R］. NBER Working Paper NO. 16806, 2011.

［2］GROSSMAN G, HELPMAN E. Comparative Advantage and Long-run Growth［J］. American Economic Review, 1990, 80（4）：796 – 815.

［3］HELPMAN E, KRUGMAN P. Market Structure and Foreign Trade［M］. Cambridge：MIT Press, 1985.

［4］BALASSA B. A Stage Approach to Comparative Advantage［R］. Staff Working Paper, 1977.

［5］KRUGMAN P. Scale Economics, Product Differentiation and the Pattern of International Trade［J］. American Economic Review, 1980, 70（5）：950 – 959.

［6］MARTIN S. Measuring China's Innovation System National Specialties and International Comparisons［R］. OECD Working Paper, 2009.

［7］林伯强, 刘泓汛. 对外贸易是否有利于提高能源环境效率［J］. 经济研究, 2015（9）：127 – 141.

［8］杨小凯, 张永生. 新贸易理论、比较利益理论及其经验研究的新成果：文献综述［J］. 经济学（季刊）, 2001, 1（1）：19 – 44.

［9］杨小凯, 张永生. 新贸易理论及内生与外生比较利益理论的新发展：回应［J］. 经济学（季刊）, 2002, 2（1）：251 – 256.

［10］李国平, 张云. 附加环境因素：传统比较优势理论的扩展［J］. 中国人口·资源与环境, 2004, 14（4）：6 – 10.

［11］杨振兵, 马霞, 蒲红霞. 环境规制、市场竞争与贸易比较优势——基于中国工业行业面板数据的经验研究［J］. 国际贸易问题, 2015（3）：65 – 75.

［12］刘重力, 刘德江. 中国对外贸易比较优势变化实证分析［J］. 南开经济研究, 2003（2）：48 – 51.

［13］傅朝阳, 陈煜. 中国出口商品比较优势：1980 – 2000［J］. 经济学（季刊）, 2006, 5（2）：579 – 590.

［14］李小平, 卢现祥, 陶小琴. 环境规制强度是否影响了中国工业行业的贸易比较优势［J］. 世界经济, 2012（4）：62 – 78.

［15］包群, 阳佳余. 金融发展影响了中国工业制成品出口的比较优势吗［J］. 世界经济, 2008（3）：21 – 33.

［16］程新章. 基于国际专业化指标的中国对外贸易比较优势研究［J］. 世界经济研究, 2006（6）：65 – 71.

［17］陆文聪, 许为. 中国落入"比较优势陷阱"了吗［J］. 数量经济技术经济研究, 2015（5）：20 – 36.

［18］杨高举, 黄先海. 中国会陷入比较优势陷阱吗［J］. 管理世界（月刊）, 2014（5）：5 – 22.

［19］冯梅. 中国制造业比较优势演化与要素禀赋特征分析［J］. 统计与决策, 2012（10）：120 – 123.

［20］盛丹, 王永进. 基础设施、融资依赖与地区出口比较优势［J］. 金融研究, 2012（5）：

15 – 29.

[21] 徐建斌，尹翔硕. 贸易条件恶化与比较优势战略的有效性 [J]. 世界经济，2002（1）：
31 – 36.

[22] 刘林青，李文秀，张亚婷. 比较优势、FDI 和民族产业国际竞争力——"中国制造"国际竞争
力的脆弱性分析 [J]. 中国工业经济，2009（8）：47 – 57.

[23] 盛朝迅. 比较优势动态变化与我国产业结构调整——兼论中国产业升级的方向与路径 [J]. 当
代经济研究，2012（9）：63 – 67.

[24] 邱斌，唐保庆，孙少勤，等. 要素禀赋、制度红利与新型出口比较优势 [J]. 经济研究，2014
（8）：107 – 119.

[25] 盛雯雯. 金融发展与国际贸易比较优势 [J]. 世界经济，2014（7）：142 – 166.

[26] 陆旸. 环境规制影响了污染密集型商品的贸易比较优势吗 [J]. 经济研究，2009（4）：
28 – 40.

[27] 陈丰龙，徐康宁. 本土市场规模与中国制造业全要素生产率 [J]. 中国工业经济，2012（5）：
44 – 56.

[28] 李小平，周记顺，王树柏. 中国制造业出口复杂度的提升和制造业增长 [J]. 世界经济，2015
（2）：31 – 57.

# 附录

### 表 A    各比较优势指数的计算公式

| 衡量指数 | 计算公式 |
|---|---|
| 显示性比较优势指数 | $RCA_{it} = (X_{it}/\sum_i X_{it})/(X_{iwt}/\sum_i X_{iwt})$ |
| 净出口指数（贸易竞争指数） | $NEX_{it} = (X_{it} - M_{it})/(X_{it} + M_{it})$ |
| Michaely 指数 | $MIC_{it} = X_{it}/\sum_i X_{it} - M_{it}/\sum_i M_{it}$ |
| 国际专业化指数 | $Lafay_{it} = 100\left[\dfrac{(X_{it} - M_{it})}{(X_{it} + M_{it})} - \dfrac{\sum_i (X_{it} - M_{it})}{\sum_i (X_{it} + M_{it})}\right]\dfrac{X_{it} + M_{it}}{\sum_i (X_{it} + M_{it})}$ |
| 标准化的显示性比较优势指数 | $NRCA_{it} = X_{it}/\sum_i X_{iwt} - (\sum_i X_{it}/\sum_i X_{iwt}) \times (X_{iwt}/\sum_i X_{iwt})$ |
| 显示对称性比较优势指数 | $SRCA = (RCA - 1)/(RCA + 1)$ |
| 附加显示性比较优势指数 | $ARCA_{it} = X_{it}/\sum_i X_{it} - X_{iwt}/\sum_i X_{iwt}$ |

注：$X_{it}$、$M_{it}$ 分别表示本国第 $i$ 类产品第 $t$ 年的出口额、进口额，$X_{iwt}$ 表示第 $i$ 类产品第 $t$ 年的世界总出口额。

表 B　2000—2012 年 26 个工业行业贸易比较优势的变化

| 行业 | RCA | | | NEX | | | MIC | | |
|---|---|---|---|---|---|---|---|---|---|
| | 均值 | 标准差 | 趋势斜率 | 均值 | 标准差 | 趋势斜率 | 均值 | 标准差 | 趋势斜率 |
| I 1 | 2. 2144 | 0. 4537 | 0. 0993 | 0. 5421 | 0. 1246 | 0. 0284 | 0. 1059 | 0. 0356 | 0. 0069 |
| I 2 | 1. 2251 | 0. 1658 | 0. 0276 | − 0. 0331 | 0. 0377 | − 0. 0002 | − 0. 0392 | 0. 0132 | − 0. 0025 |
| I 3 | 1. 0851 | 0. 1261 | 0. 0315 | − 0. 1681 | 0. 0644 | 0. 0084 | − 0. 1253 | 0. 0267 | − 0. 0036 |
| I 4 | 1. 8584 | 0. 2786 | 0. 0705 | 0. 9177 | 0. 0125 | 0. 0007 | 0. 0199 | 0. 0024 | 0. 0006 |
| I 5 | 5. 3624 | 0. 7342 | − 0. 1752 | 0. 9502 | 0. 0123 | 0. 0017 | 0. 1788 | 0. 0391 | − 0. 0097 |
| I 6 | 2. 7055 | 0. 3991 | − 0. 0894 | 0. 7424 | 0. 0497 | 0. 0125 | 0. 0304 | 0. 0060 | − 0. 0011 |
| I 7 | 0. 3207 | 0. 0949 | 0. 0226 | 0. 0993 | 0. 1093 | 0. 0134 | − 0. 0096 | 0. 0069 | − 0. 0004 |
| I 8 | 2. 1599 | 0. 2163 | − 0. 0510 | 0. 7245 | 0. 0385 | − 0. 0082 | 0. 0247 | 0. 0070 | − 0. 0017 |
| I 9 | 0. 3916 | 0. 0639 | 0. 0144 | − 0. 3334 | 0. 1892 | 0. 0434 | − 0. 0377 | 0. 0141 | 0. 0032 |
| I 10 | 0. 4063 | 0. 0656 | 0. 0149 | 0. 2546 | 0. 1576 | 0. 0350 | 0. 0002 | 0. 0005 | 0. 0001 |
| I 11 | 0. 5998 | 0. 1142 | 0. 0287 | − 0. 0620 | 0. 1657 | 0. 0401 | − 0. 0337 | 0. 0127 | 0. 0031 |
| I 12 | 0. 1864 | 0. 0574 | − 0. 0101 | 0. 1842 | 0. 1071 | − 0. 0236 | − 0. 0005 | 0. 0022 | − 0. 0005 |
| I 13 | 0. 2226 | 0. 1002 | − 0. 0226 | 0. 3426 | 0. 3153 | − 0. 0788 | 0. 0005 | 0. 0013 | − 0. 0003 |
| I 14 | 0. 9251 | 0. 1145 | − 0. 0177 | 0. 3157 | 0. 0399 | 0. 0040 | 0. 0039 | 0. 0019 | − 0. 0003 |
| I 15 | 0. 4313 | 0. 1243 | − 0. 0301 | 0. 2327 | 0. 1008 | − 0. 0241 | 0. 0019 | 0. 0076 | − 0. 0019 |
| I 16 | 1. 1117 | 0. 0772 | 0. 0149 | 0. 6937 | 0. 2230 | 0. 0522 | 0. 0044 | 0. 0014 | 0. 0002 |
| I 17 | 1. 1303 | 0. 0329 | 0. 0031 | 0. 5562 | 0. 0525 | 0. 0106 | 0. 0166 | 0. 0018 | 0. 0003 |
| I 18 | 2. 0360 | 0. 0974 | 0. 0233 | 0. 4459 | 0. 1953 | 0. 0488 | 0. 0198 | 0. 0118 | 0. 0027 |
| I 19 | 0. 7521 | 0. 1209 | 0. 0290 | 0. 3910 | 0. 0580 | 0. 0023 | 0. 0023 | 0. 0005 | 0. 0001 |
| I 20 | 0. 2852 | 0. 0689 | 0. 0165 | − 0. 4373 | 0. 1465 | 0. 0361 | − 0. 0162 | 0. 0054 | 0. 0012 |
| I 21 | 0. 5363 | 0. 2949 | 0. 0735 | − 0. 5027 | 0. 3411 | 0. 0838 | − 0. 0029 | 0. 0023 | 0. 0005 |
| I 22 | 0. 5230 | 0. 0949 | − 0. 0202 | − 0. 3178 | 0. 1145 | − 0. 0136 | − 0. 0250 | 0. 0090 | − 0. 0019 |
| I 23 | 0. 4095 | 0. 0289 | 0. 0017 | − 0. 4165 | 0. 0856 | 0. 0200 | − 0. 0972 | 0. 0070 | 0. 0015 |
| I 24 | 0. 7758 | 0. 0591 | 0. 0087 | 0. 4221 | 0. 0756 | 0. 0145 | 0. 0068 | 0. 0010 | 0. 0002 |
| I 25 | 0. 6665 | 0. 2062 | 0. 0299 | − 0. 0505 | 0. 4064 | 0. 0886 | − 0. 0153 | 0. 0225 | 0. 0048 |
| I 26 | 0. 2774 | 0. 0992 | − 0. 0236 | − 0. 1623 | 0. 0741 | − 0. 0160 | − 0. 0139 | 0. 0066 | − 0. 0015 |

注：I 1 计算机、通信和其他电子设备制造业、I 2 仪器仪表制造业、I 3 电气机械和器材制造业、I 4 家具制造业、I 5 服装制造业、I 6 皮革毛皮羽绒及其制造业、I 7 交通运输设备制造业、I 8 文教体育用品制造业、I 9 专用设备制造业、I 10 印刷和记录媒介复制业、I 11 通用设备制造业、I 12 医药制造业、I 13 饮料制造业、I 14 塑料制品业、I 15 食品加工和制造业、I 16 木材加工及竹藤棕草制造业、I 17 金属制品业、I 18 纺织业、I 19 橡胶制品业、I 20 造纸和纸制品业、I 21 化学纤维制造业、I 22 有色金属冶炼和压延加工业、I 23 化学原料和化学制品制造业、I 24 非金属矿物制品业、I 25 黑色金属冶炼压延和加工业、I 26 石油加工、炼焦和核燃料加工业。

# 中国医患矛盾的经济学分析

杜汶柯[*]

**摘要** 近年来，医改已成为社会关注的热点话题之一。通过对前人文献的分析及结合自己的个人思考，本文分析提出了中国医改的关键——医疗体制实现"有管理的市场化"。笔者在参考了前人文献后基于经典的委托—代理模型，建立了针对医生的激励模型来分析医疗服务价格管制的后果——"以药养医"和"过度治疗"，并且提出在实现医疗服务价格的市场化的基础上进行"医药分离"来从根本上革除"以药养医"乱象。而在医疗卫生资源的配置方面，市场化的医疗卫生资源的配置情况往往不仅会导致医疗服务的不公平分布，而且还会导致有限资源的浪费，因此政府应当对卫生资源进行合理地规划以矫正市场失灵。实现"以市场为主导，政府适当参与"的医疗体制才是解决中国当前医疗领域诸多问题的关键所在。

**关键词** 以药养医；医疗体制改革；医疗服务价格；卫生资源配置

# An Economic Analysis of Chinese Doctor-Patient Contradiction

*DU Wenke*

**Abstract**: In recent years, medical reform has become one of the hot topics of social concern. Through the literature review, this paper analyzes the key to the reform of Chinese medical reform: the medical system to achieve "managed of mark". Based on the classic principal-agent model, this paper establishes the incentive model for doctors to analyze the consequences of medical service price regulation: "medicine medicine" and "over-treatment", and puts forward in the realization of medical services on the basis of the market price to carry out "medi-

---

\* 杜汶柯，中南财经政法大学工商管理学院。

cine separation" to fundamentally remove the "medicine to medicine". In the allocation of medical and health resources, the market-oriented configuration of medical and health resources often not only lead to unfair distribution of medical services, but also lead to a waste of limited resources, so the government should be reasonable planning of health resources to correct the market failure. To achieve "market-driven, the appropriate government participation" of the medical system is to solve China's current medical problems of many fundamentals.

**Key Words**: *Drugs to Support Medical*; *Medical System Reform*; *Medical Service Prices*; *Health Resource Allocation*

# 一、引言

医改是一个全球性的难题，尤其是在中国这样人口众多的发展中国家更是难上加难。但是，这不该是我们漠视这个问题的理由，健康是人民的基本需求，而医改则是全面建设小康社会的重要保障。为什么医疗服务作为最基本的一项民生服务，它的价格却始终如此昂贵呢？在中国甚至有一些说法是"看不起病的中国人""小病靠扛大病靠拖"等。从1980年起到今天，我国的医疗体制改革前前后后已经曲折地走过了30多个年头，从最初的"给政策不给钱"到如今的深化体制改革，中间走过了太多的曲折，现在医改仍存在着很多弊端等待着我们一一去解决：始于2009年的新医改已走过8个年头，一直被民众抱怨的"看病难、看病贵"的问题没有得到实质性地缓解；公立医疗机构行政化的局面仍然没有找到改革的突破口；广受民众诟病的"以药养医"体制还没有得到根本的改观；医生的自由执业还面临着一些无法解决的难题；优质医疗资源有进一步集中在城市特别是一些大城市的趋势；医生与患者的关系仍然没有得到明显改善。

普遍的认为是，近年来我国医疗费用的急剧上涨，与我国特殊的"以药养医""以械养医"体制密切相关。革除"以药养医"机制，降低药品的流通环节等方面的成本，我们需要借鉴一些先进发达国家的成功经验。国外的实践经验证明，"医药分离"是遏制药品价格过高、提高公共医疗服务效率的有效途径：英国、法国等一些发达国家的公立医院都采取了"医药分离"的手段；在全球药品成本急剧上涨的背景下，作为制药业最发达的国家之一的德国在实行医药分离的同时首先使用药品参考定价制度；日本则是围绕降低交易成本的视角破除"以药养医"体制，推行医药分离并大幅度提高医疗服务和技术价格，改革药品定价方式（管制市场零售价格）和药品市场竞争的采购模式。美国由于医疗保险制度的不同，奥巴马政府创新性地提出"保健税"，税收规定：一般工薪阶级，其收入的3.8%应抽出用于健康保险，而对于富人阶级来说，保健税则从他们的各种收入里抽取，可以看见的是，这项改革不但使美国普通百姓受惠，也使得美国企业负担减轻，而且对于美国的经济发展也具有非常重要的意义。

那么，医药分离能否根治我国目前的药价虚高现象呢？中国的医疗体制改革一再提到过"医药分离"，但是因为改革涉及多方利益的纠结，医院不愿意放弃药品销售，一些药品厂商不想进入相对公平的市场竞争，有些从业者甚至以"分离只能导致价格更高"作为借口来逃避改革。

同时，大多数学者认为在不触动甚至加强医疗服务价格管制的条件下，"医药分离"很难对药价虚高起到真正的釜底抽薪的作用。其中关键的一点，"以药养医"的体制及在此体制下的种种非常规行为都是内生的。而在不改变导致这一体制形成的外生性因素的基础上，去干预该体制运行中出现的内生性行为，只会带来更大的扭曲。

## 二、文献述评与观点陈述

医患矛盾已经成为近年来社会关注的热点话题之一。医患矛盾主要表现在"看病难、看病贵"、红包问题、医药回扣，以及患者和医生之间的冲突等各个方面。根据近年来的数据可以发现一个事实：医患矛盾经过不断的医疗体制改革后不但没有减弱，反而还有加剧的趋势。对于这个现象，学术界有两种观点。坚持医疗市场应由政府主导的学者认为，公共物品、信息不对称等多种原因导致了医疗市场失灵，市场不能有效地解决这些医疗问题，医生与患者矛盾的根本原因是政府管理职能的缺失及过度市场化，他们要求加强国家对医疗服务的计划管理，逐渐放弃医疗服务的市场化。而市场主导派则坚称，医疗行业的问题主要在于市场化不够、缺乏竞争和医疗市场依然具有垄断的特点，而由政府来主导的医疗服务将不可避免地导致医疗卫生产品供给不足与资金使用效率的低下，他们要求进一步深化医疗体制的市场化改革。

医疗服务价格管制背景下产生了"以药养医""以械养医"现象，进而导致近年来我国医疗服务费用急速上涨，并催生了红包回扣等问题，这一结论已经得到国内学者的广泛赞同。例如陈钊、刘晓峰、汪汇（2011）建立的医生职业选择模型，提出了一个思路："只要医疗服务价格没有实现充分市场化，试图通过医药分离的方法来降低药品价格减少看病成本就不可避免地导致高能力医生收入的下降，造成医疗队伍人才的过度流失，加剧'看病难''看病贵'的矛盾。"他们认为如今出现诸多问题的医疗体制改革并非不成功，市场化改革取向也并非不正确，而是因为市场化不彻底导致了医疗体制的扭曲，中国的医疗卫生体制改革仅实现了市场化的融资而医疗服务价格的市场化则远远未实现，正是这种片面的市场化导致了医疗体制改革进程中"看病难"和"看病贵"两大主要矛盾同时出现，因此他们认为，医疗体制改革应进一步实现医疗服务价格形成机制的市场化，才能在彻底消除"以药养医"现象的同时缓解"看病难"

和"看病贵"两大主要矛盾。同时他们也强调了政府在医疗保障领域中的重要作用和责任："强化政府的责任不应该是通过政府投入直接补贴医疗供给，而应该是政府给予患者补贴，由患者通过市场机制向医疗服务提供者按市场化的价格付费。"陈钊等（2011）通过将"看病难、看病贵"与医疗服务市场化等问题纳入一个基于医生职业选择的分析框架中，从宏观上分析了医疗服务供给与政府补贴，"以药养医"的程度和医疗服务市场化程度之间的关系。

在如何处理"以药养医"的问题上，绝大多数学者的观点都是由政府来买单，增加财政补贴，从而使医院完全回归公益。而龚刚、张前程、蔡昱等学者（2013）则提出通过市场机制（而不是政府买单），以回归医生价值的高服务费破除以药养医这一扭曲医生与患者之间关系的毒瘤。他们认为"以药养医"制度严重地违反了市场经济下的劳动者价值规律（劳动者的平均工资应该等于劳动者的边际价值，即企业为新增劳动者所付出的工资应等于该劳动者为企业所创造的收入），由此导致了各种人性和经济关系的扭曲，因此，破除"以药养医"首先要求遵循劳动者价值规律。他们将医疗过程简化为两个步骤：诊断和开处方，并基于此建立了医生最优选择模型对"以药养医"体制所导致的医疗市场扭曲进行了剖析，从而提出"与以药养医体制相比，破除以药养医，并通过提高门诊费的方法回归医生价值，将直接增加患者和医生的效用，这是一项典型的帕累托改进"。

谢作诗（2015）则从市场供需均衡的角度出发来解释"看病难，看病贵"现象，他认为医患矛盾产生的原因既不在于医疗领域的过度市场化，也可不简单地概括为市场化的程度未达到，而是需求已经高度市场化而供给依然计划化的结果，正是这种供需极度不匹配的市场化造成了"看病难、看病贵"的局面。随着经济的快速发展，人民生活水平的显著提高，医疗需求也明显增加，然而医疗供给计划化、供给不足并且结构扭曲，才是医生与患者产生矛盾的根本原因。而产生这些问题的关键就是政府对医疗领域的过多管制，由于公立医院的管理者不能合乎法律地去分享医院的利润，其利益最大化与医院的利益并不是天然一致的，因此政府对医疗领域的过多管制必然具有抬高药价、压低医生提供服务的价格（即医价）的激励，产生以药养医、医药回扣和患者给予医生红包以换取更好的服务等乱象。这些乱象正是扭曲价格的反映，因此应从使市场供需均衡角度解决问题：医疗市场应该保持一个开放的状态，任何人、任何组织均可参与并提供包括公共物品在内的医疗服务，民营医院和公立医院应该在一个相对公平的环境中自由竞争。针对上述观点，笔者认为，如果医疗市场没有进入管制，任何人、任何机构都可以提供医疗服务，极有可能导致医疗事故的大幅增长及医疗市场上假药劣质药的盛行等混乱现象，即使按照作者所说，患者有对医院诊所和医生进行甄别的能力，但这也是以自身为"试验品"的代价进行的甄别，既然是"试验品"，就有可能有牺牲，这代价未免过大。医疗服务并不同于其他服务，并不是每个医生都有较高的职业素养，更多的可能是以自身利益最大化为追求的商人。在红包问题上，作者认为红包不过是医技的市场化后的价格和扭曲后的价格之间的差额，不让医生收红包未必是好事，红包能够对医生的医疗技术起激励作用，因此"私立的医院，应该让其自由决定是否允许医生收红包"。这个想法是很大胆的，但结合我们的实际生活，每个患者给予红包的能力是不同的，如果让红包合理化，医生主观上会默认为患者提供良好服务后会有"红包报酬"，可能会根据自己的判断对那些有能力给予更大红包的患者提供更好的医疗服务以获得更多的报酬，这对于不同经济条件的患者来说是不公平的。

在医疗卫生资源配置的方面，目前普遍接受的观点是，由于政府对于医疗卫生领域的投入不足，因此导致主要由市场对全社会医疗卫生资源的配置进行引导。因为人们在医疗服务机构（即医院、卫生诊所等）的选择上享有更多的自由，所以医疗卫生资源的配置目前主要是由医疗服务的市场力量（即患者的流向）来决定的。市场力量主导的结果将不可避免地导致医疗资源向城市医院（尤其是级别高的医院）集中，同时必然造成农村医疗机构和基层（社区）医疗机构的市场份额的偏低。由于农村和基层医疗机构在市场竞争中处于劣势地位，其能力建设也势必会遇到一定程度的阻碍。因此，市场力量主导资源配置的局面必然会导致基层和农村医疗卫生服务机构的能力不足的情况大面积发生，这对初级卫生保健服务可及性的公平性产生了消极的影响。同时，也促使大多数患者选择去医院，尤其是级别高的医院就诊，导致医疗资源的浪费，影响了医疗体系运行的效率。更为不好的影响是收府投入医疗服务的资源非常有限，但是这一有限的资源却大部分用于补贴给占据了绝大部分的市场份额的相当一部分的医院，尤其是一些大医院。无论是乡镇卫生院还是城镇社区卫生机构，从政府那里获得的补贴都很少。

在市场力量主导资源配置的大前提下，人满为患的医院有足够的理由从政府那里要求获得更多的补贴，来帮助他们改善设施、提供能力。随着医院能力建设水平的提升，医院也就具有更强的竞争力，也就能吸引更多的患者，从而也就越来越拥挤，所以就有更多的理由要求政府进一步追加补贴或投资。

因此，由于政府在医疗卫生领域上的投入过少，就会导致医疗卫生资源的配置主要是以市场为导向。医疗卫生资源的市场化不仅会导致医疗资源的配置有失公平，也会带来一定程度的效率损失。但这一问题的关键在于，政府有限的医疗资源非但没有被用来矫正市场失灵，反而被市场力量所引导，从而最终导致了市场失灵和政府扭曲的双重问题的产生。

## 三、对医疗服务价格管制的博弈分析

基于经典的委托—代理模型，在医疗服务价格管制的前提下，本文建立了针对医生的激励模型。鉴于"医疗"这种服务的特殊性，以及患者、医生和监督机构之间存在的信息不对称和多重委托代理的关系，本文从政府的第三方监督的职能出发，把处于信息劣势地位的政府和患者看作共同委托人，将政府和患者共同利益最大化的实现作为前提条件（政府追求社会总福利水平的最大化，患者追求自身利益的最大化），构建了一个医生作为代理人的最优激励模型。为了简化分析，本文模型仅包含一名医生（$M$）、一个政府监管部门（$G$）以及一位代表性的患者（$S$）。

医生为患者提供诊断和治疗等服务以使其康复，本文假设决定医疗服务最终结果的因素只有医生在提供服务过程中的努力程度（$e$）；患者能够通过提供给医生的支付（$t$）来激励其提供服务；委托人（政府和患者）从最终治疗结果 $q$ 中得到的效用为 $S$（$q$）；医生所提供的医疗服务最终只会带来两种可能的结果：病情得到有效控制后患者康复（$\bar{q}$），以及疾病没有得到有效治疗（$\underline{q}$），委托人从这两种结果中所获得的效用分别为 $S$（$\bar{q}$）和 $S$（$\underline{q}$）。在代理人提供服务的过程中，委托人需要对代理人提供的支付（$t$）主要由两部分构成：医生提供技术服务所应得的报酬（即提供诊断服务的费用，设为 $\theta P_1$，$\theta$ 为医生提供过度治疗的比例系数，$P_1$ 为医生提供最佳程度治疗时的费用）和一些其他必要的支出（包括药物费、检查费、政府补助等其他相关费用，设为 $P_2$），也就是说，$t = \theta P_1 + P_2$。同时，由于政府对医疗服务存在一定程度的价格管制，因此诊断费用存在一个价格上限（$\overline{P_1}$），即 $0 < P_1 \leqslant \overline{P_1}$。与此相对应的，药物费和检查费等其他相关费用不受政策限制，其高低由医生自行确定。

假设所有参与者的效用函数都具有加性可分的性质，并且医生的效用函数 $U$（$e$，$t$）$= u$（$t$）$- \psi$（$e$），其中 $u$（$t$）是医生从支付（$t$）中所能得到的总效用；$\psi$（$e$）为努力程度 $e$ 带给医生的总效用，它对 $e$ 是递增的凸函数，即 $\psi' > 0$，$\psi'' > 0$，且有 $\psi$（0）$= 0$。而患者的总的效用为 $V$（$q$，$t$），并且有 $V$（$q$，$t$）$= S$（$q$）$- t$。同时，为了保证模型内点解的存在性，本文假设在该模型中稻田条件 $\psi'$（0）$= 0$ 和 $\psi''$（1）$= +\infty$ 均成立。在该模型的分析中，假设医生的努力程度 $e$ 是连续的且设 $e \in$ [0，1]。

而且，一名医生（$M$）的努力程度 $e$ 对于最终的治疗结果的随机影响表现为概率分布 $Pr$（$\tilde{q} = \bar{q} \mid e$）$= \pi$（$e$）。更进一步地，假设对于医生每一次的努力程度 $e \in$ [0，1] 都有 $\pi$（$e$）$= e$，即医生的努力程度 $e$ 就表示患者最终能够通过有效的治疗获得康复这一结果出现的概率函数。

由于绝大多数患者无法直接观测到医生的努力程度 $e$，因此患者只能根据可以验证的和可以观测到的治疗结果来给医生提供一个激励合约，即一个将医生所获得的转移支付与随机的治疗结果相关联的函数 $\{t(\hat{q})\}$。前文假定最终只有两种可能的治疗结果$\bar{q}$和$\underline{q}$，因此可以等价地将该合约对应地表示为一对转移支付$\bar{t}$和$\underline{t}$。即，当最终的治疗结果为$\bar{q}$（或$\underline{q}$）时，医生得到的相应的转移支付为$\bar{t}$（或$\underline{t}$）。

假设在本文模型中医生是一位风险中性偏好者，他的初始财富为 0，且受到有限责任的保护。即：

$$\underline{t} \geqslant 0 \tag{1}$$

$$\bar{t} \geqslant 0 \tag{2}$$

相应的，面对激励合约$\{\bar{t}, \underline{t}\}$，医生会选择一个努力程度 $e$，以满足：

$$e = \underset{\tilde{e}}{\operatorname{argmax}} e\bar{t} + (1 - e)\underline{t} - \psi(e) \tag{3}$$

医生的目标函数是严格凹函数，因此可以用下面的一阶必要条件来替代式(3)中所代表的激励约束：

$$\bar{t} - \underline{t} = \psi'(e) \tag{4}$$

另一方面，风险中性的医生的期望效用可以写成：

$$EV(q,t) = e[S(\bar{q}) - \bar{t}] + (1 - e)[S(\underline{q}) - \underline{t}] \tag{5}$$

因此，作为委托人的医生的最优化问题$(P')$就是：

$(P):$
$$\max_{\{(e,\bar{t},\underline{t})\}} EV = e\bar{S} + (1 - e)\underline{S} - e\bar{t} - (1 - e)\underline{t}$$

$s.t.$ 式(1)，式(2) 和式(4)

有限责任约束式(1)是紧的，而公式(2)则是松弛的[①]。也就是说当$\underline{t} = 0$，而$\bar{t} > 0$。由式(4)，可以用 $\psi'(e)$ 替代患者的目标函数中的$\bar{t}$。于是，患者与政府作为共同委托人的最优化问题$(P)$ 就能简化为$(P')$

$(P'):$
$$\max_{e \in [0,1]} EV = e\bar{S} + (1 - e)\underline{S} - e\psi'(e)$$

利用一阶充分必要条件，直接求解最优化问题$(P')$，就可以得到，

$$\bar{S} - \underline{S} = \psi'(e^{SB}) + e^{SB}\psi''(e^{SB}) \tag{6}$$

其中，$e^{SB}$为存在道德风险和有限责任约束时医生的次优的努力水平。很明显，$e^{SB}$由式(6) 唯一确定。这时，这一次优的努力水平一定会低于最优的努力水平 $e^*$（最优的努力水平 $e^*$由等式$\bar{S} - \underline{S} = \psi'(e^*)$ 来唯一确定）[②]。

在努力的负的效用函数 $\psi(e)$ 为单调函数的条件下，当式(6) 确定 $e$ 的值为 $e^{SB}$时，就可以得到$\bar{t}$的值 $[\bar{t} = \psi'(e^{SB})]$。换句话说，当存在道德风险和有限责任约束时，

---

① 参见让雅克·拉丰、大卫·马赫蒂摩：《激励理论（第一卷）：委托代理模型》第三章节有限责任约束。

② $e^{SB}$与 $e^*$ 的大小比较及原因分析具体证明过程可见让雅克·拉丰、大卫·马赫蒂摩：《激励理论（第一卷）：委托代理模型》第 5.22 章节。

为得到医生的医疗服务，患者所支出的转移支付为 $\bar{t}^{SB} = \psi'(e^{SB})$。只要 $S(\cdot)$ 和 $\psi(\cdot)$ 是给定的，则 $t^{SB}$ 就是确定的，也就是说，它不会随其他任何因素的变动而变动。这表明，在存在道德风险和有限责任约束时，若要获得对患者最有利的医疗服务，就必须对医生进行数额为 $t^{SB}$ 的转移支付。而在此基础上，进一步考察医疗服务价格管制的作用及其后果。就像前文所说的那样，患者需要对医生的总的转移支付主要由两部分构成：即医生的技术劳务价格（医生的工资）和其他必要的支出，即 $t = \theta P_1 + P_2$。因此，在不存在医疗服务价格管制时，就一定会有 $t = \theta P_1^{SB} + P_2^{SB}$，其中 $P_1^{SB}$ 为医生所提供的医疗服务的市场价格（即均衡时的诊断费用），而 $P_2^{SB}$ 则为均衡时的药费、检验费等其他相关费用。从其他角度进行分析，就可以得到以下两个命题：

命题 1：当 $\theta = 1$ 时，若 $0 < p_1 \leqslant \overline{p_1} < p_1^{SB}$，则 $\hat{p}_2 = \bar{t}^{SB} - \overline{p}_1 > \bar{t}^{SB} - p_1^{SB} = p_2^{SB}$。

表示当政府对医疗服务存在一定程度的价格限制时（即 $0 < p_1 \leqslant \overline{p}_1$），即最高限价低于均衡价格（即 $\overline{p}_1 < p_1^{SB}$）时，为了激励医生提供次优的医疗服务，就必须给医生提供高于市场均衡水平的其他相关费用（包括医药费用和检查费用在内的）的支付。但结合现实情况，在中国的医疗领域内，公立医疗卫生机构的工资是由国家统一来制定标准的。目前，得到大多数人认同的观点是我国医疗卫生人员的待遇总体偏低，不能充分反映出医生的价值和贡献，主要表现为医生的实际工资低于医生的边际生产率，即对医生提供的医疗服务定价严重低于其市场均衡价格。

因此，在"医药不分家"、各医院的检验单互不通用的情况下，并且医生又比监管部门更具信息优势时，"以药养医"几乎是一种必然的选择。换句话说，在我们实际生活中高于市场均衡的药物费用、检查费用等其他相关费用，就是在医疗服务价格管制的条件下人民群众为获得满意的医疗卫生服务而不得不选择的支出。从这一角度看，命题 1 对"以药养医"这一现象给出了合乎逻辑的解释。

命题 2：当 $0 < p_2 \leqslant \overline{p}_2 < p_2^{SB}$，$0 < p_1 \leqslant \overline{p}_1 < p_1^{SB}$ 时，

$$\hat{\theta} \cdot \hat{P}_1 = \bar{t}^{SB} - \overline{P}_2 > \bar{t}^{SB} - P_2^{SB} = P_1^{SB}，又 \hat{p} < p_1^{SB}，所以 \hat{\theta} > 1。$$

该命题表示当政府在不放松对医疗服务价格管制的同时，对药费、检查费等相关费用进行控制时（如实行"医药分开"政策），医生出于对自身利益最大化的追求，可能会导致过度治疗的后果。在医生与患者的关系中，医生扮演着双重角色：一方面，医生给患者提供一定的医疗服务，作为患者的利益代理人，这体现了委托代理的关系；而另一方面，医生以医疗服务供给方的身份从患者身上取得与自身提供的服务相对应的经济利益。而在这种双重角色的作用下，很容易产生诱导性的需求，进而造成过度医疗和医疗费用的急速增长等恶劣现象的产生。而我们为了让具有双重身份的医生真正忠实于自己的患者的利益，最大限度地消除诱导性的需求来降低医疗费用，必须要

重视机制设计，以实现对医生的激励和包容。

"医药分开"作为新医改的核心内容，在经历了"医药分离""医药分家""医药分业"等多种解释后得到了一定程度的发展及完善，其实质是逐步取消药品加成，由政府对医院及医生给予一定程度的经费补贴，对药品实行收入与支出两条主线的统筹管理，切断药品收入与医院的经济联系。王文娟等[1]（2015）结合近十年的卫生数据通过实证分析发现，长期来讲，相较于卫生财政补贴，医疗服务价格的提升对医院和医生收入的激励效果更加显著。提高我国的医疗卫生服务的价格，调整我国医疗机构很长时间以来的强制性低价策略，完善医院经费补偿的多种渠道，并打破原有的政府管制的大格局。通过发挥价格杠杆的优势，医务人员的劳动技术价值得以充分地体现出来，医院和医生群体的收入水平得到了提高。

而蔡昱等[2]（2013）发现，通过提高医疗服务费用的方式革除"以药养医"后，患者总的医疗支出没有上升，却消除了因医生诱导性消费导致的过度医疗对自身健康的损害，因而患者是相对受益者。

在我国，医疗卫生领域的工作人员的待遇普遍较低，其所得薪酬无法体现他们的工作价值和所做出的贡献，这带来了药品回扣及过度治疗等诸多乱象的产生，也在一定程度上导致了"以药养医""以械养医"。医生的工资水平受医疗服务价格和医生知识技术水平的影响较大，但目前医生的就业市场是相对封闭的，其提供的医疗服务的价格是受到一定程度的管控的，简言之，医生在劳动力市场上处于相对弱势地位。只有进行更完善的市场化竞争才能促进医疗市场的相对均衡，进而有效地解决医生工资水平不均衡等问题，从而引起医疗费用的快速下降，使医疗体制改革事业稳步前行。

## 四、主要结论与政策建议

医疗体制改革是与我们每一个人的切身利益都密切相关的一个热点话题。医疗体制改革该怎么改，该往哪里改？在医疗卫生领域到底是应该由政府主导还是由市场来引导资源的配置呢？这些都是其中关键的问题。在对该问题的探索中，基于对前人研究的整理归纳和自己的思考，本文认为在医疗体制改革中，政府与市场之间并不是一种完全对立的关系，要解决在这一进程中出现的一系列问题，首先要实现医疗服务价格市场化这个大前提，进而强化政府在医疗保障和资源分配方面的责任，简言之，解决医疗体制改革的关键就在于实现"有管理的市场化"。为了摆脱当前存在的"以药养

[1] 王文娟，杜晶晶."医药分开"政策对医疗费用的影响机制探索——医生收入、医院收入的中介效应 [J]. 中国软科学，2015（12）：25－35.
[2] 蔡昱，龚刚，张前程. 以医师价值之回归革除"以药养医"——基于理论模型视角的论证 [J]. 南开经济研究，2013（1）：40－52.

医"的局面，通过上文分析，我们可以看出"以药养医"体制及在此体制下的种种非常规的行为都是内生的，以往的改革都没有对引起这一体制形成的外生因素进行根本上的改变，反而是去干预该体制运行中出现的内生性行为，其最终结果只能是带来更大的问题。因此，只有政府对医疗服务价格的管制进行适度放松，目前这一积重难返的医疗体制才能得到有效改革。

而在医疗卫生资源的配置问题上，政府的主要职责是弥补市场不足、纠正市场失灵，而不是完全以市场力量为主导。简言之，政府应该发挥一个良好的规划者的作用，可以依循"抓大放小"的思路，着重处理主要矛盾，即国家应该把有限的资源与经费更多地分配给城乡基层医疗卫生服务机构，而不是花费大量资金在那些大的医院上，否则只会造成市场的进一步失灵。但是，鉴于我们国家资源有限的事实，国家一定要首先把握好在"放大"的基础上来进行"抓小"，也就是让大医院进一步走向市场，通过吸收更多的私人资本来进一步发展壮大和完善体制，同时国家也应该放松对私营医院的过多管制。

通过文献回顾，本文分析提出了中国医改的关键——医疗体制实现"有管理的市场化"。在参考了前人文献后基于经典的委托—代理模型，本文建立了针对医生的激励模型来分析医疗服务价格管制的后果——"以药养医"和"过度治疗"，并且提出在实现医疗服务价格的市场化的基础上进行"医药分离"来从根本上革除"以药养医"的乱象。而在医疗卫生等领域的资源合理的配置方面，市场化的医疗卫生资源的配置情况往往不仅会导致医疗服务的不公平分布，还会导致有限资源的浪费，因此政府应当对卫生资源进行合理地规划以矫正市场失灵。实现"以市场为主导，政府适当参与"的医疗体制才是解决中国当前医疗卫生领域诸多乱象的根本。

中国的医疗体制要实现"有管理的市场化"的关键点就在于政府的适当管制，政府应该正确地行使其职责，对医疗体制进行有效地干预而不是过度干预。在市场经济中，国家的主要功能是通过适当地参与市场而不是取代市场来实现的。国家可以以多种身份来进行适度参与市场，例如作为保险者，为全国人民建立一个普遍覆盖的医疗保障体系来提供适当的医疗保障；也可以充当购买者来管制医疗服务的价格；作为一个规划者，主动建立健全初级医疗卫生服务体系来造福人民；还可以充当一位监管者，来弥补医疗服务中的市场失灵造成的消极影响；甚至可以充当道德劝说者的角色来参与市场活动。因此，当我们发现存在市场失灵时，仅仅简单地要求国家干预或者国家增加投资是不够的，更重要的是选择国家干预市场的方式的原则，学会在市场转型的时代运用亲和市场而不是反对市场的手段来对市场进行有效的干预。

## 参考文献

[1] 陈钊，刘晓峰，汪汇. 服务价格市场化：中国医疗卫生体制改革的未尽之路 [J]. 管理世界，2008（8）：52 – 58.

[2] 李鹏飞，汪德华，郑江淮. 医疗服务价格管制与"以药养医" [J]. 南方经济，2006（8）：68 – 76.

[3] 让雅克·拉丰，大卫·马赫蒂摩. 激励理论（第一卷）：委托代理模型 [M]. 北京：中国人民大学出版社，2002（6）：232 – 236.

[4] 谢作诗，王亚男. 经济学视野中的医患矛盾 [A]. 经济与管理，2008（10）：6 – 10.

[5] 龚刚，张前程，蔡昱. 以医师价值之回归革除"以药养医"——基于理论模型视角的论证 [J]. 南开经济研究，2013（1）：23 – 29.

[6] 寇宗来. "以药养医"与"看病贵、看病难" [J]. 世界经济，2010（1）：49 – 68.

[7] 刘华. 对药品价格虚高问题的分析和思考 [J]. 中国卫生资源，2006（4）：21 – 33.

[8] 汪丁丁. 医生、医院、医疗体制改革 [J]. 财经，2005（21）：13 – 17.

[9] 蔡江南. 药价虚高：政府应该如何应对市场的挑战 [J]. 解放日报，2007（4）：35 – 42

[10] 王文娟，杜晶晶. "医药分开"政策对医疗费用的影响机制探索——医生收入、医院收入的中介效应 [J]. 中国软科学，2015（12）：25 – 35.

# 西北大学理论经济学科研究团队简介

西北大学理论经济学于何炼成、白永秀和任保平三任院长的先后带领下，围绕人才培养、科学研究、服务社会和文化传承持之以恒地精耕细作，在教育部第四轮学科评估中全国排名第九，并列第五，取得了 A－的优异成绩。目前学院理论经济学科形成了城乡经济社会一体化研究、现代经济增长理论与中国经济增长质量研究、马克思主义经济学与西方经济学比较研究和丝绸之路经济带与西部对外开放研究等 4 个方向凝练、成果突出和结构合理的研究团队。

城乡经济社会一体化研究团队，主要研究后改革时代中国经济改革的重点、任务以及后改革时代背景下中国城乡经济社会一体化的发展评价、模式选择等。中宣部马工程首席专家、陕西省有突出贡献专家白永秀教授、博士生导师为研究团队带头人。团队成员先后主持国家社科基金重大项目 2 项、国家社科基金重点项目 1 项、国家社科基金和自然科学基金一般项目 7 项；多次获得陕西省哲学社会优秀成果奖一等奖在内的各类奖项；在《经济研究》《管理世界》和《中国工业经济》等期刊发表论文百余篇，多次被《新华文摘》《人大报刊复印资料》全文转载；在 2012 年起在中国经济出版社连续出版 8 本《中国城乡一体化水平评价报告》。

现代经济增长理论与中国经济增长质量研究团队，主要研究现代经济增长理论新发展以及新阶段中国经济增长质量评价与分析。教育部长江学者、国家百千万人才、万人计划国家级教学名师任保平教授、博士生导师为研究团队带头人。团队核心成员钞小静教授进入教育部新世纪人才支持计划；团队成员已先后主持国家社科基金重大项目 1 项、教育部人文社科基金重大攻关项目 1 项、国家社科基金成果文库项目 1 项、国家社科基金和国家自然科学基金一般项目 9 项；获得教育部高等学校科学研究优秀成果奖（人文社会科学）二等奖 1 项、商务部全国商务发展研究成果奖二等奖 2 项、陕西省哲学社会优秀成果奖一等奖 4 项、刘诗白经济学奖 1 项、第一届洪银兴经济学奖 1 项、首届"中国经济学优秀博士论文奖" 1 项；在《经济研究》《管理世界》《中国工业经济》和《数量经济技术经济研究》等期刊发表论文数百篇，多次被《新华文摘》《中国社会科学文摘》《人大报刊复印资料》全文转载；自 2009 年起，在中国经济出版社已连续出版《中国经济增长质量发展报告》9 本，在人民出版社出版的《经济增长质量的逻辑》《超越数量：质量经济学的范式与标准研究》《以质量看待增长》《经济增长质量的理论探索与实践观察》《新常态下中国地方经济增长质量研究》《新常态下地方经济增长质量的监测预警体系与政策支持体系研究》在社会各界引起了强烈反响。研究团队提出的"以数量追赶向质量超越的转型"被写入 2017 年陕西省人民政府工作报告。

马克思主义经济学与西方经济学比较研究团队，主要研究马克思主义经济理论现代创新以及马克思主义经济学与西方经济学比较分析。陕西省教学名师、陕西省人文社会科学英才何爱平教授、博士生导师为研究团队带头人。团队成员先后主持国家社科基金和国家自然科学基金项目 7 项；获得陕西省哲学社会科学优秀成果奖二等奖在内的多项科研奖励；在《马克思主义研究》《经济动态》《经济学家》和《南开经济研究》等刊物发表论文数十篇，多次被《人大报刊复印资料》全文转载；已在中国经济出版社出版《马克思主义经济学与西方经济学的比较研究》3 辑，并先后出版了《当代中国马克思主义政治经济学研究》《当代资本主义经济新变化与新发展趋势》《马克思主义经济理论新论》等学术著作，翻译了世界学术名著《乌托邦》。

丝绸之路经济带与西部对外开放研究团队，主要研究丝绸之路经济带与西部对外开放问题。陕西省人文社会科学英才马莉莉教授、博士生导师为研究团队带头人。团队成员先后主持国家社科基金重点项目 1 项、国家社科基金和国家自然科学基金一般项目 5 项；获得陕西省哲学社会优秀成果奖三等奖、陕西高校人文社会科学研究优秀成果一等奖等多项科研奖励；在《中国工业经济》《马克思主义研究》、*Economic Modelling*、*China & World Economy* 等刊物发表论文数十篇，多次被《高校文科学报文摘》和《人大报刊复印资料》全文转载；在 2014 年起在中国经济出版社连续出版《丝绸之路经济带发展报告》4 本，出版了《丝绸之路经济带与新阶段西部大开发》《丝绸之路经济带上合作机制与内陆型改革开放》《当代丝绸之路上的国际商贸流通》等一系列学术著作。